聖書と比喩

メタファで旧約聖書の世界を知る

橋本 功　八木橋宏勇

慶應義塾大学出版会

はじめに

　本書は、長年にわたり橋本が収集した旧約聖書原典の古代ヘブライ語や『欽定訳聖書』を中心とする英訳聖書の表現を、認知言語学を専門とする八木橋が中心となり、認知意味論の理論的枠組みを活用して分析したものです。言い換えれば、フィロロジストとセオリストのコラボレーションと言えます。セオリストは、どちらかというと現代の言語を共時的な観点から分析することが多く、一方、フィロロジストは個別の言語現象に目を向け、通時的なデータ分析に偏重する傾向があります。本書はそのような研究の枠を取り外し、古代ヘブライ人が創り出した表現を現代に生きる私たちがいかに読み解くことができるのか、ということを分析しようと企画したものです。
　『旧約聖書』で描かれている世界と今日の世界の間には、数千年もの時の隔たりがあり、さらに古代ヘブライ人は、21世紀を生きる私たちがなくしてしまった総合的に自然を観る能力を持っていたと思われます。そのような古代ヘブライ人が生み出したメタファ表現のなかには、私たちが容易に解釈できるものもあれば、なかなか理解が及ばないものもあります。あるいは、理解していると思っていても、実は誤った解釈をしている場合もあります。旧約聖書のヘブライ語原典と英訳聖書あるいは日本語訳聖書、そして筆者が行った日本語訳と照らし合わせながら問題の所在を確認し、その原因を説明しようと試みました。

本書は、多くの読者にとってあまり馴染みがない古代ヘブライ語の表現とその英訳を比較分析するという作業を主に行います。そのために、まず、英語と聖書の関わりを概観するとともに、古代ヘブライ語が話されていた古代社会を簡単にご紹介いたします。

　古代ヘブライ語を扱う際には、できるかぎりわかりやすく記述するように心がけました。読者の皆さまのご指摘やご批判を賜れば幸甚です。

2010 年 11 月

著者

目　次

はじめに　i

第 1 部　聖書の扉を開く 1

1.　『旧約聖書』の世界 2

イギリスと英語と聖書　2
『旧約聖書』原典の言語　10
『旧約聖書』・『新約聖書』・『外典』　14
ユダヤ教とキリスト教　14
『外典』・『旧約聖書続編』・『アポクリファ』　17
『旧約聖書』の文字　17
ヘブライ語の英訳と日本語訳表記　18

2.　『旧約聖書』と古代世界 22

バイブルと古代都市ビブロス　22
アブラハムの時代　23
アブラハムの時代の人々と生活　28
結婚と出産　30
乳と蜜が流れる地カナン　31
ヘブライ人　32
ユダヤ人とヘブライ人　32
イスラエル人　33
アブラハム時代の戦（いくさ）　34
テントと家　34
食事　35
ヘブライ人の宇宙観　36
『旧約聖書』の成立　39

3.　子音文字の記憶 42

ヘブライ語と子音文字　43

　　　　ヘブライ語アルファベットと英語アルファベット　43
　　　　『旧約聖書』原典　45
　　　　子音文字の記憶　その1　50
　　　　子音文字の記憶　その2　52

　　4．現代に伝わる古代ヘブライ語の響き..58
　　　　反復　58
　　　　平行体　60

第2部　メタファの扉を開く..63

　　1．天地創造と「光」..64
　　　　「分」けて「分」かる　66
　　　　「分類」と「理解」　68

　　2．「概念」と日常に溢れる比喩..72
　　　　メタファ1——再び天地創造と「光」　73
　　　　メタファ2——「上」と「下」の概念メタファ　77
　　　　メタファ3——概念メタファ：「心は容器である」　80
　　　　メタファ4——概念メタファ：「人生は旅である」　82
　　　　メトニミ1——意味の焦点をずらす　84
　　　　メトニミ2——聖書に表れるメトニミ　88
　　　　シネクドキ——言葉の上下関係　89
　　　　比喩の相互作用　92
　　　　タブーと言語表現　93
　　　　『旧約聖書』とイディオム　96

第3部　メタファを通して聖書の扉を開く..............................99

　　1．『旧約聖書』のメタファ..100
　　　（1）現代でも通じる古代のメタファ　103
　　　　「方向性」をいかに捉えているか　103
　　　　身体に基づく「内」と「外」　107

　　　　さまざまな表情を演出する「手」　111
　　　　「人間」と「壺」の関係　116
　　(2) 現代では通じない古代のメタファ　118
　　　　「アーモンド」の意味づけ　119
　　　　古代ヘブライ人と動植物　121
　　　　カインとアベル　123
　　　　「神」・「天恵」・「権力」をいかに表現するか　126
　　　　「男の生殖器」と「誓い」　129
　　　　「ソドム」と「ゴモラ」　130
　　　　「油を塗ること」と「任命すること」　132
　　　　「メシア」と「キリスト」　134
　　　　「イエス」と「ヨシュア」　134
　　　　「割礼」と「唇」　136
　　　　「靴」と「契約」　139
　　　　衣服の知識が必要な表現　143
　　　　「掌(てのひら)」はどのように捉えられているのか　144
　　　　「内臓」を表す概念の訳し分け　146
　　　　「父」と「母」　149
　　　　絶対的な「東西南北」と非対称的な「左右」　151

2．翻訳とメタファの変容..154
　　　「目のリンゴ」・「目の娘」・「目の門」　154
　　　「瞳」・「娘」・「生徒」　156
　　　「禁断の木の実」と「リンゴ」　157
　　　Adam's Apple「喉仏」　162
　　　怪物と鯨　163
　　　雨期の季節と冬　165
　　　最上級の表現に用いる「神」と「死」　170

付録──聖書の比喩表現分析リスト..175

　　主要引用文献　242
　　引用した聖書　244
　　索引　247

　　おわりに　253

第1部　聖書の扉を開く

1

『旧約聖書』の世界

イギリスと英語と聖書

　紀元後400年半ばまでは、イギリス本島[1]のイングランド地方にはケルト人が住んでいました。そこへ、現在のデンマークやその周辺地帯に住んでいたゲルマン民族の一派であるアングロ人、サクソン人、ジュート人の三部族が大挙してイングランド地方に侵入し、定住しました。今日のイギリスの基礎を作り、現在最も多くの国と地域で話されている英語の基になる言語をイギリスに持ってきた人たちです。

　アングロ、サクソン、ジュートの三部族のうち、ジュート人はアングロ人やサクソン人に比べて勢力のうえでも数のうえでも劣勢でした。そのためにアングロ・サクソン二部族の呼称の下にジュート人も括られ、「アングロ・サクソン人」で三部族を指すのが習わしになりました。

　アングロ・サクソン人の流入により、土地を奪われ家をなくしたケルト人たちは、自然が厳しい山岳地帯に追いやられました。彼らが落ち延びた先は

---

[1] グレートブリテン（Great Britain）島ともいう。これは、ローマ帝国がブリテン島を占領したとき、ローマ人がそこに住んでいたケルト人のブリトン族の名前をこの島の名前としたことによる。「ブリテン」は「ブリタニア」と呼ばれることもある。

スコットランド、ウエールズ、コーンウォール、アイルランド、さらにはイギリス海峡を越えたフランスのブルターニュでした。「ブルターニュ」という地名は、その起源を辿るとイングランド地方に住んでいた古代ケルト人を指す「ブリット」に由来します。イングランドを征服したローマ帝国の兵士はケルト語の「ブリット」をラテン語で「ブリトン」と呼び、「ブリトン」

図表1-1　現代のイギリスとアイルランド

が住んでいた地域を「ブリタニア」と呼びました。この「ブリタニア」が英語で「ブリテン」、フランス語で「ブルターニュ」になりました。「ブルターニュ」を英語では「ブリタニー」と言いますが、これも「ブリタニア」[2]の英語読みです。一方で、「ブリテン」の前に「グレート」を付けた「グレートブリテン」は、ブリテン島を指す語になりました[3]。グレートブリテン島とは、イングランド、スコットランド、ウエールズから成るイギリス本島を指します。それに北アイルランドを加えてイギリスの正式国名が構成されています。少々長いのですが、「グレートブリテンおよび北アイルランド連合王国」です。これは英語名 United Kingdom of Great Britain and Northern Ireland の日本語訳です。英語名は略して、U.K. とも言います。

　アングロ・サクソン人がイングランドに定住してから100年ほど経つと、彼らが大陸にいたときの出身部族を中心に七つの王国を作りました。彼らは自然を崇拝し多神教を奉じていました。しかし、ローマ帝国からやって来たキリスト教の宣教師の勧めに応じて、アングロ・サクソンの王たちはそれまでの多神教から一神教のキリスト教に改宗しました。さらに、アングロ・サ

2　ブリット＝Britto、ブリトン＝Briton、ブリタニア＝Britannia、ブリテン＝Britain、ブルターニュ＝Bretagne；ブリタニー＝Brittany。
3　ブルターニュ（ブリテン）に対して「大」ブリテンの意味で付けられた。

図表 1-2　ニュー・マーケット（イギリス）で見つけた喫茶店

クソン人たちは、先祖から伝えられてきた「ルーン」と呼ばれる文字[4]を捨て、宣教師が使っていたラテン・アルファベット、すなわち「ローマ字」を採用しました。ただし、宣教師が使っていたローマ字だけでは、自分たちの話す音をすべて書き写すことができませんでした。そこで、二つのルーン文字をローマ字のアルファベットに加え[5]、さらに、ローマ字から二つの新しい文字を創りました。新しく創られた文字の一つは、ローマ字の ⟨a⟩ と ⟨e⟩ を抱き合わせた ⟨æ⟩ と、もう一つは ⟨d⟩ の上に線を引いた ⟨đ⟩、当時の字形で ⟨ð⟩ という文字です[6]。これらの文字は 300 年から 400 年後には使われなくなりましたが、発音記号として今日まで生き残っています[7]。

一方、ローマ字に加えられた二つのルーン文字もやがて使われなくなりました。そのうちの一つで、⟨th⟩ の音を表したルーン文字 ⟨þ⟩ は、やや崩れた形 ⟨ƿ⟩ や ⟨ƿ⟩ が ⟨y⟩ の文字に似ていたので ⟨y⟩ との区別に混乱が起こりました。そこで両者を区別するために、⟨y⟩ にはその上にドットを置いて ⟨ẏ⟩ とし、ローマ字の ⟨y⟩ であることを合図していました。ルーン文字の ⟨þ⟩ とローマ字の ⟨y⟩ とは形が似ていたことから、今でもそれを利用して ⟨y⟩ や ⟨Y⟩ に ⟨th⟩ の役割をさせることがあります。これは古風な

雰囲気を演出させるための工夫です。

　図表1-2の写真は、競馬で有名なイギリスの町ニュー・マーケットで見かけた喫茶店です。喫茶店入口の上部には次のように書かれています。

Ye Olde Scotch Tea Rooms

この喫茶店の名前はどのように読むのでしょうか。

　最初の文字〈Ye〉の〈Y〉を〈th〉に置き換え、2番目の文字〈Olde〉の語尾〈-e〉は昔の雰囲気を醸し出させるための演出ですので省いてください。すると次のようになります。

The Old Scotch Tea Rooms

　ロンドンでもときどきパブの看板などにこのような綴り字を見ることができます。後に触れますが、アングロ・サクソン人がローマの宣教師を通じて採用したローマ字は、『旧約聖書』原典の文字と同様、フェニキアで作られた象形文字にさかのぼります。

　さて、聖書の英訳が始まったのは10世紀前後です。日本では平安時代のことです。この頃は未だ『旧約聖書』原典の言語である古代ヘブライ語については知られておらず、聖書はラテン語訳された聖書から間接的に英訳されていました。翻訳の種類は多様で、単語を英語に置き換えただけのものから、逐語訳、意味の伝達を中心とした意訳までさまざまな段階の翻訳がありました。

4　rune. 原義は「ささやき」。書かれたものはごく少数の者にしか理解できなかったので、「秘密」の意味を持つようになった。

5　/θ/ または /ð/ の音を表す thorn と呼ばれるルーン文字 þ と、/w/ の音を表す wyn または wynn と呼ばれるルーン文字 ƿ の二つ。

6　〈æ〉と〈ð〉の文字名はそれぞれ ash と eth（/eð/）。後者は crossed d とも呼ばれている。

7　以降、〈　〉の中にあるのは文字を指し、/ / の中にあるのは発音記号を指す。

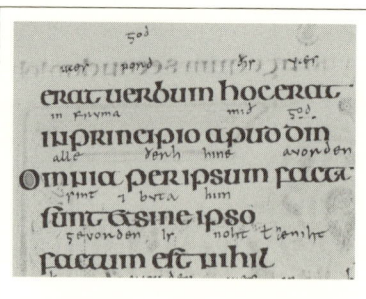

注)
左上:『リンディスファーンの福音書』。太い文字はラテン語の聖書本文。その上にある細い文字はラテン語の単語に対する古英語訳。この古英語訳が行間註と呼ばれる。
右上:筆者が活字に置き換えた行間註
右下:行間註の現代英語訳(語順は行間註の語順を保持)
左下:左上のラテン語に対する日本語訳。

図表 1-3 『リンディスファーンの福音書』(715 年頃)[8]

　15 世紀前半までは、書物と言えば、王侯貴族や聖職者が手にするものでした。王や貴族であっても書物を手に入れることは大変な時代で、読みたい書物を見つけると、持ち主から借り、「写字生」と呼ばれる王侯や貴族お抱えの文字書きや文章の写しを職業とする人に書物を書き写させました。写字生によって書き写された書物は、後世の人びとに「写本」と呼ばれるようになりました。

　中世ヨーロッパでは、聖書と言えば『ウルガタ』[9] と呼ばれるラテン語訳の聖書でした。『ウルガタ』は中世ヨーロッパ唯一の公認聖書であり、絶対的な権威を持っていました。10 世紀前後には『ウルガタ』のラテン語を書き写し、ラテン語文の上にラテン語に対応する英単語を書いただけのものもありました。これは翻訳というよりも、一種の註です。

　この註は行と行との間にあるので、「行間註」と呼ばれています[10]。聖書には装飾が施されることがありました。現存する写本の中には、きれいに装

8　Backhouse, J. (ed.). *The Lindisfarne Gospels*. 1987. London: Phaidon.
9　ラテン語名 Vulgāta で、「vulgo(広く行きわたらせる)」の過去分詞。英語名は Vulgate.
10　行間註 = interlinear gloss.

飾されているものも多くあります。聖職者が修行をするために集まった島で、「聖者の島」Holy Island の名で知られているリンディスファーン島で発見された『リンディスファーンの福音書』は装飾技術と、そこに書き込まれた行間註の言語的価値が高いことで知られています。

　印刷された英語の聖書が初めて現れたのは、聖職者カバデルが 1535 年にラテン語から英訳・出版した聖書です[11]。中世ヨーロッパでは、ラテン語訳聖書『ウルガタ』が唯一の公認聖書でしたので、他の聖書の使用も『ウルガタ』を英訳することも認められていませんでした。そのために、ドイツで密かに原典から聖書を英訳・出版し、それをイギリスに密輸したウィリアム・ティンダル[12]は、イギリスに帰ると捕らえられ、火あぶりの刑に処せられたのでした。このような事情から、カバデルはイギリスではなくドイツで英訳・印刷・製本を行い、イギリスに密輸しました。『カバデル訳聖書』の第2版（1537）は英訳聖書史上初めて王から出版許可が下りた記念すべき聖書になりました。『カバデル訳聖書』のサイズは大きく[13]、値段は聖職者のほぼ1ヶ月の給料に相当したそうです。

　1550 年になって、ようやく値段も手ごろでかつ持ち運びにも便利なサイズの英訳聖書が出版されました[14]。それでも現在の聖書に比べれば大判です。この聖書もイギリスではなくスイスのジュネーブで翻訳・出版されたので『ジュネーブ聖書』と呼ばれています[15]。『リア王』や『ロメオとジュリエット』の作者で知られているシェイクスピアもこの聖書を愛用したと言われています。この聖書の出現によって、英語の聖書はようやく個人で所有す

11　Coverdale's Bible という英名が付けられている。
12　c.1494-1536.
13　31cm × 19.7cm. この時代の製本は手作業のため聖書ごとにサイズは異なる。『カバデル訳聖書』のサイズはケンブリッジ大学図書館所蔵のもので、筆者が実際に測ったサイズ。*Biblia The Byble: that is/ the holy Scrypture of the Olde and New Testament, faythfully translated in to Englyshe*. 1535. Cologne? or Marburg?: E. Cervicornus & J. Soter?［ULC: Young. 83］（ULC = university Library, Cambridge）
14　25cm × 17cm.
15　この聖書もケンブリッジ大学図書館所蔵のもの。*The Bible and Holy Scriptvres Conteyned in the Olde and Newe Testament. Translated according to the Ebrue and Greke, and Conferred With the Best Translations in Diuers Languages*. 1560. Geneva: Rouland Hall.［ULC:Young. 88］

図表1-4 エジプトイチジク[17]

ることが可能になり、聖書はイギリス国民の「家庭の書」になりました[16]。

『ジュネーブ聖書』には余談があります。この聖書の「創世記」第3章7節で「いちじくの葉を編んで腰を覆うものを作った」とすべきところを「半ズボン（= breeches）を作った」と訳したので、「半ズボン聖書」The Breeches Bible というあだ名が付けられました。

この聖書の当該箇所を『欽定訳聖書』の訳と比べてみましょう。それぞれ聖書の関係する箇所を写真版で引用しました。図表1-5と図表1-6に引用されている両聖書の最後の単語を見てください。

『欽定訳聖書』では aprons と訳されています。現代英語訳聖書では loincloths と訳されています。breeches や aprons という訳語について後世の人びとは

---

16 "household Bible". Westcott, B.F. 1905. *A General View of the History of the English Bible*. (rev.) W. A. Wright. London: Macmillan.
17 Smith. W. 1863.『聖書植物大辞典』. 藤本時男編訳. 2006, 図書刊行会. p. 441.
18 1）『ジュネーブ訳聖書』は親しみやすいローマン体の活字で印刷されている。
   2）当時の英語を反映し、綴り字に一貫性がない。
   3）文中にある「g」と「"」は欄外に註があることを示している。
   4）この聖書では、「長いʃ」と「短いs」が使用されている。使用の違いを探ってみてほしい。
   5）この時代は未だ〈u〉と〈v〉の区別はない。
   6）them selves は未だ1語にはなっていない。
   7）both や know には古いつづり字の名残で余分な〈-e〉が付加されている。
19 1）『欽定訳聖書』はゴシック体の文字で印刷されており威厳があるが、『ジュネーブ聖書』に比べると近づきがたい印象を与えている。それがゴシック体の効果の一つであろう。
   2）were だけがローマン体の活字になっている。これは、原典のヘブライ語にはないが、英語では必要な語であることを示している。『欽定訳聖書』の翻訳者たちがいかに原典に忠実に翻訳しようとしたかを窺うことができる。
   3）aprons の中にある〈r〉と1行目の were の中にある〈r〉の形が異なる。『欽定訳聖書』では、丸みのある文字が前後にあると aprons にある形の〈r〉が使用されている。
   4）ハイフネーションは「=」で示されている。行のスペース調整を優先して単語を切っているので、切り方にルールはない。
   5）aprons の前にある「‖」は欄外に註があることを示している。
   6）この時代は綴り字に統一がなかった。1611年の『欽定訳聖書』の初版では、一つの単語に対して複数あった当時の異綴り字を行のスペース調整に利用している。『欽定訳聖書』はその後毎年改訂され、1629年になってようやくこの聖書の綴り字が統一され、英語の綴り字の統一に貢献できるようになった。

> Then the eyes of them bothe were opened, & they knewe that they were naked, and they sewed figtre leaues together, and made them selues "breeches.

注) Then the eyes of them both were opened, & they knew that they were naked, and they sew fig tree leaves together, and made themselves breeches.

図表 1-5 『ジュネーブ訳聖書』（1557 年）「創世記」（3:7）[18]

> 7 And the eyes of them both were opened, & they knew that they were naked, and they sewed figge leaues together, and made themselues ‖ aprons.

注) 7 And the eyes of them both were opened, & they knew that they were naked, and they sewed fig leaves together, and made themselves aprons.

図表 1-6 『欽定訳聖書』（1611 年）「創世記」（3:7）[19]

それぞれの観点から批評をしてきました。別の観点から見ると、原典の「腰を覆うもの」という表現が漠然とした表現なので、英訳をする際に読者に親しみが持てる、具体的な表現を選んだと考えることもできます。

　1611 年には図表 1-6 で引用した『欽定訳聖書』が出版されました。『欽定訳聖書』はこれまでの英訳聖書の良い訳を取り入れ、かつ、『旧約聖書』原典に忠実に英訳された聖書であると言われています[20]。「忠実な訳」というのは、英語の構文や文法を無視して原典の言い回しを取り入れているのではありません。古い英語の表現や構文、文語では使用されているが口語では使用されなくなった構文、当時の口語表現などを駆使して原典の言い回しを取り入れていると言ったほうが正しいでしょう。ヘブライ語を知っていると、この聖書英語の背景にはあのヘブライ語の言い回しがあると想像できる表現が多く見られます。

20　例えば、the Lord God of their fathers, the God of Abraham, the God of Isaac, and the God of Iacob（= Jacob）（『欽定訳聖書』「出エジプト記」4:5）は英文法に従えば 4 種類の神を表している。しかし、コンテクストから判断すると 1 種類の神のことである。このように文法と意味が異なるのは、この句にはヘブライ語の文法が反映されているためである。

『欽定訳聖書』は大型で[21]、個人で所有するにはふさわしくはありません。しかし、教会で使用するように定められたために教会での朗読、説教、聖書の解釈や解説などにはもっぱらこの聖書が使用されました。表現や文体にやや異郷の香りがするこの聖書の英語は、文学作品や演説など幅広い分野で引用されました。やがて、『欽定訳聖書』の英語は日常耳にする聖書の言葉になり、英語の文体や表現に影響力を持つまでになりました。その結果、『欽定訳聖書』の英語は、英語の歴史において、重要な位置を占めています。
　イギリス国民の「家庭の書」になった英訳聖書は、イギリス国民の精神や文化に強い影響を与えてきました。『ガリヴァー旅行記』の著者で知られるジョナサン・スイフト は、1712年に知人に宛てた手紙の中で「英語の聖書は教会で読まれてきたので、標準英語の成立に貢献した」と述べています[22]。
　聖書はキリスト教徒にとって安らぎと救いを求めることができる大切な書です。たとえそれが異郷の響きを持っていたとしても、日々、耳や目を通して入ってきた聖書の表現や文体が日常の英語の中に入っていったということは頷けます。

『旧約聖書』原典の言語

　『旧約聖書』の原典は古代ヘブライ語で書かれ、『新約聖書』の原典は古代ギリシア語、正式にはコイネ・ギリシア語で書かれています。しかし、翻訳聖書における外国語の影響というと、しばしば古代ヘブライ語が取り上げられます。なぜギリシア語ではなく古代ヘブライ語が話題になるのでしょうか。大雑把な説明ですが、ギリシア語は英語と同じ系統の言語でインド・ヨーロッパ語族に属する言語です。一方、古代ヘブライ語は、アラビア半島を

21　425 × 290mm. このサイズはケンブリッジ大学図書館所蔵の『欽定訳聖書』: *The Holy Bible, Contaynyng the Old Testament, and the New: Newly Translated out of the Originall tongues: & with the former translations diligently compared and reuised, by his Maiesties speciall Cōmandment. Apppointed to be read in Churches.* 1611. London: Robert Barker.［ULC:Young 40］

22　Swift, J. and R. Harley. 1712. *Letter to the Most Honourable Robert Earl of Oxford and Mortimer, Lord High Treasurer of Great Britain.* London: Benj.Tooke.

中心とする西アジアで話されているセム語派の言語で、アフロ・アジア語族に属する言語です。アングロ・サクソン系の言語である英語に、古代ヘブライ語の影響を受けた表現が現れると異質な印象を与えます。イギリス国民にとってそれは馴染みのない表現形式であり、異郷の香りがするフレーズですので、未知の世界、神の世界の表現であるという思いを持ったのかもしれません。ギリシア語で書かれている『新約聖書』のあちこちには『旧約聖書』からの引用文や引用語・句が多く見られます。そのために原典がギリシア語で書かれている『新約聖書』にも、古代ヘブライ語に由来する表現がたくさん見られます。

　By the skin of one's teeth という英語の表現があります。この表現全体の意味は、それぞれの語の意味を単に足し合わせるだけでは理解が難しいため、現代ではイディオムとして扱われることが多いようです。「かろうじて」、「すんでのところで」という意味です。筆者がケンブリッジ滞在中に、勇気を出してイギリス人10名ほどに、「by the skin of one's teethってどんな意味かわかりますか？」と尋ねました。誰もが、「なぜそんなことを尋ねられなければならないのか」というような顔をして、「もちろん！」と答えました。次に「この表現はなぜそのような意味になりますか？」と尋ねると、皆が困った顔をして「分からない」と答えました。これは、『旧約聖書』の古代ヘブライ語表現が逐語訳され、長い時間が経過した後、日常の英語として使われるようになった表現です[23]。もはや、文字どおりに意味を考えるのではなく、全体で1つの表現として記憶にすり込まれていると言えるでしょう（第2部96ページ参照）。

　一般の人には読むことができない言語で書かれている聖書の原典は、その存在だけで畏敬の念が湧いてくるのでしょう。それだけにキリスト教徒にとって原典の言葉は神の言葉そのものです。聖書の翻訳者たちは、原典の聖書を英語に翻訳するとき、できるだけ忠実に原典の語句や表現を英語に再現す

23　付録の skin 参照。

るように努めてきました。意味の伝達よりも原典の表現形式の再現に注意を払った聖書も出現しました。また、原典の表現を一語一句英語に置き換える「なぞり」や、原典の発音を英語の音で再現する、いわゆる「音訳」が英訳聖書にたびたび現れるのはそのためです。先に挙げた by the skin of one's teeth という英語表現は古代ヘブライ語表現の「なぞり」の一例です。

　このような現象は仏教の原典の言語であるサンスクリットと日本語の間にも見ることができます。サンスクリットは日本では梵語（ぼんご）という名前で広く知られています。サンスクリットは英語と同じインド・ヨーロッパ語族に属する言語です。日本語はどの語族とも明確な関係性が見出せないことから、孤立言語とされています。

　日本では奥さんが夫のことを、しばしば「旦那（だんな）」と言います。この語は、語源をさかのぼると、「上の身分の者や金持ちが、下の身分の者や貧しい人に物品を施すこと」を意味するサンスクリットの〈dāna-pati〉に辿り着きます。〈dāna〉の部分が日本語に音訳され、日本語の日常語「だんな」になりました。これが奥さんたちが口にする「旦那」の語源です。江戸時代までは「旦那」と言えば、家人や召使いが主人を呼ぶ語であったし、「旦那衆」と言えば、「特別の旧家の主人」、「金持ち」の意味がありました。「お布施をする家」のことを「檀家（だんか）」と言います。「檀家」の「だん」と「旦那」の「だん」は漢字が異なりますが、両方とも上で述べた〈dāna〉にさかのぼります。両者はともに、「与える」の意味を持つサンスクリットに由来します。「檀家」は「ダン（＝サンスクリットの音訳）＋家（＝和語・漢字の音読み）」から成っていますので、「檀家」と言う語は、サンスクリット・日本語・中国語が混ざった混交語と言えるでしょう。

　上で述べたように、サンスクリットと英語はともにインド・ヨーロッパ語族に属する言語ですので、「旦那」の語源である〈dāna-pati〉の〈dāna〉の部分が英語に入ってもなんの不思議もありません。この語は英語では donor になり、「寄贈者」、「財産などの贈与者」、「臓器の提供者」という意味を表す単語になりました。この語の「臓器の提供者」の意味だけが抜き出されて

日本語に音訳され、「ドナー」になりました。「『旦那』と『ドナー』が同じ語源の語です。」と言われると、「まさか！」と疑いたい衝動に駆られますが、これは真実です。donor の音訳から日本語になった「ドナー」は、近年、移植医療の発達に伴って、英語経由で日本語に流入したサンスクリット起源の語です。「ドナー」と「旦那」は日本語に入った経路と時代が異なりますが、同一起源の語なのです。

　私たちがしばしば耳にする英語の名前に「アンナ」、「ベンジャミン」、「エリザベス」、「メアリー」、「ジョン」、「リア、または、レア」、「マイケル」、「ナオミ」などがあります。実は、これらは英語起源の名前ではありません。聖書に出てくる古代ヘブライ語の名前が、ギリシア語やラテン語で音訳され、それから英語に入ってきた人名です。固有名詞ではありませんが、「アーメン」や「ハレルヤ」も英語経由で日本語に入ってきた古代ヘブライ語起源の表現です。前者は「おっしゃるとおりです」、そして後者は「主を讃えよ」が本来の意味です。これらは意味や機能の変化を起こし、同意を示す「よーし」や、望みが実現した時に発せられる「ありがたい！」のような間投詞としても用いられるようになりました。

　仏教の原典の言語であるサンスクリットがお経を通して日本語に入っている例があります。お祈りの決まり文句になっている「南無阿弥陀仏」（なむあみだぶつ）です。これはサンスクリットの〈namas amitābha〉の音訳です。「南無」は〈namas〉の音訳で、インドやネパールで交わされる挨拶言葉の「ナマステ」と同じ語源です。「お辞儀をする」、「挨拶をする」、「服従する」という意味を表す動詞から派生した語です。「阿弥陀仏」は阿弥陀如来を意味する〈amitābha〉の音訳です。したがって、「南無阿弥陀仏」の言語的な意味は「阿弥陀（〈amitābha〉）にお辞儀をする（〈namas〉）」です。そこから宗教的な意味「阿弥陀に帰依する」になりました。

　これらの例から、宗教は言語の相異を越えて語や句を他の言語に伝播させる力を持っている、ということを垣間見ることができたと思います。

『旧約聖書』・『新約聖書』・『外典』

　キリスト教の教えの基になっている聖書は『旧約聖書』と『新約聖書』から成ります。これらは日本語では「聖典」、英語では Canon とも呼ばれています。他に、『続編』あるいは『外典』と呼ばれている書があります。この書は「隠されたもの」を意味するギリシア語を音訳して『アポクリファ[24]』と称されることもあります。本書ではこの書を『外典』と呼びます。

　先にも述べましたが、『旧約聖書』と『新約聖書』はともにキリスト教の聖典であるにもかかわらず、書かれている言語が異なります。『新約聖書』の原典は古代ギリシア語で書かれ、『旧約聖書』の原典は古代ヘブライ語で書かれています。『外典』には古代ヘブライ語で書かれている書と、古代ギリシア語で書かれている書が混ざっています。一つの宗教でありながら、その教えの基になる聖典の言語がなぜ異なるのでしょうか。これを理解するにはキリスト教が生まれた背景を知る必要があります。

ユダヤ教とキリスト教

　キリスト教はユダヤ教から生まれた宗教です。ユダヤ教の聖典はユダヤ人の言語である古代ヘブライ語で書かれています。ユダヤ教の聖典は日本語の音訳で『トーラー[25]』または『タナッハ[26]』と呼ばれています。このユダヤ教の聖典をキリスト教側が『旧約聖書』と呼ぶことにしました。

　「トーラー」という単語は「決まり」、「掟」を意味するヘブライ語です。別名「モーセ五書」とも呼ばれる「トーラー」は、日本語では「律法」と訳されています。「律法」には宗教的、道徳的、社会的、政治的、倫理的な規範が包括されています。「トーラー」は、一義的には旧約聖書の最初から五つの書を指しますが、聖典全体を指すこともあります。本書では「トーラ

24　英語では The Apocrypha.
25　英語では Torah.
26　英語では Tanakh または Tanach.

ー」は「モーセ五書」を指します。

　『タナッハ』はヘブライ語の三つの単語の頭文字で作られた単語です。ユダヤ教の聖典には三つの部門があります。第1部門は「トーラー」(「律法」)、第2部門は「ナビイーム」(「預言者」を意味する語の複数形)、第3部門は「ケスビーム」(「書」・「本」を意味する語の複数形) です。これら3部門を指す古代ヘブライ語の単語の頭文字をローマ字に変換するとTNKになります。TNKの-Kは、古代ヘブライ語では音楽家のBach (バッハ) の〈-ch〉(/x/) に近い音です。そのために英語ではこのKをCHに置き換えて綴ることもあります。古代ヘブライ語には母音も子音もありますが、その言語の音を書き写すためのアルファベットは子音文字だけで、母音文字はありません。母音は文脈から判断して適切に挿入しながら読みます。TNKは、発音をしやすいように子音文字の間に母音 /a/ を入れてTaNaKa『タナッハ』と読みます。『タナッハ』は『ミクラ』(Mikra) と呼ばれることもあります。『ミクラ』はイスラム教の聖典『コーラン』(Koran) と同じ語源です。『ミクラ』と『コーラン』は語頭音がまったく異なりますが、いずれも、「大きな声で読む」を意味する動詞 /qa:ra:n/ から派生した名詞です。本書ではユダヤ教の聖典を『タナッハ』と呼ぶことにします。

　『タナッハ』は、数千年に及ぶ口承伝承の後に文字化されました。書き写された文字は、古代ヘブライ語の文字ではなく、当時の共通語であった古代アラム語の文字です[27]。古代アラム語と古代ヘブライ語は同族言語ですが、両言語の文字もフェニキアでセム人が作った同じ象形文字に由来します。

　イエス・キリストは「ユダヤ教」から新しい宗教を興しました。この宗教は創始者の名前をとってキリスト教と呼ばれています。キリストの弟子たちが紀元後1世紀から2世紀にかけて記した書があります。キリストの言行を

---

[27] 『旧約聖書』の原典の言語は古代ヘブライ語だが、『旧約聖書』の中に古代アラム語の語が紛れ込んでいる箇所がある。古代ヘブライ語の伝承を古代アラム語の文字で書き写すときに、紛れ込んだもの。それらは「エレミヤ書」(10:11)、「エズラ記」(4:8 – 6:18, 7:12-26)、「ダニエル書」(2:4 (後半) –7:28) にある。また「創世記」(31:47) ではラバンがアラム語の語彙を使用し、ヤコブがそれをヘブライ語の語彙に翻訳している箇所がある。

記した「福音書」、教会の発展を記した「使徒言行録」、使徒たちの「書簡集」、「ヨハネの黙示録」などがそれです。これらは当時の共通語であるコイネー・ギリシア語で書かれました。それらはまとめられ、イエス・キリストと人との「新しい契約」を意味するギリシア語名が付けられました。その英訳が the New Testament、日本語訳が『新約聖書』です。キリスト教側は「十戒」を中心とする律法は神との「古い契約」であるとし、『タナッハ』に「古い契約」を意味するギリシア語名を与えました。その英訳が the Old Testament、日本語訳が『旧約聖書』です。

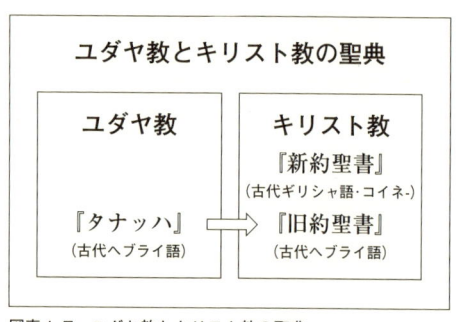

図表1-7　ユダヤ教とキリスト教の聖典

「契約」に対応する古代ヘブライ語の単語は BRYT(/bəriːθ/) です。日本語の音訳で「ベリート」と言います。この単語は、「創世記」の第14章13節でアブラハムとアモリ人との間で行われたように、人と人が合意のうえで作る「約束」や「契約」を意味します。一方、神と人との「ベリート」(契約) は、神と人とが話し合って合意のうえで交わす約束ではなく、神が人間に一方的に与える約束です。古代ヘブライ語の「ベリート」はギリシア語で diathēkē と訳されました。このギリシア語の英訳が covenant ですが、聖書のタイトルの英訳には testament という単語が採用されました。

このような経緯があるので、キリスト教の聖典である『新約聖書』と『旧約聖書』の原典はそれぞれ異なる言語で書かれているのです。これ以外の言語の『新約聖書』と『旧約聖書』はすべて翻訳です。

『外典』・『旧約聖書続編』・『アポクリファ』

　『外典』には次のような歴史があります。紀元1世紀以前には、ユダヤ教の聖典がまだ明確な形の「本」になっていませんでした。1世紀末になって、ユダヤ教が古代ユダヤ教の文書を整理し、3部門24書にまとめました。それがユダヤ教の聖典『タナッハ』です。ユダヤ教の文書を整理したときに、ユダヤ教の聖典に選ばれなかった書がありました。キリスト教側はそれらの書を『旧約聖書』と同等あるいはそれに準ずるものと見なし、『旧約聖書続編』、『第二聖典』あるいは『外典』と呼び、『旧約聖書』と『新約聖書』の間に置くようになりました。

　キリスト教では、プロテスタント、カトリック、正教会によって、3部門の内の「ナビイーム」と「ケスビーム」の書のまとめ方と選択の仕方が異なります。

ヘブライ語の聖書『タナッハ』の3部門		3部門の書の数
[ヘブライ語音訳]	[日本語訳]	
トーラー	「律法」	5書
ナビイーム	「預言者」	8書
ケスビーム	「諸書」	11書
		24書

図表1-8

『旧約聖書』の文字

　本書第2部以降では主に『旧約聖書』におけるメタファを取り上げますが、『旧約聖書』の原典と言うときユダヤ教の聖典『タナッハ』をも同時に指すことにします。『旧約聖書』の原典は古代ヘブライ語で書かれています。古代ヘブライ語の資料で現存しているのは、主に聖書です。そのために、古代ヘブライ語は「聖書ヘブライ語」とも呼ばれています。すでに少し触れましたが、聖書の原典の言語と文字について詳しく述べることにします。『旧

約聖書』原典の言語は「古代ヘブライ語」ですが、それを記した文字は古代ヘブライ語の時代よりも後の「古代アラム語」の文字です。なぜこのようなずれが生じたかと言いますと、『タナッハ』のなかでも「トーラー」の多くの部分は文字が発明される以前の時代に創られ、それが文字化されるまでの間、人から人へと語り伝えられてきたという経緯があるからです。それが文字化されたときの古代オリエント地方の共通語は古代アラム語でした。そのために、語り伝えられてきた古代ヘブライ語の物語が、当時、古代オリエント地方の共通語であった古代アラム語の文字を用いて書き記されました。

古代ヘブライ語や古代アラム語の文字はセム人がフェニキア地方で作った象形文字がルーツです。フェニキアの象形文字から1文字1音を表す表音文字が作られ、それが古代ヘブライ語や古代アラム語の文字になりました。この文字体系は子音文字だけからなるアルファベットでした。

子音文字だけのアルファベットというと想像するのが難しいので、ローマ字を用いて説明しますと、「亀」を〈km〉と書くのに似ています。読むときは、文脈から意味を判断して /kame/ というように母音 /a/ と /e/ を挿入しなければなりません。文脈が変われば /kome/（米）、/kamo/（鴨）、/kami/（髪）、/kuma/（熊）、/kumo/（雲）、/kimi/（黄身）のように異なる母音を挿入します。このように子音だけで構成された単語は、挿入する母音によって異なる意味になります。そのために後の時代になって、解釈上の混乱が生じることもありました。

ヘブライ語の英訳と日本語訳表記

本書では「古代ヘブライ語」または「聖書ヘブライ語」と言われる言語を単に「ヘブライ語」と呼ぶことにします。ヘブライ語の単語を引用することがありますが、その場合は、ヘブライ語の単語を構成する子音文字をローマ字の大文字で〈 〉の中に転写し、直後に（/ /）内に発音記号を付し、その音を伝えることにします。「エデンの園」の「エデン」、「アダム」、「イブ」

を例に示します。ローマ字による表記の仕方は原則としてLambdin（1990）に従います[28]。以下の例のようにヘブライ語の単語は基本的には3つの子音文字から成っています。

	［ヘブライ語］	［音写］	［発音］	
エデン ＝	עדן →	〈'DN〉	/'e:ðen/	「創世記」（2:8）
アダム ＝	אדם →	〈'DM〉	/'ɑ:ðɑ:m/	「創世記」（2:8）
イヴ ＝	חוה →	〈ḤWH〉	/ħɑwwɑ:h/[29]	「創世記」（3:20）

本書では1611年に出版された『欽定訳聖書』の英訳をしばしば引用します。その理由は、『欽定訳聖書』の英訳は英語の中に巧みに原典のヘブライ語法を取り入れているので、ヘブライ語表現を説明するのに役立つためです。ただし、1611年の英語ですので、綴り字も意味も現代英語とは異なることが多々あります。そのような場合には、単語の直後の（＝）の中に対応する現代英語の単語を挿入します。そのような引用がある場合、江戸時代初期に当たる1611年にはどのような英語が使われていたのかもお気づきいただけると思います。

Adam called his wiues（= wife's）name Eue（= Eve），
because she was the mother of all liuing（= living）.　　『欽定訳聖書』
アダムは彼の女の名前をイヴと呼びました。なぜならば彼女はすべての生きものの母だからです[30]。　　　　　　　　　　　　　　　　「創世記」（3:20）

28　Lambdin, T.O. 1990. *Introduction to Biblical Hebrew.* London: Darton, Longman & Todd.
29　「イヴ」またはEveの発音はヘブライ語の発音と相当異なる。これらの発音はギリシャ語とラテン語の音訳に基づいている。
30　「生き物」を表すヘブライ語〈ḤY〉（/ħɑ:y/）は〈ḤWWH〉（/ħɑwwɑ:h/）=「イヴ」と同語源であると考えられたのでこの物語が作られた。しかし、語源学上は両単語の関係は不明。

ヘブライ語表現を説明する際、『欽定訳聖書』以外の英訳を利用することもあります。これらの英訳には、ヘブライ語原典にできるだけ忠実に訳した日本語訳を並記します。ですから、英訳と日本語訳が必ずしも一致しない場合もあります。また、日本語訳のほうが原典の表現を説明しやすい場合は、筆者ができるかぎり原典に忠実に翻訳した日本訳だけを用いることがあります。日本語訳聖書の訳を使用する場合には出典を明記します。

2

『旧約聖書』と古代世界

バイブルと古代都市ビブロス

　聖書は英語では Bible と呼ばれています。Bible を日本語に音訳した「バイブル」は、その意味を比喩的に拡張させ、「それぞれの領域で権威のある書物」を指す語にもなっています。英語の単語 Bible は、古代エジプト王朝の時代、紙の原材料であるパピルスの荷揚げ港があった古代都市「ビブロス」Byblos に由来します。この都市は東地中海最古の都市の一つで、現在はレバノン領内にあり、「ジュバイル[31]」というアラビア語名になっています。

　この古代都市は、聖書では、ヘブライ語で「ゲバル」[32]と呼ばれています（「詩編」83:7、「ヨシュア記」13:5、「エゼキエル書」27:9）。セム族の一派であるフェニキア人がここで都市国家を建設しました。彼らを有名にしたことの一つにアルファベットの発明があります。彼らは象形文字から『旧約聖書』の原典の言語や英語アルファベットの基となる一文字一音の文字を作り、使用していました。今から約3300年前（紀元前1300年）のことです。日本の縄文時代のできごとです。その後、この地域を古代ギリシアが占領し、ギリ

31　Jbeil.
32　〈GBL〉（/gəvɑːl/）.

シア人がこの都市名をビブロスというギリシア語の名前に変更しました。

　ビブロスは、ナイル川流域やキプロスで茂る水生植物で紙の原料となるパピルスの荷揚げ港がある都市でした。パピルス紙は髄の部分を薄くはぎ取り、水に浸したのち圧縮し、乾燥させて作った紙です。この紙は古代エジプ

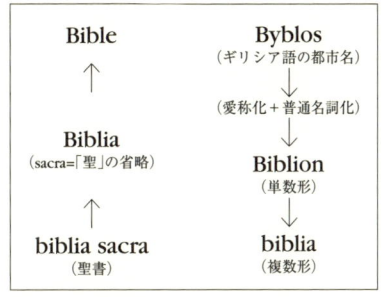

図表1-9　古代都市ビブロスとバイブル

トやギリシアやローマで珍重されました。パピルスの荷揚げ港で有名になった都市ビブロスはその固有名詞を保ちながらも、一方でパピルスを意味する普通名詞にもなりました。この普通名詞の意味がさらに拡張し、パピルスからできた「紙」を表すようになりました。意味の拡張はさらに続き、「紙」から「文字が書かれた紙」、すなわち「巻物」や「本」を表すようになりました。その後、特定の本、すなわち聖なる本である「聖書」だけを指すようになりました。バイブルはその中に多くの書を含んでいるので、ギリシャ語では複数形で表現されました。

アブラハムの時代

　『旧約聖書』で有名な登場人物の一人に「アブラハム（アブラム）」という人物がいます。アブラハムの父親の名前は「テラ」といいます。「テラ」は洪水物語で知られている「ノア」の長男「セム」の子孫です。聖書には、「テラが70歳になったとき、アブラム、ナホル、ハランが生まれた」と書かれています（「創世記」11:26）。アブラハム、ナホル、ハランは同じ年に生まれた兄弟です。現代社会では同じ年に3人生まれたというと「三つ子」だと思います。しかし、アブラハムの時代は一夫多妻の社会だったので、テラの3人の妻が、それぞれ、同じ年に生んだ子供たちであっただろうと考えられます。

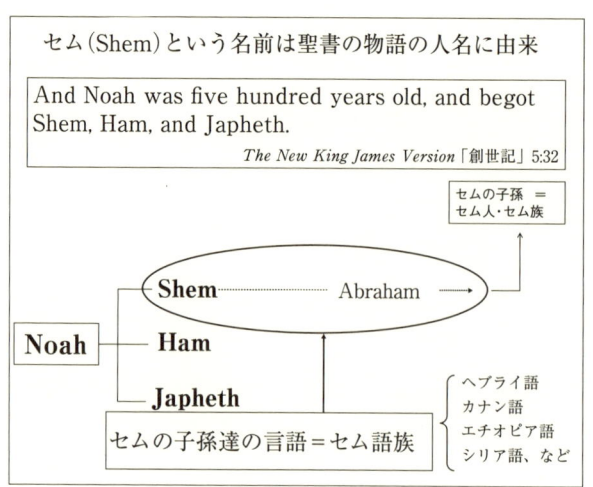

図表1-10 ノア・セム・セム人・アブラハム・ヘブライ語

　ユダヤ教ではアブラハムはユダヤ人の祖、イスラム教ではアラブ人の祖として崇められています。アブラハムが最初に聖書に登場するときは、「アブラム」と呼ばれていました。アブラハムが99歳のときに彼の前に現れた神が、彼の名前を「アブラハム」に改名しました（「創世記」17:1-5）。ヘブライ語の人名は日本語の人名と同じように多くの場合なんらかの意味があります。アブラハムについては「多くの者の父」を意味するとされています。ただし、「アブラム」と「アブラハム」の関係については、方言上の呼び名の違いであるとする説もあります。

　アブラハムは古代都市「ウル」で育ちました。ウルは現在のイラク南部にありました。当時、北メソポタミアはアッシリア、南メソポタミアはバビロニアと呼ばれていました。バビロニアはペルシャ湾寄りのシュメールと、北側のチグリス川とユーフラテス川が接近しているあたりのアッカドに分かれていました。アブラハムの出身地は聖書では「カルディアのウル」とされています（「創世記」11:31、「使徒言行録」7:2-5）。カルディアはペルシャ湾岸に沿ってできたチグリス川とユーフラテス川の両大河が造るデルタ地帯です。

　アブラハムが過ごした頃のウルは、ウル第三王朝の時代（紀元前2060年〜

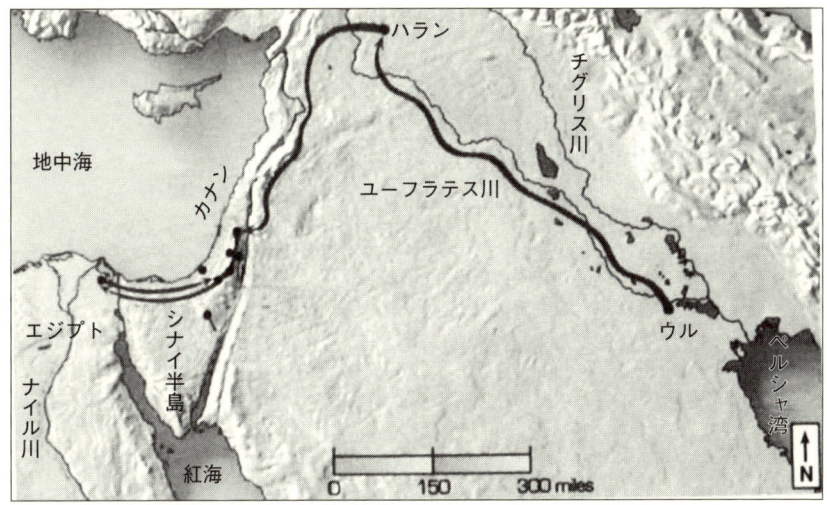
図表1-11　アブラハムたちの経路：ウル→ハラン→カナン[33]

紀元前1950年）でした。ウル第三王朝の王ウルナンムは世界最古の法典と言われているシュメール法典の制定者として知られています。ウルは黄金時代を迎え、繁栄は極みに達していました。ウルの王はシュメールとアッカドを支配下に置き、シュメールとウルの王として君臨しました。多くの都市の人口は1万人から2万人でしたが、ウルの人口は飛び抜けて多く、約20万人だったと言われています[34]。

アブラハムは妻と父そして一族とともに、神の約束に従って繁栄する都市ウルの町を出発し、チグリス川とユーフラテス川によって醸しだされた肥沃な三日月地帯をさかのぼり、両川の上流にあるハランという都市に行き、しばらくそこに滞在した後、カナンに入ります。アブラハムたちが当時の交易都市ハランに向かったのは、初期青銅器時代の紀元前2000年の初めごろです。

33　この地図はVos, H.F. 1999. *Nelson's New Illustrated Bible & Customs: How the people of the Bible Really Lived*. Nashville:Thomas Nelson. p. 29 に基づく。
34　岸本通夫他. 2000.『世界の歴史2：古代オリエント』. 河出書房新社. p. 103.

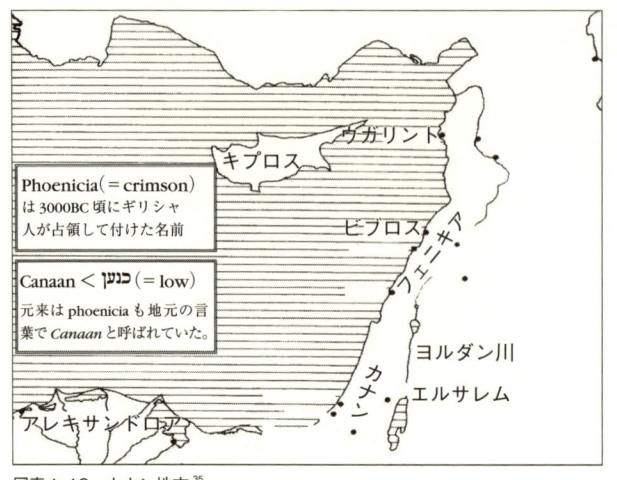

図表1-12　カナン地方[35]

　ハランはウルと同様メソポタミアの文化圏内にあった古代都市です。やや先走りますが、後にアブラハムが召使いを送り、100歳のときに産まれた長男イサクの嫁探しをしたのもこの都市です（「創世記」24:2-61）。当時、この都市はウルほどではありませんが、大都市であったと言われています。アブラハムの孫ヤコブが、アブラハムの甥ラバンの長女リア[36]を、本望ではなかったのですが妻にすることになったのもこの都市です（「創世記」29:16-26）。ヤコブが本当に妻にしたかったのは若くて美しい妹のラケルでした（「創世記」29:16）。ヤコブは妹のラケル[37]を第二の妻として迎えるためにさらに7年間ハランで過ごし、目的を遂げました（「創世記」29:27-30）。このように、ハランはアブラハムとその子孫に深く関わった古代都市です。

35　地図はJones, C.M.s1971. *The Cambridge Bible Commentary.* Cambridge: CUP. p. 14に基づく。
36　リア〈L'H〉/leːˈɑːh/ は「雌牛」を表す語に由来。日本語で「リア」や「レア」、英語でLeahと音訳されています。〈L'H〉は「疲れた（人）」を意味する語と同じ音を持つ。そこで二人の姉妹を妻としたヤコブを巡り、リア〈L'H〉は妹のラケルと競い合ったので「疲れた」、という解釈をして、姉にリア〈L'H〉（疲れた人）という名前が与えられたとする話が、まことしやかに言われることがある。
37　ラケル〈RḤL〉/rɑːˈħel/ は「雌の山羊」の意味。この人名は日本語で「ラヘル」や「ラケル」、英語ではRachelと音訳されている。

ところで、アブラハムは妻サライと一族を連れて、繁栄する豊かな都市ウルを離れ、なぜ荒れ果てた地カナンに向かって旅に出たのでしょうか。聖書には「あなたの土地と親族を離れ、私が示す土地に行け」と神が言ったので、ウルを離れたとしか書かれていません（「使徒言行録」7:2-3）。

　ヨーロッパ文学では、カナンをしばしばパレスチナと呼び、「聖なる地」を示す語として使用しています。「聖なる地」（the Holy Land）に当たるヘブライ語表現は「ゼカリヤ書」（2:12（16））で見ることができます。バビロン捕囚から解放され、戻ってきた人々に対して、ヤハウェがイスラエルの地を「聖なる地」[38]と言っています。「聖なる地」は「約束の地」(the Promised Land) とも呼ばれます。それは「創世記」（17:8）でヤハウェがアブラハムと行った約束（契約）の物語に基づいて生まれた表現です。またこのあたりをフェニキア地方とも言いますが、フェニキアという地名は、古代ギリシアがこのあたりを占領して付けたギリシア語名です。アブラハムの時代は、フェニキアもカナンと呼ばれていました。

　アブラハムたちはついにカナンの地に入ります（「創世記」12:5）。旧約聖書時代のカナンは、地中海沿岸に面した、死海の南側まで続く横長の地です。平原も小高い山々も谷もある変化に富んだ地域です。人々の往来でごった返した平原の20万都市ウルとは異なり、カナンは行き交う人もほとんどいない荒野でした。アブラハムがカナンに辿り着くと、神は「さあ、目を上げて、あなたのいる場所から東西南北を見渡しなさい」と言い、「見える限りの土地をすべて、私は永久にあなたとあなたの子孫に与える。あなたの子孫を大地の砂粒のようにする」と約束しました（「創世記」13:14-18）。この

---

[38]「聖なる地」はヘブライ語では〈ʾDMT HQQDŠ〉(/ʾaðəmaθ haqqoðeʃ/) (= (the) land-of the-holiness)。〈ʾDMT〉は「創世記」（2:7）でアダムを創った時の「土」と同じ〈ʾDMH〉(/ăðawmawh/) の属格形 (= land-of)。この単語の意味は「(赤) 土」、「耕作可能な土地」、「土地」。「創世記」(1:1) の文「初めに神は天と地を創った」で使用されている「地」〈RṢ〉(=ʾereṣ) とは異なる単語が使用されている。2番目の単語は〈HQQDŠ〉(= the holiness)。語頭の H は定冠詞（接頭辞）。それに続く〈QQDŠ〉の意味は「注意深く扱う聖なるもの」、「聖なる人やもの」、「神と関わる聖」、「(複数形で) 捧げ物」、「神聖＝holiness」。(Koehler and Baumgartner, 1967)

約束が今日のイスラエル国家と中東諸国との紛争に関係しています。

　アブラハム以来古代ヘブライ人はカナン地方に住んでいましたが、大干ばつに襲われ、エジプトに移動しました。彼らはエジプトに行った当初は手厚くもてなされていましたが、エジプトの王が代わると奴隷にされました。モーセが生まれた頃、エジプトの王はヘブライ人の新生児は皆殺しするように命じました（「出エジプト記」1:22）。そのためにモーセは生まれて3ヶ月後に防水処理をした籠に入れられナイル川の葦の茂みに隠されました（「出エジプト記」2:3）。エジプト王の娘がたまたま川に来ていてその籠を見つけ、ヘブライ人の子と知りながら、その子モーセを育てることになりました。モーセが成人した頃にエジプト人がヘブライ人を奴隷として扱い、ひどい仕打ちをしているのを知り、モーセは同胞を率いてエジプトからシナイ半島に脱出しました。そして神が約束した地、カナンを戦いによって手に入れるためにカナンにスパイを送りました。スパイがモーセに報告したカナンの町の様子は「民数記」に記されています。それによると、殺風景だったカナンの荒野も、150年ほど経つと「町という町は城壁に囲まれていました。」（「民数記」13:27）。時は紀元前1400年頃です。

アブラハムの時代の人々と生活

　アブラハムが生まれ育ったのはユーフラテス河の対岸で、人びとは複数の神々を崇めていました（「ヨシュア記」24:2）。周囲には階段のあるピラミッドの形をした背の高い大きなジッグラト[39]と呼ばれる塔があり、月の神ナンナ[40]を祀っていました[41]。

　古代都市ウルでは分業化と私有化が進み、金属工芸を中心とする技術が急速に発達し、神殿倉庫が経済の中心を占め、祭司たちが文字を使って記録

39　Ziggurat.
40　Nanna.
41　Albright, W.F. 1968. *Yahweh and the Gods of Canaan.* New York.: Doubleday. 62-73.

図表 1-13　ウルのジッグラト遺跡（BC 2250 - 3233）[42]

し、灌漑農耕を管理していました。人びとは塀に囲まれた都市で、窓やドアのある家に住み、ウールや麻でできた服を着て、ビールを飲んでいました。産物は大小の麦、山羊、羊、牛、ナツメヤシの実、野菜などでした[43]。上流階級の子どもたちは学校に行っていましたが、人口のほとんどを占める下層階級の子どもたちは家畜の世話や家の仕事の手伝いに明け暮れていました。貧しくて借金を背負った家では、奴隷となった人々も多くいました。借金がなくなれば奴隷の身分は解かれ、一般市民に戻ることができました[44]。

　ウルでのアブラハムについては、当時の資料や聖書の記述などから、遊牧民[45]ではなく、商用であちこちを旅した国際感覚豊かな商人であり、ヨルダン川を超えてカナン地方やエジプトにやってきて商売をし、多くの民族とも交流関係を持っていた、と指摘する学者もいます[46]。

　この時代は、人びとは家長あるいは族長を頂点とした厳格で規律ある集団生活を送っていました。この形態を族長制度と言います。家長や族長は集団を構成する人びとの命をも自由にできました。アブラハムが神の命令に従い息子イサクを縛り、祭壇に捧げ、火で焼いて神に捧げようとする場面が描かれています（「創世記」22:9-10）。この描写は家長の権力の強さを示しています。

42　Moore, RI. (ed.). 1992. *Philip's Atlas of World History.* London: Philip's. p.15.
43　三笠宮崇仁編. 1997.『古代オリエントの生活』. 河出書房新社.
44　岸本通夫他. 2000.『世界の歴史：古代オリエント』. 河出書房新社.
45　ベドウィン.
46　Gordon, C. 1953. "Abraham and the Merchant of Ur," *Journal of Near East Studies*, (January, 1958), 28-30.

結婚と出産

結婚は跡継ぎの確保と同時に、家と家の結びつきを強めるための重要な手段でした。そのために、父親同士が婚姻の契約を取り交わすのが習慣でした。結婚にはお金がつきまといました。たとえば、アブラハムの使用人がアブラハムの命令により、長男イサクの嫁にリベカをもらいに行ったとき、アブラハム側は、リベカには金銀の装身具や衣装を与え、リベカの兄と母には高価な品物を渡しました（「創世記」24:53）。

跡継ぎの誕生がとりわけ重要であったことは、サライの物語でわかります。アブラハムの妻サライ（後の名前はサラ）に子どもが産まれなかったので、サライは自分の召使いの女ハガルを夫に差し出し、子供を産ませました（「創世記」16:1-4）。ただし、サライには90歳のとき、神との約束によって、長男を授かります。それがイサクです。ハンムラビ法典には、妻に子どもが産まれない場合、代わりに女奴隷に子どもを産ませることができると書かれています[47]。サライのとった行動は、当時のメソポタミアでは普通のことだったのでしょう。とはいうものの、その後、サライとハガルの間には女の戦

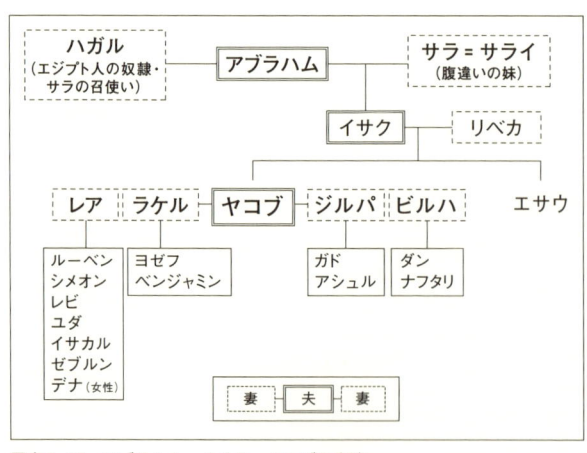

図表1-14　アブラハム・イサク・ヤコブの妻達

47　中田一郎. 2001.『ハンムラビ「法典」』. リトン. pp. 145-146.

いがあったことが述べられています(「創世記」16:4-16)。

　当時の社会の一夫多妻の状態はアブラハムの家系図を見てもわかります。ただし、イサクの妻はリベカ唯一人でした。

　アブラハムは腹違いの妹を妻にしました。それが上で話題にしたサライです。アブラハムの孫ヤコブは4人の妻(リア、ラケル、ジルバ、ビルハ)を持ち、4人の妻から13人の子供をもうけています。ほかにも子供がいた可能性がありますが、聖書に記述されているのは13人です。その中に娘のデナという名前が登場します。レアの最後の子供です。このように主要な人物ではない女性の名前が出てくるのは希です。この娘を除く12人のヤコブの子から、イスラエル全12支族へと発展していきました。ヤコブは後にイスラエルと改名します。そして彼はイスラエル12支族の祖と呼ばれるようになりました。

乳と蜜が流れる地カナン

　アブラハムとその一族は古代の大都市ウルを出発し、カナンへ行く途中、ハランにしばらく滞在しました。ハランからカナンに入るにはヨルダン川を越えなければなりません。カナンという地名は「低い地」を意味する土着語で、アブラハムたちがパレスチナに入る前からあった地名です。『旧約聖書』には、「カナンの地」、ヘブライ人の言葉を意味する「カナンのことば」というように「カナン」が用いられています(「創世記」42:5、「ヨハネによる福音書」5:2)。

　「カナン」をアブラハムおよびその子孫たちと結びつけたのは、「カナン」をアブラハムに与えるとした神の約束です(「創世記」12:7)。カナンは a land

図表1-15　カナン地方

flowing with milk and honey「乳と蜜が流れる地」としても知られています（「出エジプト記」3:8）。この英語の表現が意味を一般化させ、「豊饒の、豊かな地」を表すようになりました。また、この句の 1 部 milk and honey だけでも「豊かな生活の糧」を意味するようになりました。

ヘブライ人

　ヘブライ人という呼び名は「創世記」に初めて現れます。そこではアブラハムは「ヘブライ人アブラム」と記述されています（「創世記」14:13）。「ヘブライ人」は〈ʽBRY〉(/ˈivriː/)と書かれています。この語は「渡る、越える」を意味する動詞から派生した名詞で、「〜を越えてきた者」を意味するとする説が有力です。そのために、「ユーフラテス河とチグリス河を「越えて」シリア、または、パレスチナに来た者」、あるいは、「ヨルダン川を越えた者」と解釈する人もいます[48]。

ユダヤ人とヘブライ人

　ヘブライ人を指す言葉に「ユダヤ人」があります。この語は「ユダヤ人」を表すヘブライ語〈YHDH〉(/yəhuːðɑːh/)がギリシア語に音訳された後、英語に入り Judea となり、日本語では「ユダヤ」になりました。ヘブライ語の〈YHDH〉から英語に入ったもう一つの語に Judah がありますが、この語は日本語では「ユダ」になっています。「ユダ」のほうが原典に近い音を保っています。「ユダ」という名前は、アブラハムの孫ヤコブの 1 番目の妻レアの第四子の名前として聖書に登場します（「創世記」29:35）。後に「ユダ」はイスラエル 12 支族のうちの 1 支族の祖となります。

　紀元前 11 世紀にイスラエルの統一王国が成立しました。北のイスラエル

48　Geden, A.S. 1909. *Outline of Introduction to the Hebrew Bible*. Edingurrgh: T.&T. Clark. pp. 4-5.

王国と南のユダ王国の統一国家です。この統一王国は紀元前922年に分裂し、イスラエル王国とユダ王国に分かれました。ユダヤ人という言葉はユダ王国に属していた人々を指しました。イスラエル王国は紀元前722年にアッシリアによって滅ぼされ、ユダ王国も紀元前587年にバビロニアのネブカドネザル王によって滅ぼされました。ユダ王国にいたユダヤ人は捕囚になり、バビロニアに連れて行かれ、バビロニアで暮らす時代が続きました。これを「バビロン捕囚」と言います。バビロン捕囚から解放され、帰還したユダヤ人は廃墟となった神殿の再建を始めます。その頃からユダヤ教が芽生えてきました。故国を失ったヘブライ人たちはユダヤ教の信仰を強くしていきました。そのうちに、ユダヤ教を信仰するヘブライ人がユダヤ人と呼ばれるようになりました。

イスラエル人

　一方で、ヘブライ人やユダヤ人の正式名はイスラエル人です。イスラエルという名前はヤコブの別名に由来します。この改名については「創世記」（32:23-29）に述べられています。

> その夜、ヤコブは起き、二人の妻と二人の女召使い、それに11人の子供を連れ、ヤボクの渡しを渡った。そして、それらの者を連れて谷川を渡り、他の者も渡らせた。ヤコブは別れて一人残った。そして彼と何者かが夜明けまで格闘をした。その何者かが彼に勝てないとわかると、ヤコブの腿の関節を打ったので、格闘しているうちに腿の間接がはずれた。「もう去らせてくれ。夜が明けてしまうから」とその何者かが言った。彼は答えた。「いいえ、祝福してくださるまでは離しません」「お前の名は何というのか」、とその何者かが尋ねた。「ヤコブ」、と彼が応えると、その何者かが言った。「お前の名はもはやヤコブとは呼ばれない。これからはイスラエル〈YSRʻL/〉(/isrɑːʻeːl/) と呼ばれる。[49] エロヒーム（神）と人が戦いを交え、お前が勝ったのだからだ」。

「創世記」（32:23-29）

『旧約聖書』では「イスラエル」でイスラエル（ヤコブ）の子孫全体を指す場合があります。特に「申命記」にたびたび見られます。

  モーセとレビ人の祭司はすべての<u>イスラエル</u>に向かって話し、そして言った。<u>イスラエル</u>よ、静かに聞け。   「申命記」（27:9）

アブラハム時代の戦(いくさ)

 アブラハムの時代における戦の様子は「創世記」14章に描かれています。アブラハムの甥のロトがソドムに住んでいたとき、ソドムは攻撃を受けました。侵略者たちは物品を略奪し、民を捕虜にして連れ去りました。捕虜となって連れ去られた者の中にロトがいました。それを知ったアブラハムは、急遽、訓練を受けた者318人から成る軍を結成して追跡を始めました。アブラハムの軍隊は小隊に分かれ、闇に紛れて敵を襲いました。この急襲は大成功を収め、アブラハムはロトだけではなく連れ去られた者や財産を無事奪還しました。この戦のために318名もの訓練を受けた集団がいたこと、夜になってから敵を襲ったことなどを考えると、アブラハムはたえずこの種の戦に備えていたと思われます（「創世記」14:11-16）。

テントと家

 聖書によるとカナンでは族長を中心とする集団は遊牧生活を営んでいました。人びとは山羊の皮でできた大きなテントに住んでいました。テントの中はカーテンを吊るしただけの小部屋に仕切られていました。牧草を求めて家畜を移動させるために、家畜とともに生活の場所も移さなければなりませんでした。そのつどテントを折りたたみ、テントとともに移動しました。その

ために、「テント」は「家」と同等の意味を持っていました。このような生活様式は、都市全体に塀が巡らされ、外敵から市民を守る体制をとっていたハランやウルの都市における生活とはまったく異なっていました。ヤコブは二人の妻ラケルとレアには別々のテントに住まわせ、身分の低い召使い女で側女のビルハとジルパには三つ目のテントで一緒に住まわせました(「創世記」31:33)。

食事

アブラハムが3人の見知らぬ男達に食事をもてなす様子が、「創世記」に描かれています。そこには、自然の恵みで作られた豊かな食事を見ることができます。

> アブラハムは急いでテントに向かい、妻サラのところに行って、そして言った。一番上等の小麦粉を三セア（約23リットル）こねて、パン[50]を作りなさい。それからアブラハムは牛の群れのところへ走って行き、柔らかくておいしそうな子牛を掴み、召使の少年に渡した。少年は急いで料理した。アブラハムは乳製品、牛乳、料理した子牛を運び、彼らの前に並べた。
>
> 「創世記」(18:6-8)

この描写に現れる見知らぬ3人は神の使いという設定です。ただし、アブラハムはそのことは知りませんでした。

---

[49] 「イスラエル」の語源として、〈YSR‛L〉を〈YSR-〉と〈-‛L〉に分解し、〈YSR-〉は「彼は戦った」、〈-‛L〉は「神と」を意味すると分析し、〈YSR‛L〉は「神と戦った」を表すと考えられている。これを民間語源とする説もある。

[50] ヘブライ語の〈‛GH〉(/‛ugɑːh/)の訳で、灰の上で焼く丸くて薄いパンのこと。

ヘブライ人の宇宙観

「創世記」の1章から7章にかけて、天地創造から人間の誕生、そして洪水による人間の破滅と救いが描かれています。そこから読み解くことができるヘブライ人の宇宙観を次の図のようにまとめることができます。

人間が住む宇宙は丸く、外側は水に覆われています。ノアの大洪水のときは「天にある窓」が開き（「創世記」7:11、「ヨブ記」38:37）、地の下では「大

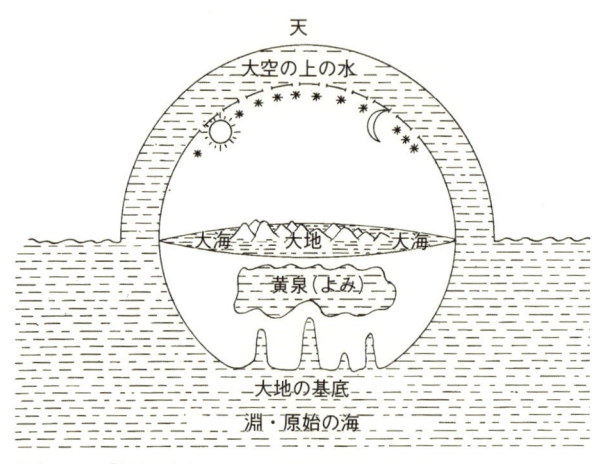

図表1-16 「創世記」（1:1-19）の天地創造物語を図式化したもの[51]

---

51 Jones, C.M. 1971. *The Cambridge Bible Commentary*. Cambridge: CUP. p. 26. 各名称は次の英語の訳：天＝Heaven、大海＝sea、大地＝Earth、黄泉＝Sheol、大地の基底＝Foundation of the earth、淵・原始の海＝The spring of the great abyss.
52 月本昭男訳．1996．『ギルガメッシュ叙事詩』．岩波書店．
53 共同訳聖書実行委員会．1987．『聖書 新共同訳』．日本聖書教会．
54 紀元前2000年の粘土板に書かれたアッカド語テキスト。Jones, C.M. 1971. *The Cambridge Bible Commentary*. Cambridge: C.U.P. p. 27.

ギルガメッシュ叙事詩	創世記 (8:4-12)
144 〔尾羽を〕高く掲げて、引き返しては来なかった。 145 私は鳩を放った。 146 七日目になって、 147 鳩は飛んでいったが、舞い戻ってきた。 148 休み場所が見あたらずに、引き戻してきたのだった。 149 わたしは燕を連れ出し、放った。 150 燕は飛んでいったが、舞い戻ってきた。 151 休み場所が見あたらずに、引き返してきたのだった。 152 わたしは烏を連れ出し、放った。 153 烏は飛んでゆき、水が退いたのを見て、 154 ついばみ、見繕いをし、〔尾羽を〕高く掲げて、引き返しては来なかった。	4 第七の月の十七日に箱舟はアララトの山の上に止まった。 6 四十日たって、ノアは自分が造った箱舟の窓を開き、 7 烏を放った。烏は飛び立ったが、地上の水が乾くのを待って、出たり入ったりした。 8 ノアは鳩を彼のもとから放して、地の面から水がひいたかどうかを確かめようとした。 9 しかし、鳩は止まる場所が見つからなかったので、箱舟の彼のもとに帰って来た。 12 彼は更に七日待って、鳩を放した。鳩はもはやノアのもとに帰って来なかった。

図表1-17 『ギルガメッシュ叙事詩』[52]と「創世記」(8:4-12)[53]

図表1-18 『ギルガメッシュ叙事詩』の1部が書かれている粘土板[54]

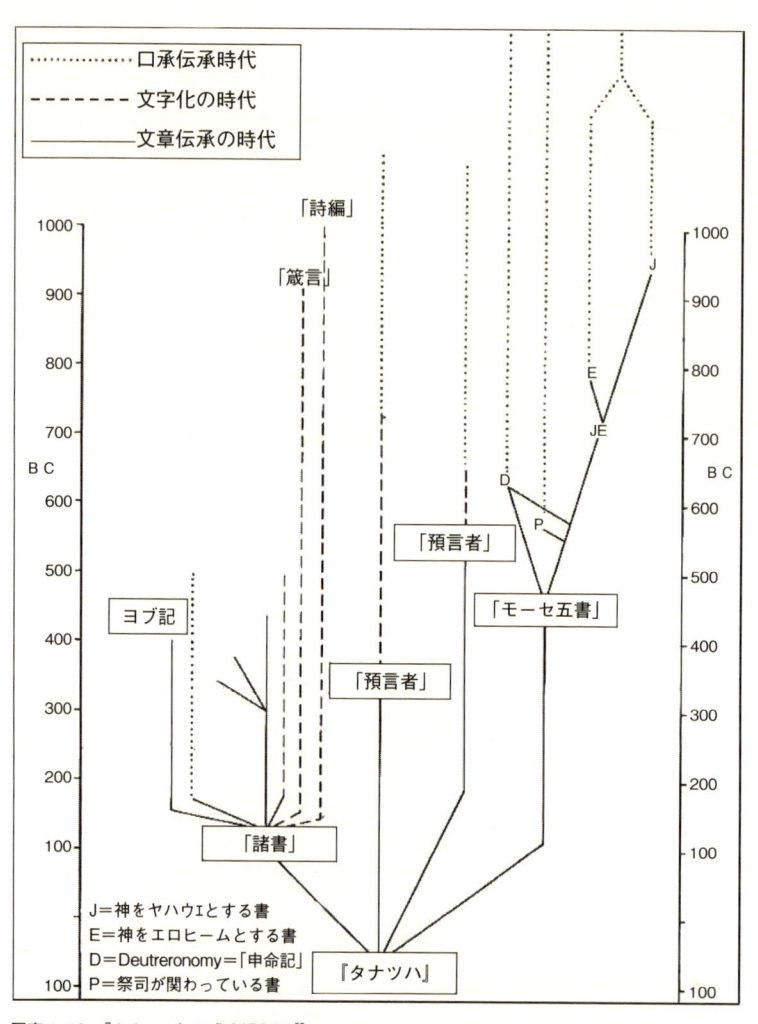

図表1-19 『タナッハ』の成立過程図[55]

J＝神をヤハウェとする書
E＝神をエロヒームとする書
D＝Deuteronomy＝「申命記」
P＝祭司が関わっている書

55 Jones, C.M. 1971. *The Cambridge Bible Commentary*. Cambridge: CUP. p. 136. に基づく。

地が口を開き」水が溢れ、すべてのものを飲み込みます（「民数記」16:30）。ヘブライ人の祖先が体験したシュメールのバビロニア文化や古代エジプト王国の文化を吸収し、自分たち固有の宇宙観を築き上げたのであろうと言われています[56]。

『旧約聖書』の天地創造物語は、紀元前2000年頃のバビロニアにその原型があると言われています。洪水物語の原型は紀元前3500年頃の『ギルガメッシュ叙事詩』に見ることができます[57]。この叙事詩は楔形文字が刻み込まれた粘土板で今日まで伝えられています。図表1-17は『旧約聖書』の洪水物語と月本昭男訳による『ギルガメッシュ叙事詩』の対応箇所を並列したものです。両者を比較すると『旧約聖書の』洪水物語が『ギルガメッシュ叙事詩』と深く関わっていることがわかります。

『旧約聖書』の成立

『旧約聖書』のほとんどは、口承伝承の長い時代を経た後に文字化されました。文字化されたのは「モーセ五書」が一番古く、紀元前1000年と900年の間です。「モーセ五書」は一度に文字化されたのではなく、徐々に文字化されていきました。

「モーセ五書」の成立過程を見ると、口承伝承の過程で伝承ルートが二つに枝分かれしています。これは一つの集団の中から小集団が生まれ、他の場所に移動し、先祖から伝えられた物語の中に移動先の地域に伝えられていた神の名前を採用したり、その地に古くからあった伝承物語の一部を付加した

---

56 「空」（「創世記」1:7）は『欽定訳聖書』（1611）では vault、*The Revised Standard Version* (1986) では firmament、『聖書 新共同訳』では「大空（おおぞら）」である。これらはヘブライ語の 〈RQY'〉（raːqiːaʼ）の訳。このヘブライ語は、「金属を薄く打ち伸ばしたもの」の意味。「空」は薄い鉄製のアーチ型のもので覆われ、その上にある水を遮っていると考えられた。この覆いの内側に「神は星や月や太陽を置いた。」（「創世記」1:17）と書かれている。「空」はヘブライ語では 〈RQY' HŠŠMYM〉（= vault of the heavens）とも表現される（「創世記」1:17）。英語の the vault of heaven（= 大空、天空、青天井）はこのヘブライ語表現から生まれた。Sheol はヘブライ語の音訳。「民数記」(16:30) によると Sheiol は「死者の国」。

57 *The Epic of Gilgamesh*.

り、あるいは、それと入れ替えたりするなどが行われ、物語に変更が加えられたことを示しています。神の呼び方に次の3種類の表現があります。

⟨YHWH⟩　　　（/yəhoːwɑːh/）
⟨ʻELHM⟩　　　（/ʻĕlohiːm/）
⟨YHWH ELOHM⟩　（/yəhoːwɑːh ʻĕlohiːm/）

　神を⟨YHWH⟩と呼んでいる物語は神を⟨ʻELHM⟩と呼んでいる物語よりも古いとされています。このことからも伝承過程の複雑さが伺えます。
　英訳聖書では、これらの神の名前はそれぞれ次のように英訳される傾向があります。

the Lord　　　⟨YHWH⟩　　　「創世記」（6:5）
God　　　　　⟨ʻELHM⟩　　　「創世記」（1:1）
the Lord God　⟨YHWH ELOHM⟩　「創世記」（2:4）

　⟨YHWH⟩を/yəhoːwɑːh/と発音することについては、次節「子音文字の記憶」で詳しく述べます。
　「モーセ五書」が口承伝承の過程でもともとあった物語を変容していったことが、「創世記」に天地創造物語と洪水物語がいずれも2種類あり、それぞれの内容が異なることからわかります。
　図表1-20「天地創造物語」と図表1-21「洪水物語」を見てください。天地創造物語では神の創造物、表現、創造の順序などが異なります。使用されている神の名前から、物語Ⅰは物語Ⅱよりも古い時代に作られたと言うのが定説になっています。洪水物語では、ノアが箱船に乗せた動物の種類や数、洪水の日数などが異なります。それはまだ納得がいきますが、洪水物語では2種類の物語が分離されないで、入り混じっています。記述されている箇所を示した章と節を左右照合すると、そのことがわかります。

```
物語 Ⅰ                    物語 Ⅱ
「創世記」2:7-22           「創世記」1:3-27
1. 土から人               1. 天
2. エデンの園             2. 地・海・植物
3. 木々                   3. 太陽・月・星
4. 野の動物・鳥           4. 魚・鳥
5. 人から女               5. 動物
                          6. 男・女
```

図表 1-20　「天地創造物語」

```
物語 Ⅰ                                物語 Ⅱ
「創世記」7:1-5, 7-8, 10-12, 16b, 17b, 「創世記」7:6, 11, 13-16, 17, 18-21,
22-23, 8:2b, 3a, 6, 8-12, 13b, 22-2    24, 8:1, 2a, 3b, 4, 5, 7, 13a, 14-19
1. 清い動物      7 番（つがい）       1. 清い動物      2 番（つがい）
   清くない動物  1 番                    清くない動物  2 番
2. 鳥            7 番                 2. 鳥            言及なし
3. 雨の期間     40 日間               3. 雨の期間    150 日間
4. 言及なし                           4. 地面が乾燥まで 1 年
```

図表 1-21　「洪水物語」

3

子音文字の記憶

ヘブライ語と子音文字

　「シャローム」という言葉を耳にした方もいるかと思います。かつて日本のある町を旅行していたとき、「シャローム」と書かれたマンションを見つけて、驚いた記憶があります。「シャローム」は「繁栄・安全・健康・平和」を意味するヘブライ語の名詞〈ŠLM〉(/ʃɑːloːm/) の音訳です。〈ŠLWM〉と綴られることもあります。発音は同じです。この単語は、現代ヘブライ語では「今日は！」、「さようなら！」などの挨拶言葉として、日常使用されています。ヘブライ語の文字で書くと שלם です。ヘブライ語は右から左に読みます。本書では発音記号は英語式に左から右に読むようにします。ヘブライ語の単語をローマ字表記にすると子音文字だけになります。その原因についてはすでに触れましたが、ヘブライ語のアルファベットにあります。שלם の発音を表した音声記号 /ʃɑːloːm/ でわかるように、ヘブライ語自体には母音も子音もあります。しかし、その音を書き写すための文字は子音文字しかありません。ヘブライ語には母音を表す文字はないのです。ただし、特定の子音が母音の機能を兼ねることがあります。子音だけで構成されたヘブライ語の単語を読むときは、コンテクストから判断して適切な意味を表す単語に

なるように母音を挿入しながら読まなければなりません。たとえば、上で言及した〈ŠLM〉を例にしますと、挿入する母音によって意味が異なってきます。/ʃɑːleːm/ と読むと「完璧にする、平和を保つ」を意味する動詞になり、/ʃelem/ と読むと「報い」を意味する名詞になり、/ʃɑːloːm/ と読むと冒頭に言及した意味を表す名詞になります。

ヘブライ語アルファベットと英語アルファベット

　本書の最初に言及しましたが、『タナッハ』で使用されている言語は古代ヘブライ語ですが、それを書き写した文字は古代アラム語の文字です。古代ヘブライ語の文字も古代アラム語の文字もフェニキアの象形文字から発達したセム文字です。以降、『タナッハ』あるいは『旧約聖書』の原典で使用されている「古代アラム語文字」を本書では「ヘブライ語文字」または「ヘブライ語アルファベット」と呼ぶことにします。

　少々驚かれるかもしれませんが、英語はゲルマン語族の言語であるものの、英語のアルファベットは『旧約聖書』原典の文字と同じ起源です。子音だけのアルファベットであったヘブライ語アルファベットは、英語では5種類の母音文字を含むアルファベットになっています。これには海の商人であったフェニキア人と古代ギリシア人が関係しています。フェニキア人はセム族の仲間です。子音文字から成るセム文字は地中海貿易で活躍したフェニキア人によってギリシアに伝えられました。古代ギリシア人は子音ばかりであったセム文字に母音文字を加えました。その後、母音文字を含むセム文字がギリシアの植民都市があったイタリア南部に伝えられ、イタリアからはキリスト教の流布とともにヨーロッパ一円にこの文字が広がりました。私たちが日常親しんでいる英語のアルファベットは古代ヘブライ語文字や『旧約聖書』原典の古代アラム文字と兄弟文字で、ともにフェニキアの象形文字に遡ります。

　alphabet「アルファベット」という単語の語源を辿ると、アルファベットの

意味	読み（ヘブライ語）	フェニキア文字（シナイ文字）	古代セム文字	古代ギリシャ文字	
「牛の頭」	/ˈɑːlef/		∀	∀	→A
「家・テント」	/beːθ/		9	B	→B

図表1-22　文字Ａの起源「牛の頭」と文字の起源「家」の象形文字[58]

歴史が見えてきます。alphabetはラテン語のalphabētumが英語に入ったものです。このラテン語はギリシア語のalphaとbêtaに由来します。さらにこれらのギリシア語はセム語の「牛の頭」を意味する/ˈɑːlef/と「家」を意味する/beːθ/にさかのぼります。なぜこれらがアルファベットの最初に来ているのかは複数の説がありますが、推測の域を出ません[59]。これらの象形文字が単純化と線上化そして文化的な観点から形状に変更が加えられ、大文字〈A〉と〈B〉に変化していきました。〈A〉を逆さに書いてみてください。そこから何となく牛の頭と角が見えてきませんか。

　各象形文字にはそれぞれ名前が付けられていました。セム人は各象形文字の名前の最初の音をその文字の音とし、一文字一音のアルファベットを作りました。「牛の頭」を表す〈A〉（∀）は/ˈɑːlef/と呼ばれていたので、この文字にはこの文字の名前の最初の音「声門閉鎖音」である/ʔ/という子音が与えられました。「家」を表す〈B〉（▱）は/beːθ/と呼ばれていたので、この文字にはこの文字の名前の最初の音/b/が与えられました。子音文字〈B〉は音が与えられた最初から/b/の音を表していました。声門閉鎖音/ʔ/を表した子音文字〈A〉はギリシアに渡りました。古代ギリシャ人は子音を表す〈A〉が不要だったので、この文字の名前/ˈɑːlef/の2番目の音/ɑ/をこの文字の音としました。その結果、〈A〉はギリシアでようやく母音文字になっ

58　1）依拠した文献：Dirimger, D. 1977. *A History of the Alphabet.* Surrey: Union Brothers; Jensen, H. 1970. *Sign, Symbol and Script.* London: George Allen and Un-win.
　　2）「シナイ文字」はシナイ半島で発見された文字のこと。すでに1文字が1音を表していたことが明らかになっている。
59　田中三輝夫．1959．『英語アルファベット発達史：文字と音価』．開文社．pp. 40-41.

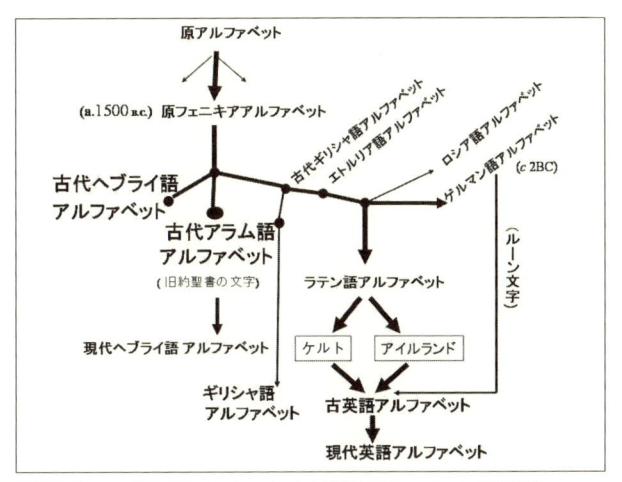

図表1-23　ヘブライ語アルファベットと英語アルファベットの関係[60]

たのでした[61]。

　英語と古代ヘブライ語の接点は、英語とセム文字の出会いと同じく、キリスト教の伝播に伴う接触であり、ヘブライ人とイギリス人との人的交流から始まったものではありません。この言語接触は翻訳という形の接触でした。両言語の接触について考えるとき、それは「異文化」、「異空間」、「異時間」をまたいだ接触でもあるということを充分に認識する必要があります。

『旧約聖書』原典

　『旧約聖書』の原本は今ではもはや存在しません。今日流布しているヘブライ語聖書は、9世紀にマソラ[62]と呼ばれるヘブライ語学者のグループが考案した母音記号を付したものです。「マソラ」とは「継承」を意味するヘブライ語です[63]。正しい『タナッハ』の解釈とヘブライ語の継承を目的としたグループです。母音記号付きのヘブライ語聖書は「マソラ・テキスト」また

60　橋本功. 2007.『英語史入門』. 慶應義塾大学出版会. p. 53.
61　詳細については橋本功. 2007.『英語史入門』. 慶應義塾大学出版会. pp. 51-53 参照。
62　The Massoretes.

は「マソラ本文」と呼ばれています。一方、マソラ・テキスト以前に編集されたテクストはヘブライ語本来の書記法である子音だけで書かれているので、「子音テキスト」または「子音本文」と呼ばれています。ヘブライ文字が書かれた図表1-24の［1］と［2］は『旧約聖書』原典、すなわち、『タナッハ』の「創世記」第1章1節－4節の抜粋です。［1］は子音文字だけの「子音テキスト」で、［2］は母音記号を付けた「マソラ・テキスト」です。

　『タナッハ』を外国語に翻訳した最初の言語は古典ギリシア語です。古典ギリシア語に翻訳されたとき、『タナッハ』を構成する各書の内容が読者にわかるように、各書に題名が付けられました。「創世記」や英語の *Genesis* とう題名はそのときのギリシア語の題名の訳です。一方で、原典の『タナッハ』の各書にはこれとは異なる題名が付けられています。『タナッハ』を構成する各書の題名の付け方には、古代オリエントにおける書物の題名の付け方が継承されています。古代オリエントでは書の書き出し部分をその本の題名としました。したがって、古代ヘブライ人が「創世記」に付けた題名は、［1］の1行目の出だしの部分の בראשית でした[64]。これを英語に逐語訳すると in-beginning になります。ヘブライ語では前置詞は接頭辞ですので、前置詞の機能を持つ接頭辞を付加された名詞は、形態上は1語です。このヘブライ語は英語では in the beginning と訳されていますが、対応するヘブライ語には定冠詞またはそれに対応する機能を持つ形態素[65]は使われていません。翻訳で定冠詞を付けることについて、解釈の観点から論争が起こったことがあります。

　［2］には子音文字に母音記号が付されています。母音記号は記号であって文字ではありません。母音記号は、子音文字だけでは読めなくなったヘブライ人のために9世紀頃に考案されました。ちょうど、漢字が読めなくなった若者に仮名でルビを振るのに似ています。

63　⟨MSR⟩ (/maːsar/)
64　בראשית ⟨BRʻŠYT⟩ (/bareːˈʃiːθ/)
65　「形態素」は言語学の用語で「意味を持つ最小単位」。

「創世記」1章1節—4節

[1]

בראשית ברא אלהים את השמים ואת הארץ
והארץ היתה תהו ובהו וחשך על פני תהום ורוח
אלהים מרחפת על פני המים
ויאמר אלהים יהי אור ויהי אור
וירא אלהים את האור כי טוב ויבדל אלהים בין האור
ובין החשך

[2]

בְּרֵאשִׁית בָּרָא אֱלֹהִים אֵת הַשָּׁמַיִם וְאֵת הָאָרֶץ
וְהָאָרֶץ הָיְתָה תֹהוּ וָבֹהוּ וְחֹשֶׁךְ עַל־פְּנֵי תְהוֹם וְרוּחַ
אֱלֹהִים מְרַחֶפֶת עַל־פְּנֵי הַמָּיִם
וַיֹּאמֶר אֱלֹהִים יְהִי אוֹר וַיְהִי־אוֹר
וַיַּרְא אֱלֹהִים אֶת־הָאוֹר כִּי־טוֹב וַיַּבְדֵּל אֱלֹהִים בֵּין הָאוֹר
וּבֵין הַחֹשֶׁךְ

図表 1-24　[1] は子音文字の『旧約聖書』、[2] は母音記号が付された『旧約聖書』。

　ヘブライ語の文構造について簡単に解説するために、「創世記」の最初の1行を詳しく見ることにしましょう。次ページ、図表 1-25 の「ヘブライ語文の分析」に目を通して下さい。
　ヘブライ語の文の基本語順は「動詞－主語（－目的語）」です。旧約聖書の最初の文、「創世記」第1章第1節のヘブライ語文は副詞で始まり、それに続く「動詞－主語」はヘブライ語の基本語順です。

```
         ⑦            ⑥         ⑤          ④       ③        ②          ①
     בראשית ברא אלהים את השמים ואת הארץ
     (earth-the   AM-and    heavens-the    AM     Gods    created   beginning-in )
                                                               「創世記」(1：1)
   ① בראשית    ：前置詞(接頭辞)＋名詞(女性・単数形)(副詞句)           (= in-beginning)
   ②    ברא    ：動詞(3人称・単数・完了形)(主語に共起制限有り、いつも「神」)   (= created)
   ③   אלהים   ：名詞(男性・複数形＝尊敬を表す複数・単数概念)(主語)         (= God)
   ④    את    ：後に来る名詞が、話者が知っていることで、かつ、目的語であることを合図する語
   ⑤  השמים   ：定冠詞(接頭辞)＋名詞(男性・複数形＝広さを表す・単数概念)   (= heaven)
   ⑥   ואת    ：接続詞(接頭辞)＋ ④ ＝ 既知の対格目的語を導く不変化詞       (= and-AM)
   ⑦   הארץ   ：定冠詞(接頭辞)＋名詞(女性・単数形)(目的語)            (= the-earth)
```

注) AM は次に続く名詞が目的格（対格）であることを示すマーカー。
図表 1-25　「創世記」1章1節のヘブライ語文の分析

In beginning created Gods the heavens and the earth.　　ヘブライ語原典逐語訳

In the beginning God created the heauen（= heaven）and the earth.『欽定訳聖書』

初めに、神は天地を創造された。　　　　　　　　　　『聖書 新共同訳』

「創世記」（1:1）

　createdに対応するヘブライ語の動詞②は、主語として「神」しか取らないという特殊な制限を持つ動詞です。主語を表現しなくても主語が何であるか分かる動詞に主語が置かれると、主語を強調することになります。物語の書き出しなので、主語が置かれているとの解釈が可能ですが、神の存在を強調していることには変わりがありません。Godsに対応するヘブライ語の名詞③は複数形です。ヘブライ語の複数形は数えることができない「質や量が多いこと」を表すことができます。「神」を複数形で表現したのは、複数の神を指すためではなく、「尊敬の深さ」を表現するためです。the heavensに対応するヘブライ語の名詞⑤も複数形です。この複数形は「広さ」すなわち

```
          ℵ*the beginning
          God created the
          Heauen, and the
          Earth.

        = IN*  the beginning
          God   created   the
          Heauen,   and   the
          Earth.

          (＊は左の欄に註があることを示す。)
```

注）この聖書では章の最初の文字は、すべて、絵の中に置かれています。それに続く文字も大文字です。この絵の中にある文字〈I〉の左右にイングランドの花であるバラとスコットランドの花であるアザミが描かれています。この聖書の翻訳を許した王はスコットランド王からイングランド王になったので、そのことを配慮した絵柄と思われます。『欽定訳聖書』には原典のヘブライ語表現が巧みに英語の中に取り入れられています。

図表 1-26 『欽定訳聖書』「創世記」1 章 1 節 [66]

「広い天空」を表現しています。したがって、③と⑤のヘブライ語の名詞は複数形ですが、単数概念を表しています[67]。このヘブライ語の 1 文を見ただけでも『欽定訳聖書』における英訳や日本語訳では窺い知ることができない、古代ヘブライ人の自然や神に対する畏敬の念が込められていることがわかります。

---

66 『欽定訳聖書』写真版。"Earth." の下の行から第 2 節が始まるが、ここでは削除してある。
67 『旧約聖書』原典では「天」を表すヘブライ語は複数形〈ŠMYM〉(/ʃɑːmɑyːm/) ですが、『欽定訳聖書』ではその訳に一貫性がなく、単数形の訳と複数形の訳がある。ここでは単数形の訳になっているが、「創世記」第 2 章 1 節では複数形の訳になっている。102 頁の図表 3-1 参照。

子音文字の記憶　その1

　子音文字だけで書かれた文書が長年読まれなかった場合、どのようなことが起こるでしょうか。

　ヘブライ語聖書に出てくる神の名前の一つに〈YHWH〉があります。古代ヘブライ人は神を表すこの「四文字」を見ると、畏敬の念からこの語を発音しませんでした。「レビ記」（24:16）には次のようなことが書かれています。

　　〈YHWH〉の名をむやみに呼ぶ者（汚す者）は死ななければならない。

「レビ記」（24:16）

　ヘブライ人は〈YHWH〉の四文字を見ると、この語に代わって〈ʼDNY〉/ʼăðoːnaːy/ と読みました。意味は「私の主人」です。ヘブライ語は名詞を修飾する代名詞の所有格は接尾辞で表現します。〈ʼDNY〉の語末の〈-Y〉が代名詞の所有格「私の」を表しています。長い間、〈YHWH〉を〈ʼDNY〉（/ʼăðoːnaːy/）と読んでいる間に、〈YHWH〉という語にどのような母音があったのか忘れられてしまいました。そこで、〈YHWH〉を読むために、それまで〈YHWH〉に代わって発音していた〈ʼDNAY〉が持つ三つの母音 /ă/, /oː/, /aː/ を Y-H-W-H の子音の間に挿入し、YəHoːWaːH=/yəhoːwaːh/ と発音することにしました。ただし /ă/ は、音環境の変化のために、類似音の /ə/ に変えました。あくまでも仮の呼び方です。この発音が英語に音訳され、Yahweh になりました。

1.	יהוה	〈Y H W H〉	
2.	אדני	〈ʼ D N Y〉= lord-of-me = my lord	= わが主
3.	אֲדֹנָי	〈ʼ ă D oː N aː Y〉/ʼăðoːnaːy/	= アドナイ
4.	יְהֹוָה	〈Y ə H oː W aː H〉/yəhoːwaːh/	= ヤハウエ

（/ă/ ≒ /ə/）

図表 1-27　「ヤハウエ」と「アドナイ」

〈YHWH〉は日本語では「ヤハウエ」「ヤウエ」と音訳されています。「エホバ」という言い方もあります。これは YəHo:Wɑ:H がラテン語で Iehovah と音訳されたことに原因します。このラテン語が英語で Jehovah になりました。この単語は英訳聖書にはあまり使用されていません。IEHOVAH または Iehovah[68] は『ティンダル訳聖書』(1530) には本文以外のところに 3 回[69]、『欽定訳聖書』(1611) には本文に 3 回、本文以外のところで 2 回[70] 使用されているだけです。〈YHWH〉は、多くは、the Lord と英訳されています。

> And I appeared vnto (= unto) Abraham, vnto Isaac, and vnto[71] Iacob (= Jacob), by the Name of God Almighty, but by my name IEHOVAH (= JEHOVAH) was I not knowen (= known) to them.　　　　　　　　　　　『欽定訳聖書』(1611)
> そして私はアブラハム、イサクそしてヤコブに全能の神として現れた。そして私はヤハウエ〈YHWH〉という名前を彼らに教えなかった。
> 　　　　　　　　　　　　　　　　　　　　　　　　　　　　「出エジプト記」(6:3)

このようにヘブライ語には母音文字が存在せず子音文字だけであったがゆえに、「神を表す四文字」YHWH が持っていた本当の母音は古代世界に置かれたままになってしまいました。

68　1600 年前後及びそれ以前の英語では、文字〈u〉・〈U〉と〈v〉・〈V〉との区別はなく、コンテクストから判断して /v/ または /u/ の発音をした。また、この頃は〈j〉・〈J〉という文字が作られたばかりの頃で、文語では未だ〈j〉・〈J〉の文字は採用されておらず、〈i〉・〈I〉が〈j〉・〈J〉の文字の音も表していた。
69　『ティンダル訳聖書』では Iehovah と綴られている。「創世記」の後付文章に 2 回、3 章 14 節の註に 1 回の計 3 回。
70　『欽定訳聖書』では IEHOVAH と綴られている。「出エジプト記」6 章と 17 章冒頭の章の要約個所、「出エジプト記」6:3、「詩編」(83:18)、「イザヤ書」(12:2) の計 5 回。
71　前置詞 vnto (= unto) が反復されているが、これはヘブライ語法。これについては橋本功. 2003.『聖書の英語：旧約原典からみた』. 英潮社. pp. 133-34 参照。

子音文字の記憶　その2

　ローマのサン・ピエトロ・イン・ヴィンコリ教会には、ミケランジェロが1515年に大理石に彫った有名なモーセ像が安置されています。このモーセ像を真正面から見ると、筋肉隆々としたすばらしい肉体を持つ、誰もが感動する姿をしています。このモーセ像を上から見ると、頭には2本の角が生えています（図表1-28、図表1-29）。

　筆者はある依頼を受けて、オランダの画家レンブラントが1659年に描いた『モーゼの十戒』を詳細に観察する機会を得ました。目的はこの絵に描かれている石版のヘブライ語を解説することでした。

　パソコン上で石版の絵を拡大処理しながら、レンブラントが描いた石版のヘブライ語を精査しました。驚いたことに、レンブラントは絵の中の石版に『旧約聖書』に書かれている十戒の一部（「出エジプト記」20:13-17）を正しく書いていることが明らかになりました。ただし、文字は古代文字ではなく、現代の活字体のヘブライ語文字でした。

　この作業の過程で、石版とモーセの頭の間に何かがあることに気付きました。その部分を拡大すると、2本の角が描かれていることがわかりました。ミケランジェロと同様、レンブラントの絵にもモーセの頭には角がありました。

　一方で、近年になって杉本哲郎画伯（1899-1985）が描いた『モーセの十戒』にはモーセの頭に角が描かれていません。また、1956年作のチャールトン・ヘストン主演の映画『十戒』でも、モーセの頭には角がありませんでした。これらの場面に描かれているモーセは、「出エジプト記」（34:29-35）の記述が基になっています。1611年に出版された『欽定訳聖書』と1384年頃の訳『ウィックリッフ訳聖書』を見ると次のようになっています。

図表1-28　モーセ像1 　　　　図表1-29　モーセ像2

図表1-30　レンブラント「モーセと十戒の石版」1[72]

図表1-31　レンブラント「モーセと十戒の石版」2 　　　図表1-32　レンブラント「モーセと十戒の石版」3

72　1659年．ベルリン国立絵画館蔵．

『欽定訳聖書』（1611）

  the skinne of Moses face shone.

  (= the skin of Moses' face (was) shone)

  モーセの顔の皮膚は輝いていた。　　「出エジプト記」（34:29,30 & 35）

『ウィックリフ訳聖書』（c.1384）

  the face of Moyses ... be horned.

  (= the face of Moses was horned)

  モーセの顔（＝頭）に角が生えていた。

          「出エジプト記」（34:29,30 & 35）

　『欽定訳聖書』では「モーセの顔の皮膚が輝いていた」と訳されていますが、『ウィックリフ訳聖書』では「モーセの顔（＝頭）に角が生えていた」と訳されています。聖書の原典は同一であるにも拘わらず、なぜ訳がこのように異なるのでしょうか。『欽定訳聖書』と『ウィックリフ訳聖書』の大きな違いは、翻訳した元の本――底本と言います――が異なることです。『欽定訳聖書』はヘブライ語聖書からの直接訳であるのに対し、『ウィックリフ訳聖書』はラテン語訳聖書『ウルガタ』からの重訳聖書です。『ウィックリフ訳聖書』の底本であるラテン語訳聖書『ウルガタ』を見ますと、その箇所にはラテン語で「角が生えていた」と訳されています。

『ウルガタ』（ラテン語訳聖書）

  cornutam Mosi faciem.

  モーセの顔に角が生えていた。　　「出エジプト記」（34:29,30 & 35）

　『ウィックリフ訳聖書』はこのラテン語訳を忠実に英訳したにすぎません。
　原典のヘブライ語聖書ではどのように表現されているのでしょうか。原典には関係するところが3箇所あります。いずれも同じ表現です。図表1-33

```
        ┌─────────────┬─────────────┐
        │   主   部   │   述   部   │
        │ 彼の顔の皮膚が│      ?      │
        │   עור פניו  │    קרן      │
        │             │    ↓ ↓ ↓    │
        │             │    N R Q    │
        │             │ 対応する英語の│
        │             │ アルファベット│
        ├─────────────┴─────────────┤
        │『旧約聖書』「出エジプト記」(34:29・30・35)│
        └───────────────────────────┘
```

図表 1-33 「モーセの角」の謎

のヘブライ語文の動詞〈QRN〉は、三人称・単数・完了形で、母音を挿入すると〈QɑːRɑN〉のようになります。この動詞は「角」を意味する名詞〈QeReN〉から派生した動詞です。

　したがって、「顔に角が生えていた」、「顔に角があった」の意味を表すのが自然です。しかし私たちは、単語は同一であっても、その意味は時とともに変化するものであるということを認識する必要があります。特に、それが数千年も前の言語である場合、現代社会にいる私たちの想像を超えた意味変化をすることがあります。

　「角」を意味するヘブライ語の名詞〈QeReN〉が、「角」以外の意味を表している例があります。以下の日本語訳では、〈QeReN〉がどのような文脈で使用されていようとも、意図的に文脈を無視し、第一義の意味である「角」と訳します。英訳では異なる意味を持つ語として訳されていることに注目してください。

　　　　　モアブの「角」〈QRN〉は砕かれ、
　　　　Moab's might 〈QRN〉 has been crushed;　　　　　*The Good News Bible*
　　　　　　　　　　　　　　　　　　　　　　　　　　　「エレミア書」(48:25)

3　子音文字の記憶

彼は油を注がれた者の「角」〈QRN〉を高める。
he ... exalt the power 〈QRN〉 of his anointed.　　*The Revised Standard Version*
　　　　　　　　　　　　　　　　　　　　　　　「サムエル記上」(2:2)

彼は手から発する「角」〈QRN〉を持っていた。
light 〈QRN〉 flashes from his hand　　　　　*The Good News Bible*
rays 〈QRN〉 came forth from his hand,　*The New Revised Standard Version*
　　　　　　　　　　　　　　　　　　　　　　　「ハバクク書」(3:4)

　基本的な意味が「角」である〈QeReN〉は、might（力）、power（力）、light（光）、rays（光線）と訳されています。これらの訳は近代になってヘブライ語の研究が進み、その成果のうえに立った訳です。このことから、『旧約聖書』の時代に名詞〈QRN〉は意味拡張を起こし、多義的になっていたと考えられます。それに対応して動詞〈QRN〉も「角が生えた」から「力がみなぎった」そして「輝いていた」「光を放っていた」のように多義的になっていたと考えるのが自然でしょう。

　この意味変化は、これから本書で扱う「メタファ」（比喩）の作用によるものと思われます。わかりやすく説明するならば、「角」は、一般的には、「ピーンと立っている状態」です。この状態は「力がみなぎっている状態」に見え、「力」や「強さ」のシンボルと捉えられるようになったと考えられます。そのような状態の顔は「希望に輝いている」ように見えます。この状態を、光り輝くものに喩えて、「輝いている」と表現することが可能です。このようにして〈QRN〉「角」は、「力」・「輝き」・「光」を表す比喩的意味を獲得したと考えられます。近・現代のモーセの絵には「角」に代わって「光を放つ」モーセが描かれているものもあります。

　ミケランジェロやレンブラントは、自分たちが読んだ聖書あるいは教会で教えられた文字どおりの解釈に基づいてモーセの頭に「角」を描いたのでしょう。これは、日本語で性格を描写する「太っ腹」という表現があります

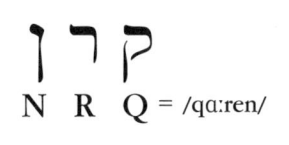

```
         קרן
    N  R  Q = /qɑːren/

  1. 角が生えていた
  2. 力がみなぎっていた
  3. 光輝いていた
  4. 光を放っていた
```

図表 1-34 「角が生える」の意味変化

が、痩せていてもその人の肖像を太っ腹にしたのに似ています。
　古代ギリシアの兵士や日本の武将の兜には角があるものがあります。そびえ立つ「角」にはやはり「強さ」が象徴されていると言えるでしょう。

4

現代に伝わる古代ヘブライ語の響き

反復

　「創世記」第3章1節には人類が犯した最初の罪、原罪[73]の原因となったアダムとイヴの行為が描写されています。イヴが、神の命令に背き、悪魔の化身であるヘビの誘惑に負け、「けっして食べてはならない」と神が命じた「木の実」を食べてしまいました。イヴはアダムにこの「木の実」を渡しました。するとアダムも食べてしまいました。この物語の「木の実」は「禁断の木の実」と呼ばれています。この場面を英訳聖書と日本語訳で見てみましょう。

　　Now (1)the serpent was more crafty than any other wild animal that the (2)LORD God had made. (1)He said to (3)the woman, "Did (2)God say, 'You shall not eat from[74] any tree[75] in the garden?" (3)The woman said to (1)the serpent, "We may

---

73　Original Sin.
74　eat from の from は原典の some of を表す形態素の直訳。
75　原典では tree で、その木がつける「実」の意味。

eat of[76] the fruit of the trees in the garden; but [(2)]God said, 'You shall not eat of the fruit of the tree that[77] is in the middle of the garden, nor shall you touch it, or you shall die." But [(1)] the serpent said to [(3)]the woman, "You will not die; for [(2)]God knows that when you eat of it your eyes will be opened, and you will be like [(2)]God, knowing good and evil." So when [(3)]the woman saw that the tree was good for food, and that it was a delight to the eyes, and that the tree was to be desired to make one wise, [(3)]she took of its fruit and ate; and [(3)]she also gave some to her husband[78], who was with her, and he ate.

The New Revised Standard Version

さて [(2)]ヤハウェ　エロヒーム[79] が造られた野の生き物のうちで、ヘビが最も狡猾であった。そして、[(1)]ヘビは[(3)]女に言った。園にあるどの木からも取って食べるなと、ほんとうに[(2)]エロヒームが言ったのですか。すると[(3)]女は[(1)]ヘビに言った、私たちは園の木の実を食べることができます。しかし園の中央にある木の実は食べるな、触れるな、死んではいけないからと、[(2)]エロヒームは言われました。[(1)]ヘビは[(3)]女に言った。あなたがたは決して死ぬことはない。それを食べると、あなたがたの目が開き、[(2)]エロヒームのようになり、善と悪を知るようになることを[(2)]エロヒームは知っているのです。[[(3)]女]は[80]、その木の実は食べるのに良く、目には心地良く、その木の実は賢くすることを良しとしていると思われたので、[[(3)]彼女は] その実を取って食べ、一緒にいた男にも与えたので、彼も食べた。　　「創世記」(3:1-6)

英語では、最初に述べた名詞や名詞句を2回目以降に指す場合は代名詞を

76　eat of の of は、eat from の from と同様、原典の some of を表す形態素の直訳。この英訳聖書では、このヘブライ語の形態素を of と from の2種類の前置詞で訳出。脚注75参照
77　ヘブライ語では、名詞を修飾する前置詞句は名詞と関係代名詞で結ぶ傾向が強い。この関係代名詞はヘブライ語関係代名詞の訳。
78　husband はヘブライ語の「男」を意味する〈ˈYŠ〉(/ˈiːʃ/) の訳。
79　(　) 内は日本語訳。
80　[　] 内はヘブライ語では主語が表現されていないが、訳で主語を付加したことを示す。

使用するのが一般的です。しかし、上の英文では（1）の the serpent,（2）の（LORD）God,（3）の the woman の多くは繰り返され、代名詞化されていません。これは、原則として名詞や名詞句を代名詞化せずに繰り返すというヘブライ語の文章法が反映されているためです。ただし、この英訳で代名詞が使用されている箇所もあります。ヘブライ語の動詞は主語の性・数・格・人称に応じて変化するので、主語が文脈上明白な場合は主語が表現されません。このような文を英訳するときに、英語では主語を表現しなければならないので、英訳時に代名詞が使用されます。これも古代ヘブライ語の文章法が異なった形で現れたものであると解釈することができます。

平行体

ヘブライ語の文書構成の特徴は同一あるいは類似の内容を異なる文構造や異なる語句を使って反復することです。この修辞法は平行体あるいはパラレリズム[81]と呼ばれています。

A: you who know righteousness,

B: you people who have my teaching in your hearts;

The New Revised Standard Version

正しさを知る者よ

私（＝神）の教えを心の中に持つ者よ　　　　　「イザヤ書」(51:7)

A: do not fear the reproach of others,

B: and do not be dismayed when they revile you.

The New Revised Standard Version

人の嘲りを恐れるな

---

81 parallelism.

罵りを受けても驚くな　　　　　　　　　　　　　　「イザヤ書」（51:7）

　A: the moth will eat them up like a garment,
　B: and the worm will eat them like wool;　　*The New Revised Standard Version*
　　蛾は彼らを食い尽くす、衣のように。
　　虫が彼らを食い尽くす、毛織物のように。　　　　　　「イザヤ書」（51:8）

　A: my deliverance will be forever,
　B: and my salvation to all generations.　　*The New Revised Standard Version*
　　私の恵みは永遠
　　私の救いは末代まで　　　　　　　　　　　　　　　「イザヤ書」（51:8）

　これらの修辞法は、英訳や日本語訳にも引き継がれています。しかし、対をなす語・句に、類似の概念を表さない訳語が選択されている場合があります。また、類義の単語が存在しない言語もあります。そのような翻訳においては、対を成す二つの文が原典とは異なる概念を創り出す可能性があります。

第 2 部　メタファの扉を開く

1

天地創造と「光」

𝕬𝖓𝖉 𝕲𝖔𝖉 𝖘𝖆𝖎𝖉,* 𝕷𝖊𝖙 𝖙𝖍𝖊𝖗𝖊 𝖇𝖊 𝖑𝖎𝖌𝖍𝖙: 𝖆𝖓𝖉 𝖙𝖍𝖊𝖗𝖊 𝖜𝖆𝖘 𝖑𝖎𝖌𝖍𝖙. 『欽定訳聖書』
そしてエロヒーム（神）が言った。光があるように。すると光があった。

(創世記 1:3)

　これは、神と人類の荘厳な物語の到来を告げる「創世記」冒頭の有名な一節です。原始の地は混沌とし、あたりは暗黒でしたが、「光」がもたらされたことで「昼」と「夜」の区別が可能となり、「1日」という概念が創られました。神は6日かけてこの世の原形を整えましたが、「光」は初日に創造されています。神による天地創造を描く場面の最も早い段階で「光」が登場し、この世の誕生を強く印象づけているのはなぜでしょうか。これには日々の経験によって動機づけられているメタファが深く関わっていると考えられます。

　神が天地を創造する場面で幕を開ける『旧約聖書』の主要部は、第1部で述べたとおり、『タナッハ』（Tanach）と呼ばれるユダヤ民族の伝承物語に基づいています。それは、口承を経て紀元前1000年頃から紀元後100年頃までという長い年月をかけて文字化されました。伝承の過程で異なる時代を生

一日目	「昼」「夜」の創造
二日目	「大空」（天）の創造
三日目	「地」「海」「草」「果樹」の創造
四日目	「太陽」「月」「星」の創造
五日目	「海の怪物」「魚」「鳥」の創造
六日目	「地の獣」「家畜」「地を這うもの」「人間」の創造
七日目	天地と万象の創作完了

図表2-1　神による天地創造の七日間（『創世記』1-2）[82]

きるさまざまな人々によって手が加えられ、文字化に際しては、それぞれの時代の文化に基づいた表現も用いられたようです。突然変化する文体、使用される語彙、物語の重複、複数の名称で登場する神の存在などがそのことを強く示唆しています[83]。『タナッハ』は、キリスト教成立後、キリスト教側から『旧約聖書』と名づけられ、その教えの広まりとともに世界中に流布し、多くの言語に翻訳されてきました。

　太古の時代にパレスチナ地方で創られ、口承の後に私たちにはあまり馴染みのない文字で書き留められた『旧約聖書』の表現を、現代に生きる私たちはどのようにして読み解くことができるのでしょうか。数千年にわたる長い時間の隔たりと、民族的かつ宗教的な世界観が複雑かつ強力に絡み合っている社会文化的な相違は超えなければならない大きな問題です。しかしながら、『旧約聖書』を創り出したのも、そこに記された表現を読み解こうとしているのも、同じ「人間」であるということに揺らぎはありません。第2部では、しなやかな思考能力を持つ「人間」を議論の中心に据え、古代と現代を結ぶ知の仕組みの一端を言語の側面から、とりわけメタファと呼ばれる比喩現象に焦点を当てて明らかにしたいと思います。

82　天地創造には二つの異なる物語がある。ここに挙げたのはそのうちの一つをまとめたものである。詳細は「『旧約聖書』の成立」（39ページ）参照。
83　Davidson, R. 1973. *The Cambridge Bible Commentary: New English Bible, Genesis 1-11.*（General eds. Ackroyd, P. R. C., A.R.C. Leaney & J.W. Packer）Cambridge: CUP. pp. 2-12.

「分」けて「分」かる

　生まれて間もない子どもは、母親の母乳と他人のそれを区別することができ、また見知らぬ人に抱かれると泣き出すことがあります。これは、人間に複数の対象を「比較する」という能力が生まれながらにして備わっているということを強く示唆していると思われます。生物としての人間には生存本能がありますから、目の前にいる存在が敵なのか味方なのか、食べられるものなのか、食べられないものなのか、常に適切な判断を下して行動することが求められています。その際に活用されるのが比較能力です。これは時代や文化に左右されるものではありませんので、いにしえの時代に生きた人と現代人が共有している最も根本的な能力のうちの一つと言ってよいでしょう。

　比較能力があるということは、複数の対象を特定の観点から分析し、共通点や相違点を見つけ出すことができることを意味します。「特定の観点」というのが大切で、比べる基準がぶれないようにしないと比較したことにはなりません。言い換えると、比較する対象はなんらかの「共通する基盤」でつながっているということになります。

　「創世記」(1:26) には、神が人[84]を創造した場面が描かれています。天地創造の6日目のことです。赤土から神と同じ形に創られた最初の人間はアダムで、彼の肋骨を1本抜き取りイヴという女性[85]も創造されました(「創世記」2:22)。2人はエデンの園に置かれ園の管理を任されました。園の中央にある善悪の知識の木の実だけは食べてはいけないという神の命に背き、イヴは蛇の巧みな誘惑に乗せられて、アダムはイヴに勧められて、禁断の果実に手を出します(第3部161ページ参照)。この人類最初の罪「原罪」に対し、神は女には子を産む苦しみを、男には労働する苦しみを、そして双方に寿命を与え厳しく罰しました(「創世記」3:16-19)。

---

84 「アダマー」〈ʾDMH〉(/ʾăðɑːmɑːh/)(赤土)から造られたので「アダム」〈ʾDM〉(/ʾɑːðɑːm/)と名づけられたという民間語源に基づく物語。
85 男性名詞を女性名詞に変換する語尾〈-H〉を「男」を意味する語〈YŠ〉(/ʾiːʃ/) に付加して、〈ʾŠŠH〉(iʃʃaːh) にすると、意味は「女」になる。この語形論に基づく文法的性の変換を物語の構成に利用している。

【『旧約聖書』における「男」と「女」の比較】
人間[86]：神と同じ像をした者
　　　　果実を食べて生きる者
　　　　命の期限を持つ者
男[87]　：労働する苦しみを与えられた者
女[88]　：子を産む苦しみを与えられた者

　「創世記」における男と女を比較すると、それぞれ異なる存在ではありますが、「人間」の特徴を共有しているので類似した存在であると言えます。これが「共通の基盤」です。人間と蛇は生物であるという点では特徴を共有していますが、前者は「神と同じ像」をしているのに対し、後者は「一生の間腹這いになり塵[89]を食う」（「創世記」3:14）とされ、その形状に決定的な相違があるので異なる存在として別の名称が与えられています。一方で、男女は人間の特徴を互いに持ち合わせているものの、それぞれに異なる苦しみを与えられたので、それは「相違点」ということになります。このように比較することで対象の共通点と相違点を発見し、次々と経験する新しい事態、新しい存在に直面しても適切に分類してそれらを理解することが可能となります。

　このように私たちは対象を分類、すなわち「分ける」ことで「分かる」という経験を繰り返し、知識を蓄積させています。何か新しい対象に出くわしても、既有知識を賦活させ、過去の経験に照らし合わせながら、それはどのような存在なのか理解しようと努めます。「○○みたい」という表現は、対象と○○を比較して共通点を見出し、○○の観点から対象を理解しようとしていることを示しています。

　人間は意味を追い求める動物であり、自らにとってどのような意味を持つ

---

86 「アダム」〈'DM〉（/'ɑːðɑːm/）.
87 「男」=〈'YŠ〉（/'iːʃ/）.
88 「女」=〈'ŠŠH〉（iʃʃaːh）.
89 原典は「砂」〈'PR〉（/'ɑːfɑːr/）。「塵」は日本語の定訳。英語の定訳は dust.

対象なのか把握できない場合には、もやもやしたり、恐怖を抱いたり（たとえば、お化け）、興味をそそられたり（たとえば、未確認飛行物体やツチノコ）、落ち着かないような反応を示します。一方で、それが解決され意味を理解できるとすっきりと腑に落ちた感覚を覚えます。私たちは比較し、分類し、理解することから得られる意味という存在から離れられないのです。

「分類」と「理解」

　私たちは無数に存在する身の回りの物事を、比較という作業を通して分類し、理解を試みます。「分けること」それはすなわち「分かること」であり、この両者は同語源です。議論が散逸してくると「論点を整理しよう」と言って、共通点、相違点を軸に提示された考えをわかりやすく分類します。散らかった机の上から特定の書類を探し出すことよりも、案件ごとに振り分けられた引き出しや、ラベルを付されたまとまりから選び出すほうがはるかに作業が容易であることは、分類と理解が相互に関係していることを示唆しています。

　分類、すなわちカテゴリー化とは、特定の特徴に着目しさまざまなものをひとまとめにして捉える心の働きのことを言います。一つ一つのものを別々に捉え、それに固有のラベルをはって理解しようとすると、その数は際限のないものとなってしまい、記憶への負担が測り知れません。記憶だけではなく、それは理解を滞らせる要因にもなります。支払いの際に硬貨をばらばらに出すよりも、その種類ごとにまとめて差し出したほうが相手は数えるのが楽でしょう。つまり、複数の物を比較し共通点や相違点を軸にカテゴリーに分けることは、情報の整理をして効率よく理解し、それを効果的に記憶に留めるためには不可欠なわけです。

　「創世記」第1章冒頭（1:1-2）で、まず神は天地を創造されますが、地は混沌としていたと書かれています。神はまず光と暗黒との混合を分け、光を昼、暗黒を夜とし、以後次々と「分ける」そして分けたものを「名づける」

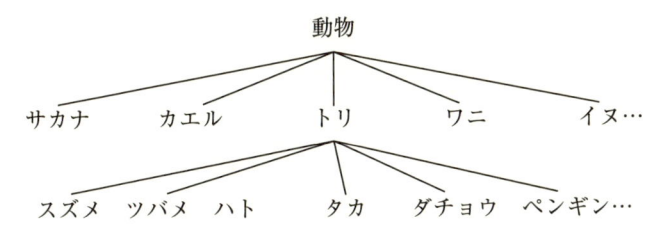

```
                        動物
         ┌────┬──────┬────┬─────┬────┐
       サカナ  カエル   トリ   ワニ   イヌ…
              ┌────┬────┬────┼────┬─────┐
            スズメ ツバメ ハト タカ ダチョウ ペンギン…
```

図表2-2　現代人の「鳥」に関する代表的なカテゴリー階層

という作業をしています。分けることを通して混沌とした世界に秩序を与えていると考えられます。

　神による天地と万象の創造の業の5日目に、神は「鳥」を誕生させました。鳥は1羽1羽異なる存在ですが、たとえば「くちばし」、「翼」、「羽毛」、「飛行」といった（典型的な）属性を持つものは「鳥」というカテゴリーにまとめられます。言い換えると、「違っているけれども（共通点が見出せるので）同じと見なしている」ということになります。鳥をより大きなカテゴリーで捉える（一般化）と「動物」となりますが、「ツバメ」、「タカ」、「ダチョウ」とより細かく分類（特定化）することも可能です。カテゴリーは階層を成していると同時に、単独で存在するのではなく、他のカテゴリーと緩やかな連続性を持っています。

　カテゴリーは経験や興味関心によって個人差が出ます[90]。海辺に暮らす人にとっては、鳥と言えばトンビやカモメが真っ先に思い出されるかもしれません。典型的な属性を多く備えているものはカテゴリーの代表例（プロトタイプ）となり得ますが、たとえば鳥の「飛行」という特徴を持ち合わせないダチョウやペンギンは周辺的な事例として捉えられているでしょう。ペンギンは進化の過程で「飛行」ではなく「泳ぐ」ことを選択していますので、「翼」は「ひれ」のように形状を変えてきました。これにより、鳥のカテゴ

---

[90] ある対象を専門家が科学的根拠に基づいて詳細に分類するような「科学的カテゴリー」と、専門知識を持たない人がわかりやすい特徴を基に分類する「日常的カテゴリー」という異なる性質を持った2種類の分け方もある。

リーの周辺的な位置にいるペンギンは、たとえば動物という点で類似する「魚類」や「両生類」など他のカテゴリーとまたがって認識されている可能性もあります。

このように、主としてカテゴリーの代表例の比較を通して、属性の共通点が充分に見出すことができれば、カテゴリーのメンバーとして問題なく認定され、属性が部分的に一致するに留まる場合にはカテゴリーの周辺的なメンバーと判断されることとなります。

『旧約聖書』は39書を集めたものですが、『タナッハ』とは異なり、大きく四つ（「モーセ五書」、「歴史書」、「知恵文学」、「預言者」）に分類されることがあります。

【モーセ五書】
創世記・出エジプト記・レビ記・民数記・申命記
【歴史書】
ヨシュア記・士師記・ルツ記・サムエル記（上）・サムエル記（下）・列王記（上）・列王記（下）・歴代誌（上）・歴代誌（下）・エズラ記・ネヘミヤ記
【知恵文学】
ヨブ記・詩編・箴言・コヘレトの言葉・雅歌・エステル記・ダニエル書・哀歌
【預言者】
イザヤ書・エレミヤ書・エゼキエル書・ホセア書・ヨエル書・アモス書・オバデヤ書・ヨナ書・ミカ書・ナホム書・ハバクク書・ゼファニヤ書・ハガイ書・ゼカリヤ書・マラキ書

ユダヤ教の基本的な聖典となっている「モーセ五書」はモーセが記したと伝えられていることからこの名がついています。「歴史書」はイスラエルの人々の歴史が描かれ、「知恵文学」は道徳的な格言や実践的な教訓を集めており、「預言者」は預言者が語った未来を描いているという特徴を持ってい

ます。これらは、作者や内容という面での共通点と相違点を基に特徴を共有するカテゴリーに振り分けられており、さらに特有の名づけを施すことで理解と記憶に便宜を図っていると言えるでしょう。

　このように比較を通して「分ける」ことで理解した（あるいは理解しやすいように分けることで得た）知識を、私たちは体系化させて蓄積しています。以下では、言語の面から、この体系化された知識をいかに活用しているか見ていきます。

2

「概念」と日常に溢れる比喩

　私たちの思考は、ときに規則やルールでは捉えきれないほど実にしなやかなものです。身を置く環境の中で日々繰り返される経験は、(主観的／客観的、具体的／抽象的を問わず)「概念」として私たちの中に蓄積されていきます。この概念には通常なんらかの名称が言語によって与えられています。このいわゆるラベルによって特定の概念の適用範囲は区切られ、記憶に留めて活用されることにより言葉として機能していきます。この概念は、辞書的な定義だけで語ることはできません。『大辞泉』の「血液型」という項目には次のような説明が与えられています。

> 「血液型」：赤血球中の凝集原と血漿中の凝集素が作用して血液凝集反応が起こるか否かによって、あるいは赤血球の抗原の種類によって分類される血液の型。

　私たちは言葉の意味がわからないときには、辞書を参照して理解を試みますが、ときとして上記のように説明が難解で理解しづらいことがあります。言い換えると、この説明で「血液型」という概念を充分には把握できたこと

にはならないわけです。むしろ私たちは血液型というと「A型、B型、O型、AB型の4種類がある」、「輸血の際に型を間違えると死に至る」、「占いの基準として使われることがある」といったことを知っています。また科学的根拠はないようですが、それぞれの血液型を特定の性質や性格と結びつけることもあります。これらは現代人であれば経験的に知っている既有知識ですが、さらに個人の独特な経験に基づく血液型に対するイメージもあるでしょう。本書における「概念」とは、辞書的な定義のみならず、経験的知識や個人的な感情によって喚起されるイメージを含めた知識のことを指します。前節で述べた体系化された知識とは、別の言い方をすれば、このような性質を持つ「概念」のことです。言語表現は必ずしも恣意的なものばかりではなく、異なる概念の間に見出される類似性や、現実世界での近接性を基盤として創造されたものが多くあります。

第2部のテーマであるメタファは、語や表現を文字どおりの意味とは異なる意味で用いる「比喩」のことです。メタファは単に言語の問題なのではなく、言語以前の概念の段階で作用しているという点でより根本的な心的操作であると言えます。「メタファ」はさまざまな種類の比喩を総称する名称として用いられることがありますが、本書では類似性に基づく比喩を「メタファ」、近接性に基づく比喩を「メトニミ」、包摂関係に基づく比喩を「シネクドキ」に細分して論を進めていきます。

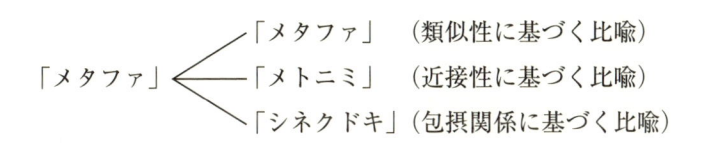

「メタファ」 ← 「メタファ」　（類似性に基づく比喩）
　　　　　　　 「メトニミ」　（近接性に基づく比喩）
　　　　　　　 「シネクドキ」（包摂関係に基づく比喩）

メタファ1――再び天地創造と「光」

　　And God said, Let there be light; and there was light.　　『欽定訳聖書』
　　そしてエロヒーム（神）が言った。光があるように。すると光があった。

（「創世記」1:3）

神によって創造された原始の天地は、暗黒に包まれ混沌としていました。太陽が創られる前のことですから、この「光」は太陽を指しているわけではなさそうです。では「光」がなぜこの世の誕生を語る場面で登場しているのでしょうか。それには、私たちの経験によって動機づけられたメタファが深く関わっていると考えられます。

　人間は母親の胎内、つまり太陽光が直接届かない闇から抜け出ることによってこの世に誕生し、光を初めて体験します。「光」と「闇」がそれぞれ「存在」と「非存在」というイメージを喚起させている理由の一つはこの事実に基づいていると考えられます。「光が当たる」はその存在を強調する一方、「闇に葬る」は存在を非存在にすべく暗黒の中に覆い隠します。「希望の光」は前途に好ましい着点があることを、逆に「暗中模索」は暗がりの中で「光」を見つけるべくあれこれ試みる様子を想起させます。夜になると私たちは活動の幅に制限が加えられ、光溢れる日中に活動できるよう休息をとります。このように日々の経験を通して身につけた概念により、光や明るさには動的で望ましい感情を抱き、逆に闇や暗さには静的で好ましくないという否定的な捉え方をするようになります。「表情が明るい」、「表情が暗い」という表現からもそれは明白でしょうし、おめでたい時には白や赤という明るい色が、悲しい出来事には黒や灰色など明度の低い色が多用されることも、このようなイメージと無関係ではなさそうです。このように、「存在」や「非存在」、さらには「動的」や「静的」という抽象的な概念が、それぞれ視覚的に捉えることができるという点でよりわかりやすい「光」と「闇」で喩えられているわけです。本書ではメタファを以下のように定義します。

> メタファ：AとBという異なるカテゴリーに属する二つの概念について、なんらかの類似性に基づいて、Aを表す言語形式を利用してBの概念を表す比喩。

　「類似性」は、AとBに内在されているのではなく、私たち人間が主体的

にそれらを読み取っているということは重要です。メタファで関連づけられる二つの概念は、必然的に最初から結びついているわけではないからです。むしろ、鮮度が良く明快なメタファとは、通常は結びつけられない二つの概念の意外な組み合わせを条件としています。次の例を見てみましょう。

「地球がくしゃみをした」

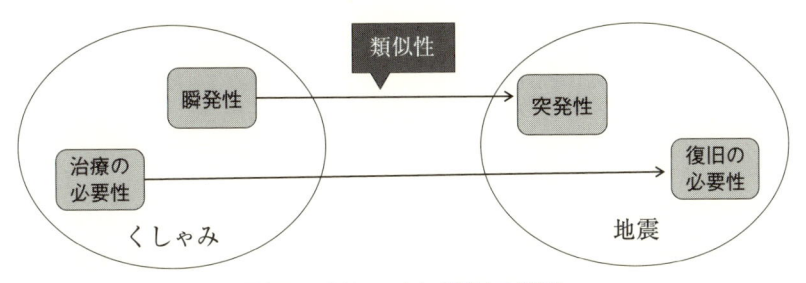

図表2-3 「くしゃみ」と「地震」の類似性

「地震」と「くしゃみ」を関連づけた表現はきわめてまれだと思いますが、だからといって恣意的な表現であるとは言えません。仮に両者を結びつける動機づけがないとすると、上記の表現はそういうものとして記憶に留めておかなければ理解はできないでしょう。ここでは次のような類似性を利用することでメタファとして機能しています。

　　⎡ 地球は「生きている」
　　⎣ 人間は「生きている」
　　⎡ 地震は「一瞬」で地面を「動かす」
　　⎣ くしゃみは「一瞬」で身体を「動かす」
　　⎡ 地震はエネルギーの「内から外へ」の放出
　　⎣ くしゃみは「内から外へ」の呼息

さらに言えば、くしゃみの「瞬発性」や「治療の必要性」が、地震の「突

発性」や「復旧の必要性」という側面をイメージとして喚起させているのです。このようなメタファにはいきいきと情景を喚起させる力がありますので、長々と説明的に述べるよりもはるかに明快でわかりやすく表現することができます。

『旧約聖書』からの例を見てみましょう。

Say to the righteous

that it shall be well with them,

For they shall eat the fruit of their doings. *The New King James Version*

お前たちは正しい者に言いなさい。

どれほど幸せかと

なぜならば彼らは自分の行いの果実を食べることができるからである。

(「イザヤ書」3:10)

樹木が充分に生長すると、やがて実をつけるようになります。好天が続くと甘くてみずみずしい実ができますが、寒々しい天候のもとでは味がよくなかったり小ぶりだったりと天候は実の成長に大きく影響してきます。つまり「(果実という意味での)実」は「ある天候の下で樹木が生長して実らせたもの」と捉えることができます。一方で、たとえば「努力が実を結ぶ」という表現は、「一定期間にわたる成功に向けた行い」という、樹木とは異なる領域に関わることであり、ここでの「実」を文字どおりの意味で解釈することはできません。

「(果実としての)実」　　　：ある天候の下で樹木が生長して実らせたもの
「(努力の結果としての)実」：一定期間努力して出した成果

この二つの「実」には「ある経過を経て出された結果」という共通点があり、メタファが機能して異なる領域の概念が結びつけられていると言えま

す。the fruit of their doings は直訳すると「行いの果実」ですが、メタファという点から考えると「自分が行った行為の結果として得るもの」すなわち「報い」という解釈を導くことができます。

メタファ2──「上」と「下」の概念メタファ

　メタファの中でも、多くの言語表現を生み出す生産性が高いメタファを「概念メタファ」と言います。私たちはよく「時は金なり」と言いますが、時間という抽象的な概念を、お金というよりわかりやすい概念で喩えることで理解を容易にしています。どちらも私たちにとって「貴重なもの」という点では共通しています。これが両者を結ぶ類似性として機能しています。時間をお金の観点から捉えることで、どちらも「使う」、「費やす」、「無駄にする」、「大切にする」などとともに共通の組み合わせで表現することができるようになっています。これは「時は金なり」というメタファが私たちの概念体系の中にしっかりと確立しているために言語表現においても共通点が見られるのです。

　では、聖書の言語表現においても多用される「上」と「下」の概念についてみてみましょう。「上」と「下」という方向は、「前」と「後」と同様に、私たちの日常経験の中でも「身をもって」体験できるという意味で基本的な概念です。視界が広がる方向は「前」、視覚的に捉えることができない方向は「後」、つまりこれらは顔や目など私たちの身体を基準として構築された概念です。前後はそれぞれ（空間的には）対称的で対等な概念であるように思えますが、私たちの認識ではそのようになっていません。「前向きに考える」と「後ろめたい」のように、「前」には好ましいイメージが、「後」には好ましくないイメージがつきまといます。通常私たちは前方に歩き、目の前にあるもののほうが後ろにあるものよりもはるかに確認しやすく、また好ましくない対象からは顔をそむけ、背を向けることがありますが、そのような身体的な経験が両者に異なる意味を与えていると考えられます。

人間の身体は時代や文化に左右されずにいつでもどこでも基本的には同じ構造をしているため、このような身体経験に基づく概念には言語を超えた普遍性が観察されます。「上」「下」も身体を基に構築された概念ですが、両者にどのような意味の対立があるのでしょうか。

　「良いこと・楽しいことは上」（GOOD/HAPPY IS UP）
　「悪いこと・悲しいことは下」（BAD/SAD IS DOWN）

　人間に限らず広く生物は、気分が沈んだときには頭が垂れ、うつむいた姿勢になり、ときには倒れ、ついには床に伏します。つまり「下」は一般的に「好ましくないこと」を暗示する方向であり、「落ち込む」「うな垂れる」といった表現を動機づけています。一方、喜ばしいことに対しては、姿勢は上向き、行動は活発になる傾向があります。このことから「上」は「好ましいこと」という方向のイメージを立ち上げ、「気持ちが高ぶる」「舞い上がる」といった表現を生み出します。「地獄に落ちる」という表現がありますが、これはこの世での悪行の結果、死後に苦しみが待ち受けていることを意味しており、やはり「落ちる」という「下」の方向を暗示する語彙で構成されています。明るさの象徴である太陽は天にあり、「下」や「地」はその逆の方向に位置し「暗さ」を印象づけます。人は亡くなると「地」に伏しますので、死は暗さの観点から「死は暗さである」（DEATH IS DARK）と捉えられることもあります。逆に、死を天への旅立ちと考えれば「死は出発である」（DEATH IS DEPARTURE）と捉えられ、「昇天する」という「上」を用いた表現が出てきます。

　聖書の例を見てみましょう。

　　Now within three days Pharaoh will lift up your head
　　And restore you to your place,　　　　　　*The New King James Version*
　　三日したら、ファラオーはあなたの頭を上にあげ、

> あなたを職務に復帰させます。　　　　　　　　　（「創世記」40:13）

「あなたを職務に復帰させる」際に、ファラオ—（王）が「頭を上にあげる」という行為を行ったことが描写されています。監禁を解かれ職務に復帰するという祝うべき状況で、ファラオ—が頭をあげさせているのは何も理由がないことではありません。先ほど述べた上下のイメージが関わっていると推察されます。監禁という自由を奪われた身でいるときには「意気消沈」して、首が垂れている状況が容易に想像されるでしょう。しかし、監禁を解かれて元の状態に戻ることができるということは、心に希望の光が射し込み、上を向いてまた歩き出すことができるという、明るい未来が喚起されます。このように、感情と身体の相関関係は、そのまま概念として体系的に認識されており、言語表現の動機づけとなっているのです。

「上」と「下」についてよく使われる概念メタファをもう一つ見てみましょう。

「量が多いことは上」　　（MORE IS UP）
「量が少ないことは下」　（LESS IS DOWN）

幼い子どもは、積み木を重ね上げていくことで、数が増えれば上の方向に高さが増していくという経験をします。植物を見れば、背丈は成長して上の方向に伸びていくこともわかります。このように「量の増減」と「高さの上下」が共起することを何度も経験するうちに、私たちは量が多いことは「上」と結びつけ、量が少ないことは「下」の観点から理解するようになります。「給料が上がる／給料が下がる」「メーターが上がる／下がる」などはその一例です。

メタファ 3──概念メタファ:「心は容器である」

「心はどこにあるのか」──よく耳にするこの問いは、「心」がいずれかの「場所」に存在しているかのように表現されています。「思い出を心にしまっておく」になると「心」は箱のようなものだという印象を受けるでしょう。私たちは抽象的な存在であっても「もの」として形が実在するかのように捉える傾向にあります。「心」も例外ではありません。現実的には具体的な形状を持たない「心」ですが、私たちはそれを「容器」として見ているようです。「心は容器である」(MIND IS A CONTAINER) という認識は、心理状態である感情がその容器の中に存在しているという見方をもたらします。

「心は容器である」	(MIND IS A CONTAINER)
「感情は容器の中の流体である」	(FEELING IS A FLUID IN A CONTAINER)

「喜びで胸がいっぱいになる」や「うれしくて胸が張り裂けそうだ」は「胸」を「喜び」が入っている容器に見立てています。どちらも「喜び」を「液体」ないし「気体」(つまり「流体」) として捉えており、その量があまりにも多いことから容器から溢れそうだったり、容器が破裂しそうであったりするイメージを喚起させます。

「怒り」という感情も基本的には同じ概念メタファで捉えられますが、激しい怒りは血圧や体温の急激な上昇という生理的な変化をもたらしますので、「怒りは容器の中の熱い流体」(ANGER IS A HOT FLUID IN A CONTAINER) という特有の捉え方がなされていると思われます。「はらわたが煮えくり返る」では、「はらわた」が収められている「腹」が「容器」で、「煮えくり返る」は「液体 (として見立てられているはらわた) が激しく沸騰している」様子を描いており、生々しい情景が想起されます。「頭から湯気を出している」は「頭」が「容器」で、「湯気」は「熱い気体」に相当します。頭の中で不満という圧力が高まり、その量が限度を超えたため一気に湯気が噴き出しているような印象をもたらしています。

この種の概念メタファは聖書にも登場します。時間的な隔たりはかなりありますが、いにしえの人々と現代人を比べてみても身体構造に大きな相違があるわけではないと推定されます。呼吸や食料摂取、排泄といった「外から内へ」「内から外へ」という経験も共有していると考えるのが普通でしょう。身体的に動機づけられた「内」と「外」という概念が認識の中に根を下ろしているのであれば、「容器」という概念も同時に持ち合わせていると考えても問題はなさそうです。

> Arise, cry out in the night,
> At the beginning of the watches;
> Pour out your heart like water
> before the face of the Lord.
> Lift your hands toward Him
> For the life of your young children,
> Who faint from hunger
> at the head of every street.
> 　　　　　　　　　　　　　　　*The New King James Version*
>
> 夜に起きて、叫びなさい。夜の見張りの始まる頃、アドナイ（わが主）のお顔の前で水のようにあなたの心を注ぎ出し、手を上げなさい。あなたの子どもたちの命（の救い）のために。子どもたちは街角でひもじさに衰えていく。
>
> 　　　　　　　　　　　　　　　　　　　　　　　（「哀歌」2:19）

　「水のようにあなたの心を注ぎ出す」という表現において、「心」すなわち「心情」を「水」と見ていることは明白です。さらに「注ぎ出す」という表現は、液体を容器の外に出すということであり、「心情」である「水」が「心」すなわち「容器」の中にあることを暗示しています。興味深いことに「心の内を打ち明ける」という表現は、容器の内側を明らかにするということですので、「（容器の外側ではなく）感情や心情が入っている（内側の）」部分をさらけ出すということであり、まさに感情や心情が「心」という容器の

中に納められているイメージが分かる表現です。このように「心」を「容器」に見立てるメタファは、感情や心情を表す複数の表現にまたがって観察されますので、私たちの概念体系の中にしっかりと確立されていると考えて問題はないでしょう。

メタファ 4 ── 概念メタファ：「人生は旅である」

　「人生」は具体的な形があるわけではないので、端的に絵に描いて表すことができません。言い換えると、人生は山あり谷ありとさまざまな場面があるので、そのどの面をどのように描けばいいのか迷うほどその構造は見出しにくいのだと思います。

　しかしながら、捉えどころのないように見える「人生」は私たちが生きている時間そのものですから、その概念を構築しないわけにはいきません。私たちは、わかりづらいものは、よりわかりやすいもので喩えて理解するという手段を使います。

　　「人生は旅である」
　　「彼は大きくなって自分の足で歩きだした」
　　「彼女は人生の岐路に立っている」
　　「ここまで来るのは長い道のりだった」
　　「彼女は人生という旅を終えた」

　どれも人生に関する内容ですが、「歩きだす」、「岐路に立っている」、「長い道のり」、「旅を終える」という「旅」に関わる概念で示されていることに注目してください。人生は時間の経過を伴うものであり、その点で「移動」に関わる概念であると考えられます。この「移動」という点が「旅」と共通しており、また人生にも旅にも「喜怒哀楽」はつきものであることから、「人生」を「旅」の観点から捉える認識が確立したと思われます。それによ

り、以下のように「『出発点』→『経路』→『到着点』」という「旅」と「人生」が主として共有するイメージで「人生」が構造化されました。

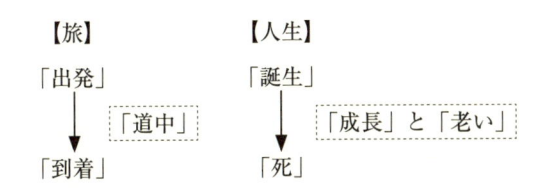

【旅】　　　　【人生】
「出発」　　　「誕生」
　↓　「道中」　　↓　「成長」と「老い」
「到着」　　　「死」

以下は聖書からの例です。

The Slothful man says, "There is a lion in the road!
A fierce lion is in the streets!"
The New King James Version

怠け者は言う。道に子ライオンが、
広場に雄ライオンがいると。　　　（「箴言」26:13）

「道にライオンがいる」は、一般的には「前途に障害や危機が待ち受けている」という意味で理解されます。ライオンは獰猛で、人の命を奪いかねない危険な存在ですので、私たちの行く手を阻むようなイメージを喚起させます。つまり「障害」とか「危機」ということです。私たちが進もうとしている「道」は、まさに未来へつながる道のことであり、このような表現は「人生は旅である」という概念メタファからもたらされたと考えてよいでしょう。

この先どう生きるか、どちらの方向に歩んでいくのがよいのか、人生には悩みはつきものです。進むべき道が1本しかないのであれば迷いもないでしょうが、複数の選択肢がある場合には、歩を進めずに立ち止まってあれこれ思弁します。「人生の岐路に立っている」のです。「岐路」も旅に関する概念ですが、ここでは「状態は場所である」（STATES ARE LOCATION）という概念

メタファも深く関わっていると思われます。「岐路」すなわち「道が分かれるところ」という「場所」が表現されていますが、意味するところは「将来が決まる重大な場面に直面している」という「状態」です。

　ここまでは、メタファという類似性を根拠にして異なる領域の二つの概念を結びつける作用を見てきました。「類似性」を認識できるということは、比較を通して「共通点」を見出しているということに他なりません。次に、同一の概念領域内で作用する比喩を見てみましょう。

メトニミ１——意味の焦点をずらす

　「瞳をとじて」という表現があります。「瞳」とは文字どおりに解釈すると瞳孔（黒目）のことであり、本来は自らの意志で開いたり閉じたりすることができません。しかしながら、私たちは「瞳をとじる」というと瞳孔ではなく「（瞳孔を含む全体としての）目をとじる」ことと難なく解釈することができます。

　メタファは、本来は異なるカテゴリーに属する二つの概念を類似性を軸として結びつける比喩でした。「白雪姫」は「肌の白さ」を「雪の白さ」という別の領域の概念に見立てた名称のためメタファです。一方、「赤ずきんちゃん」は「赤い頭巾」をかぶった女の子のことで、「赤頭巾」という一部分を言葉にすることで「赤い頭巾をかぶった女の子」全体を示しています。眼鏡をかけた人を「眼鏡」というニックネームで呼ぶのと同様に、これは最も目立つ特徴的な部分で人間全体を指していますから、メタファとは様相を異にします。

　次に紹介する比喩は、メトニミと呼ばれるもので、以下のように定義することができます。

　　　メトニミ：現実世界で隣接するＡとＢという二つの概念について、その近接
　　　　　　　性に基づいて、Ａを表す言語形式を利用してＢの概念を表す比喩

「瞳」も「赤頭巾」も、それぞれ「目」と「(赤い頭巾をかぶった)女の子」の一部分であり、両者は目で見てすぐに判断できるほど近い関係にあります。「手を貸してほしい」の「手」は、人間が作業する際に最も重要な身体部位であり、「手」という部分でもって「人間」全体を表すのでメトニミです。「川が溢れている」は「川」という全体を表す概念で川を構成する「水」という部分を指していますから部分と全体の方向が逆になっていますが、近接性が認められるためメトニミと認定できるでしょう。
　近接性は、たとえば「容器と内容物」、「部分と全体」、「場所と機関」、「行為と結果」、「作品と著者」などさまざまな関係で見い出すことができます。

　　「お風呂が沸いている」　　《容器と内容物》
　　「もっと手が必要だ」　　　《部分と全体》
　　「ウォール街で働いている」《場所と機関》
　　「ゴールネットを揺らす」　《行為と結果》
　　「シェイクスピアを買う」　《作品と著者》

　メタファには異なる複数の概念領域が関わっていましたが、メトニミは単一の概念領域内で意識の焦点が移行することで機能する比喩です。実際に沸騰しているのは「お風呂」ではなく、また(ホラー映画でないかぎり)「手」だけを借りることはできません。それぞれ空間的に近接した「お風呂の中の湯」、「手伝いをしてくれる人」を意味しています。さらに「ウォール街」という地名で「金融市場」を意味するのは、ウォール街には世界有数の金融市場があるという知識が両者を近い関係だと認識させることによります。「ゴールネットを揺らす」は時間的かつ因果的な近接性(すなわち継起的連続性)によってゴールネットを揺らすという行為が「得点を取る」(という結果)を表します。また「シェイクスピア」本人を購入することはできず、この場合、作者と因果的に近い関係にある作品、すなわち「シェイクスピアが書いた作品」を指示しています。

メタファ同様、メトニミも遍在的であり、比喩だからといって特別な言い回しだとは感じないでしょう。メトニミを生み出す基盤となる能力は「参照点能力」と呼ばれ、最も目立つわかりやすいもの（参照点）を経由してそれと近接関係にある他のものを指し示すという心的作用です。本の重要な箇所に赤線を引くのはなぜでしょうか。また道案内をするときに目立つ建物に言及するのはどうしてでしょうか。数ある文字列の中で、赤色で付近を目立たせることによって重要な箇所にすぐ辿り着くことができますし、また人が意識を向けやすい目立つ存在物を目印にすれば目的地の説明も理解も容易になるからだと考えられます。このように、参照点能力は言語のみならず広く私たちの生活の中で活用されていますが、それは昔の人であっても変わらないと推察されます。たとえば山や川のような地理的に目立つ存在物を目印に自分の位置関係を推測していたと十分に考えられます。世界には「右」や「左」という概念を持たない言語があると言われています[91]。その話者たちは、地形的な特徴（たとえば、山がある方が西）を参照点として利用し「東西南北」で方向を示すと言われています。参考までに青森県弘前市[92]を例にすると、街の中心にある弘前城の東西南北には、それぞれ「城東」、「城西」、「城南」、「城北」という地名がつけられており、また街の西側には津軽富士と呼ばれる「岩木山」がそびえています。このような地理的な特徴に精通していれば、右や左という概念が仮になくても、東西南北を用いて十分に方向を指示することが可能です。この場合、弘前城との位置関係にちなんだ地名や岩木山が参照点として作用していることになります。

　目立つものを経由して細部を特定する、というメトニミの機能について別の例で考えてみましょう。

---

[91] 代表例はメキシコ・マヤ語族の「ツエタル語」とオーストラリア先住民族の「グウグ・イミディール語」である。「右」と「左」を中心とした空間認知の普遍性と相対性については井上京子．2008．「言語と身体性」（唐須教光（編）『開放系言語学への招待――文化・認知・コミュニケーション』．慶應義塾大学出版会．pp.72-74）．参照。

[92] 青森県弘前市は「津軽弁」が今でも使われている。弘前市の「津軽弁話者」は「右」や「左」という概念も持ち合わせているが、同時に「東西南北」でも容易に方向を指示することができる。

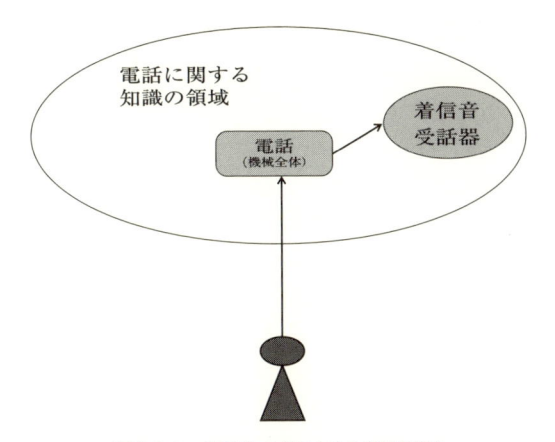

図表2-4 「電話」の例における参照点構造

電話が鳴っていたけど誰もそれをとらなかった[93]。

　この例では、電話機全体が最も視覚的に目立つために参照点として機能しており、それぞれ厳密には「電話の着信音」と「受話器」を意味しています。仮に参照点能力を用いずに「電話の着信音が鳴っていたけど誰も受話器をとらなかった」と細かく言葉で表現してしまうとコミュニケーションが過度に煩雑になってしまいます。視覚的に目立っている対象だけを言葉にし、その細部の特定は文脈や既有知識に委ねることにより、コミュニケーションが支障をきたすほど必要以上に煩雑にならずに済んでいるのです[94]。

93　西村義樹. 2004.「換喩の言語学」成蹊大学文学部学会編『レトリック連環』. 風間書房. p. 100（訳および下線は著者）.
94　篠原俊吾. 2004.「換喩と形容表現」成蹊大学文学部学会編『レトリック連環』. 風間書房. p. 111.

メトニミ 2——聖書に表れるメトニミ

　私たちは様々な仕草をしますが、それは間接的に心理状態を表出していることがあります。視覚的に捉えることができる仕草を経由して、心理という直接は捉えられないことを表しているわけですから、これはメトニミと呼ばれる現象です。私たちが「唇をとんがらせる」仕草を見せるときは、たいてい不満があったりすねたりしている時でしょう。しかし、このような仕草は文化によって意味合いが異なる場合があります。以下の例を見てみましょう。

　　　All they that see me, laugh me to scorne (= scorn):
　　　they shoote (= shoot) out the lippe (= lip), they shake the head,

　　　　　　　　　　　　　　　　　　　　　『欽定訳聖書』

　　　私を見てあざ笑う者は皆、口をゆがませ、頭を振ります。

　　　　　　　　　　　　　　　　　　　　（「詩編」22：7（8））

　shoot out は「ものを身体の外 (out) へ向けて突き出す」という意味です。shoot out the lip は直訳すると「唇を突き出す」ということですが、上記の場面でこの行為を引き起こす心理は「軽蔑」とされています。したがって、この行為の描写はメトニミ的な思考を介して「軽蔑する」という解釈をもたらします。

　ところで、『欽定訳聖書』の初版が出てから、ほぼ毎年、改訂版が出されてきましたが、その版の名称にはメトニミによって動機づけられたものがあります。誤植が他の聖書との示差的な特徴となり、誤植にちなんだ独特なニックネームがつけられた聖書の代表例が以下の二つです。

The Vinegar Bible『酢聖書』（General title: 1717, NT title: 1716）

　この改訂版は、「ルカによる福音書」（20）の headline の 'The Parable of the Vineyard'（葡萄園の譬え）の Vineyard（葡萄園）を "Vinegar"（酢）と誤って植字したためにこのニックネームが与えられた。

The Murderers' Bible『殺人者聖書』（1795）

　この改訂版は 'Let the children first be *filled*'［まず、子供たちに充分食べさせなければならない］（「マルコによる福音書」7:27）とすべきところを "Let the children first be *killed*"（まず、子供たちを殺さなければならない）と誤って植字したために、この不名誉なニックネームが与えられた[95]。

　いずれも物語の内容を変えてしまう重大な誤植です。きわめて限られた一部分ではありますが、聖書全体を指すタイトルに用いられていますので、部分と全体のメトニミということができるでしょう。

シネクドキ──言葉の上下関係

　「死」を「不幸」と表現することがあります。「不幸があった」と言えば、それは特別な事情がないかぎり誰かが亡くなったことを意味します。「死」と直接表現せずに、より一般的な意味を持つ「不幸」で受ける印象をぼかしていると考えられます。「不幸」は本来、「死」だけを意味するものではありませんので、指示の直接性の程度が薄れるのです。

---

95 橋本功.2004.『聖書の英語──旧約原典からみた』. 英潮社. p.32.

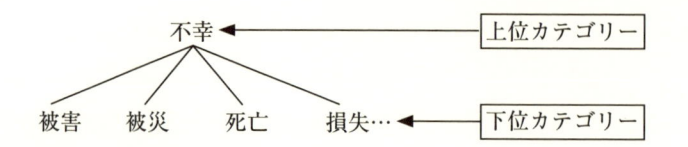

```
        不幸 ←──────────── 上位カテゴリー
      ／ ｜ ｜ ＼
    被害 被災 死亡 損失… ←── 下位カテゴリー
```

　ここで紹介する第3の比喩は、カテゴリーの階層間で機能するシネクドキです。定義は以下のとおりです。

　　　シネクドキ：上位カテゴリーに属する概念（類）でその下位カテゴリー
　　　　　　　　　の概念（種）を表す、あるいは逆に下位カテゴリーに属す
　　　　　　　　　る概念（種）で上位カテゴリーの概念（類）を表す比喩

　以下は、「人はパンだけで生きるのではない」という「申命記」の有名な一節です。「パン」はどのような意味で使われているでしょうか。

> So He humbled you, allowed you to hunger, and fed you with manna which you did not know nor did your fathers know, that He might make you know that man shall not live by bread alone; but man lives by every word that proceeds from the mouth of the LORD.
> 　　　　　　　　　　　　　　　　　　　　***The New King James Version***

それで彼（ヤハウェ　エロヒーム）は、あなたを苦しめ、飢えさせて、あなたも知らず、あなたの先祖たちも知らなかったマナを食べさせられた。それは、人はパンだけで生きるのではない、人はヤハウェの口から出るすべてのもので生きる、ということを、あなたにわからせるためであった。

　　　　　　　　　　　　　　　　　　　　　　　　　　（「申命記」8:3）

　「お茶でもいかがですか」と誘いを受けたからといってコーヒーやジュースを飲んではいけないわけではありません。ここで言う「お茶」は「飲み物一般」（アルコールは含まないことが多い）を指すと考えられます。「飲み物一

般」という上位カテゴリーの概念を、「お茶」という下位カテゴリーの概念で示しています。同様に、上記引用で用いられている「パン」は、「食べ物一般」の意味で用いられていると考えられます。種で類を表すシネクドキです。ついでに言うと、その後に続く「人はヤハウェの口から出るすべてのもので生きる」という文は、言い換えると「人は神のあらゆる言葉に従って生きる」ということであり、こちらは精神的な内容に言及していると考えられます。よって、「パン」は「食べ物一般」を指し示すとともに、さらに上位概念である「物質的なもの」をも意味し、「精神的なもの」と対をなしていると解釈することができます。このようにカテゴリー階層を住き来することで機能している比喩がシネクドキです。別の例を見てみましょう。

> And the Princes said vnto (= unto) them, Let them liue (= live), (but let them bee (= be) hewers of wood, and drawers of water, vnto (= unto) all the Congregation,) as the Princes had promised them.
>
> 『欽定訳聖書』
>
> 首長たちは彼らに言った。彼らを生かせておき、われわれの共同体のために森の木を伐らせたり、水汲みをさせよう。　　　　（「ヨシュア記」9:21)

hewers of wood, and drawers of water（木を切る人、水を汲む人）は、一般的にイディオムとして「肉体労働しかできない人」という意味で用いられています。「木の伐採」や「水汲み」は「肉体労働」の一種ですから、種で類を表すシネクドキであると言えます。

シネクドキの基盤には、カテゴリー化の際に対象を「より細かく、そして詳しく分類する」特定化の能力と、「より大きなくくりでまとめ上げる」一般化の能力が関わっていると思われます。同一の対象でも異なるレベルで捉えることができるわけです。

比喩の相互作用

　これまでメタファ、メトニミ、シネクドキを個別に論じてきましたが、それらはけっして相互に排他的な関係にあるわけではありません。多くの場合には、相互作用して限られた概念をしなやかに加工して豊かな表現を無数に生み出しています。聖書から1例だけ紹介します。

> She watches over the ways of her household,
> And does not eat the bread of idleness.
>
> *The New King James Version*
>
> 家のことに何から何まで気を配り、
> 怠惰のパンを食べることはない。
>
> （「箴言」31:27）

　イディオムとしての eat the bread of idleness は「仕事せずに遊び暮らす」ことを表します。メタファ、メトニミ、シネクドキによる比喩の3重奏は、それぞれいかに響き合わせて「遊び暮らす」という意味を醸し出すのでしょうか。

　まず eat についてですが、私たちは食べ物を口に運ぶことでそれがどのような味や食感なのか、その正体を理解します。「食べる」という行為は、「味わう」、「味を判断する」という後続する概念を想起させます。これは継起的連続性という時間的な近接性に基づくメトニミです。この「味わって判断する」という食に関する経験は、より一般化して「経験をする」という上位概念を引き出します。これは種で類を表すシネクドキです。the bread of idleness（怠惰のパン）は実際には存在するものではないので、見立てであるメタファと考えるのが妥当でしょう。eat との関連で「怠惰」という抽象的な概念に「パン」という具体的な形を与えているのであり、「パンを食べる」すなわち「食事をする」ということは「生きていく」ことを暗示します。全体として「怠惰なパンを食べる経験をする」ことは、すなわち「怠惰な暮らしを経験する」ということになります。

タブーと言語表現

"You shall not take the name of the LORD your God in vain, for the LORD will not hold him guiltless who takes His name in vain. *The New King James Version*
あなたのエロヒームであるヤハウェの名をみだりに唱えてはならない。なぜならばヤハウェはみだりにその名を唱える者を見逃さないからである。

（「出エジプト記」20:7）

And whoever blasphemes the name of the LORD shall surely be put to death.
The New King James Version
ヤハウェの名を呪う者よ、その者は必ず死ななければならない。

（「レビ記」24:16）

　タブー表現は凄まじい生命力を持っています。通常使用されない語彙や表現は記憶の彼方へと消えていくものですが、タブーであるがゆえに口にしにくい表現の多くは、それでもなお私たちの中で息を潜め、他の言語表現とは一線を画した特別な位置に居座り続けています。
　タブー表現は、一般に「死」、「性」、「排泄物」、「神聖なもの」など、日常では容易に観察されないものや、通常は隠したくなったり避けたほうがよいとされたりするものに関わると言われています。その意味では、差別と受け取られる表現もタブーと言えるかもしれません。いずれにせよ、同じ対象や現象を指し示すにもかかわらず、言い回しによってはタブーとは感じられないものも存在するのは事実です。ユダヤ教では神の名「ヤハウェ」はけっして口にしてはならないとされていますが、「ヤハウェ」の代わりに「アドナイ」（adonai＝わが主）や「ハシェム」（hashem＝御名）[96]は日常的に用いられます。このことから、タブーは言語の問題とも言える側面を持ち合わせています。
　『旧約聖書』には、「お前の手を私の腿（もも）の下に置いてくれ」（「創世

記」47:29)(第3部129〜130ページ参照)や「イヴを知る」(「創世記」4:1)といった露骨に性的な印象を与えない婉曲表現が出てきます。ここでいう「腿」は、「一族が生まれ出てくる起点となる生殖器」のことで、「子々孫々に誓約」するために行われた儀式に由来し、「生殖器」に近接する「腿」が言語表現に選ばれています。また「相手の秘めた性的な部分」を知るということから、「(人を)知る」で性的な関係を持ったことを暗示させています。前者は空間的な近接性、後者は部分と全体の近接性に基づいています。第3部で詳しく取り上げますが、「足を覆う」(「士師記」3:24)は、排泄の婉曲表現です。

以下では、「死」に関する表現を取り上げ、「死」という意味の焦点がぼかされた婉曲表現がいかにして創られているかということを、メタファ、メトニミ、シネクドキとの関わり合いから見てみます。

> Then David slept with his fathers,
> and was buried in the city of David.　　*The Revised Standard Version*
>
> ダビデは彼の父たちと一緒に横たわった。
> そしてダヴデの町に葬られた。　　　　　　　　　　(「列王記上」2:10)

「死」を口にすることによって、その忌まわしく悪しき影響が現実のものとなり自らに降りかからないようにする手段が婉曲表現であると言えます。『旧約聖書』には「死」に言及する箇所がありますが、その多くは婉曲的な表現で語られています。日本語には「眠りにつく」、「永眠する」という言い方がありますが、これは「睡眠をとって活動を停止している状態」と、「死

96　hashem の ha- は定冠詞で接頭辞、shem は「名前」の意味を持つ名詞〈HŠM〉(/haʃeːm/) の音訳。「レビ記」(24:11) には以下の記述がある。
　　And the Israelite woman's son blasphemed the name of the Lord and cursed; and so they brought him to Moses　　　　　　　　　　(*The New King James Version*)
　　参考までに、ヘブライ語原典では blasphemed the name とのみ記載されており、of the Lord の部分は書かれていない。

んで鼓動が停止している状態」が類似していることに着目し、メタファを介して生み出された表現です。上記 sleep が使われている聖書の例も、基本的には同じ捉え方から出てきた表現であると思われます。fathers は「世代が上の人びと」、すなわちすでに「亡くなっている人びと」と解され、これは以下の箇所でも用いられています。

> Now as for you, you shall go to your fathers in peace;
> you shall be buried at a good old age. *The New King James Version*

> あなたは、安らかにあなたの父たちのところへ行く。
> かなりの歳になって葬られる。 (「創世記」15:15)

　日本語では「帰らぬ人となる」という表現がありますが、これにもメタファが深く関わっています。すなわち、「家に帰らない人」は家で姿を見かけない人ということであり、死という領域に投影されると、「この世に帰らない人」という解釈が引き出され、暗に亡くなった方を意味しています。「逝く」や英語の pass away も「目の前からいなくなる」すなわち「この世からいなくなる」という発想で、メタファが関わっています。

　一方で、「冷たくなる」は「死んだ結果体温が失われていく」ことを表現しており、「死」と「冷たさ」は時間的な近接関係にあるためメトニミによって動機づけられた表現です。すでにシネクドキの節で述べましたが、死を「不幸」と表すこともあります。これは、好ましくない出来事を包括する「不幸」という概念で、その一例である「死」を指示していますので、類で種を表すシネクドキです。

　このように、見ることだけではなく考えることすらはばかられるような対象や現象は、メタファによって他のイメージで覆い隠され、メトニミによって意味の焦点がぼかされ、そしてシネクドキによって抽象化されます。タブーに属する概念はどれもみな私たちが生きていくうえで避けては通れないも

のばかりであり、それゆえに不快感を喚起しない婉曲表現が多く産出されているのです。

『旧約聖書』とイディオム

　イディオムとは、数ある語の中からいくつかを選び出し、それらを有意味に関連づけ、繰り返し用いられることによって定着した定型表現のことです。しかし、イディオムを構成する個々の要素の意味を足し合わせても全体の意味にはならないことが多く、それゆえに特異な表現と考えられることもあります。部分と全体の意味関係が不明瞭であるがゆえに、イディオムは恣意的な語の結合であると見なされてきましたが、必ずしもそのような扱いが妥当であるとは思われません。複数の候補の中から何かを選び出すということには、それ相当の理由があるからです。つまり、「選択あるところに重大な意味が潜んでいる」という観点に立てば、イディオムにはそれを構成する特定の語が選択されているという点で、なんらかの動機づけが存在すると想定されます。

　聖書は、神の言葉を記しているとされていますので、人々に絶大な影響力を及ぼします。そのため、『旧約聖書』の物語に由来するイディオムは枚挙に暇がありません。イディオムを構成する語と語の隙間を埋めるものは、第2部で論じてきたメタファ、メトニミ、シネクドキといった私たち人間のしなやかな思考に動機づけられた比喩です。比喩によって動機づけられた言語表現は、特定の文脈の中で生み出され、繰り返し広く使われるにつれてその文脈の支えを徐々に必要としなくなり（比喩の性質を残したまま）一定の形を保って独立していきます。これがいわゆるイディオムです。

　これらイディオムで観察される比喩は、それぞれ「比較能力」、「参照点能力」、「同一の対象を（一般化と特定化という）異なるレベルで見る能力」によって動機づけられていることを見てきました。これらはどれも言語に特化されず、さまざまな場面で活用されている能力です。それゆえ、言語におい

ても日常的に用いられる能力であり、そういった能力に動機づけられているメタファ、メトニミ、シネクドキといった比喩表現は、結果的に広く私たちの言語活動で使用されることとなっています。古代の人びとも現代に生きる私たちも同じ人間ですから、これら基本的な認知能力を共有していると考えられます。しかし、メカニズムは共有していても、個々の表現で用いられている語の概念について十分な知識がなければ、表現を読み解くことはできません。旧約聖書に登場する表現であっても、現代の私たちが日常持ちうる知識で難なく解されるものもありますが、一方で問題となるのは旧約聖書という物語やその時代独特な知識を利用している表現です。live in Eden(「創世記」2:8-24)は、Edenが「アダムとイヴが暮らしていた楽園」であるといった知識があれば、メトニミ的な思考を介して「幸せに暮らす」という解釈を容易に導くことができますが、それを知らない場合にはけっして妥当な解釈には辿り着けません。つまり、メカニズムは共有していたとしても、『旧約聖書』の世界に関する十分な知識がなければ比喩もイディオムも解釈できないことになります。続く第3部では、現代でも容易に理解が可能な比喩と、旧約聖書の独特な世界に動機づけられた難解な比喩を取り上げ、その諸相を説明していきます。

第3部　メタファを通して聖書の扉を開く

1

『旧約聖書』のメタファ

　第2部では、メタファ[97]がいかにして私たちの言語と深く関わっているのかということを概観してきました。そこで明らかにされたことは、メタファとは単なる装飾的な存在ではなく、人間であれば時代や文化を超えて共有していると想定される「比較能力」、「参照点能力」、「同一の対象を異なるレベルで捉える能力」によって動機づけられているということでした。言語以前の概念レベルですでに機能しているという根源的な性質を有しているために、メタファは言語表現の隅々まで浸透しているのです。同時に、メタファというメカニズムを動かす経験的に蓄積された知識が異なれば、言語表現もそれに応じて変わってくることも指摘しました。いずれにせよ、古代ヘブライ人も現代に生きる私たちも、メタファという基本的な機能は持ち合わせているため、互いに理解し合える素地は整っていると言うことができるでしょう。
　英国のある聖職者は「ユダヤ人はとてもポエティカルな人々である。口を開けばメタファが飛び出す。」と述べています[98]。それを示すのが古代ヘブ

---

[97] 「メタファ」という用語は、狭義の「メタファ」、「メトニミ」、「シネクドキ」を包括して用いられることがある。ここでは比喩一般を指す広義の意味で使用している。
[98] Saulez, W. H., 1913. *The Romance of the Hebrew Language. London*: Longmans, Green and Co.

ライ人の書である『旧約聖書』です。『旧約聖書』を読むと、メタファ表現が用いられていないページを見つけるのが難しいほどメタファに溢れています。

　第3部では、メタファを通してさらに『旧約聖書』の言語表現を眺め、その解釈を試みます。メタファを理解するということは、すなわち、それを機能させる無数の知識も身につけるということにほかなりません。聖書の翻訳に関して急いで付け加えるならば、聖書とは神の言葉が書き記されたものであるため、「できるだけ原典の言語表現や表現形式を翻訳する側の言語に伝えようとする力が働く」[99] 傾向が見られます。

　たとえば、第1部でも述べましたが、英訳聖書ではGods[100]やheavens[101]という複数形が観察されます。103ページに引用されている『欽定訳聖書』「創世記」(1:6-8)の引用文中にもwatersという複数形を見つけることができます。これは現代英語のようにあるものが複数あること、あるいは一般論を提示するために用いられているのではありません。メタファ的思考を介して「度合いの大きさ」、「質量の多さ」を「数の多さ」と見なす古代ヘブライ語の複数形の用法をそのまま引き継いでいるのであり、それらは「尊敬」や「広さ」や「深さ」を表しています。当然のことながら、直接訳あるいは間接訳聖書を問わず、原典の言語の面影がそこには潜んでいるので、聖書の英語を知るには、『旧約聖書』の原典の言語の知識を持つことが望ましいと言えます。同時に、翻訳という観点から言うと、それは読み手の理解の範囲内に収まるような工夫も必要であることは言うまでもありません。翻訳は、原文と訳文の「イメージの喚起まで含めた理解価値の等価」[102] を追求するものであるならば、そこには言語に反映されている文化的な側面が厳然と立ちはだ

99　橋本功. 2005.『英語史入門』. 慶應義塾大学出版会. p. 190.
100　たとえば、『欽定訳聖書』「創世記」(3:5)ではヘブライ語の単数概念を表す「神」の複数形〈'LHYM〉(/ʾĕlohi:m/) が英語の複数形Godsで訳されている。
101　たとえば、『欽定訳聖書』「創世記」(2:1 & 4,)「申命記」(10:14, 32:1, 33:28)ではヘブライ語の単数概念を表す「天」の複数〈ŠMYM〉(/ʃa:mɑy:m/) が英語の複数形heavensと訳されている。
102　成瀬武史. 1996.『英日・日英翻訳入門――原文の解釈から訳文の構想まで』. 研究社. p.1.

注）THus the heauens（= heavens）and the earth were finished, and all the hoste（= host） of them.[103]

図表 3-1 『欽定訳聖書』「創世記」（2：1）

かることは容易に想像できましょう。

　「創世記」第 1 章 1 節を例に図表 1-25～26（48～49 ページ）で説明したように、「天」を表すヘブライ語は「広さを表す」複数形〈ŠMYM〉で表現されています[104]。『欽定訳聖書』ではそれを単数形 heauen（= heaven）で訳していることを紹介しました。一方で図表 3-1 に示されている「創世記」第 2 章 1 節では、ヘブライ語の同じ単語が同じ聖書でも複数形 heauens（= heavens）で訳されています。『欽定訳聖書』全体を見ると、単数概念を持つ複数形〈ŠMYM〉(=天) の訳には一貫性がありません。これは原典の言語に反映されている文化的側面が翻訳する側に理解されていなかったことを示す例と言えます。

　後で詳しく見ますが、原典では fruit、monster を表すヘブライ語の単語が、英訳ではそれぞれ apple、whale に置き換えられているなど新たに手が加えられていることが多々あります。つまり、『旧約聖書』原典の言語であ

103　この英文はヘブライ語文法の影響を受けた聖書独特の語順を持つ文。対応するヘブライ語の文構造は [and-V + NP$_{(S1+and-S2+and-S3)}$] で、一般的なヘブライ語の語順。ヘブライ語では主語が複数の NP から成り、[V + NP$_{(S1-x)}$] の語順をとるとき、動詞は主語である NP を構成する第一番目の要素 S_1 と呼応する傾向が強い。英訳に際してはこのヘブライ語の文法に従い、動詞と呼応している S_1 だけを動詞の前に置き、残余の主語部 [and + S_2 + S_x] は動詞の後に置く。図表 3-1 の場合は、heavens のヘブライ語が男性名詞で、earth のヘブライ語は女性名詞。動詞は heavens に呼応して男性・複数形。このような場合、英訳では heavens だけを動詞の前に置き、残余の主語部は動詞の後に残す。しかし、この例では、heavens と earth は対をなす固定表現なので、earth も heavens と一緒に前に置かれ、主語の残余部 [and S_3] が動詞の後ろに置かれている。その結果、[S_1 + and + S_2 + V + and + S_3] の文が聖書の英語に登場している。

104　〈ŠMYM〉(/ʃɑːmɑyːm/) の語末の /-yːm/ は複数形を示す形態素。

るヘブライ語と翻訳対象言語のなんらかの事情がせめぎ合っているという点も考慮に入れなければなりません。幾重にも折り重なった「人間」と「文化」の深い関わり合いを翻訳の問題点を踏まえて見て行きましょう。

(1) 現代でも通じる古代のメタファ

　言語を詳しく観察してみると、時代や文化を超えたある一定の枠組みに沿った表現が存在することに気づきます。ここでは、古代ヘブライ人と現代に生きる私たちの間においても類似した日常経験があることを確認し、そしてその経験が概念体系にどのように組み込まれているのかということを検討しながら『旧約聖書』の表現をメタファの観点から見て行きます。

「方向性」をいかに捉えているか

　「創世記」第1章には、神が混沌とした状態から「分ける」という手段を用いて秩序を創りだしている様相が述べられています。天地創造の第2日目には、次のような記述があります。

> And God said, Let there be a firmament in the midst of the waters[105]: and let it diuide (= devide) the waters from the waters. And God made the firmament; and diuided (= divided) the waters, which were vnder (= under) the firmament[106], from the waters, which were aboue (= above) the firmament: and it was so. And God called the firmament, Heauen (= heaven): and the euening (= evening) and the morning were the second day.
>
> 『欽定訳聖書』

105　waters はヘブライ語の「水」を意味する単語の複数形〈MYM〉(= mɑy:m)の訳。このヘブライ語の複数形の単語〈MYM〉は日本語でマイムと音訳され、『マイム・マイム』というフォークダンスの楽曲になっている。これは「イザヤ書」(12:3) の「あなたがたは喜んで救いの井戸の水〈MYM〉を汲む」の箇所を歌詞にした曲で、第2次大戦後に日本に入ってきた。
106　関係代名詞で前置詞句を名詞句と連結する表現が連続している。これは、名詞句を修飾する前置詞句は関係代名詞で名詞句と連結させることを一般的とするヘブライ語の文法の反映。

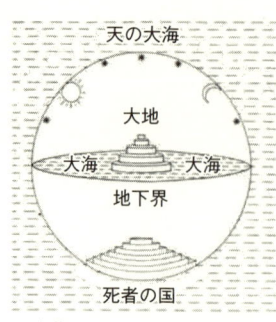

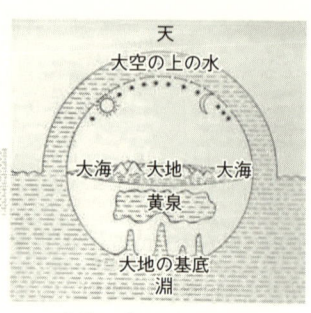

図表3-2 古代オリエント世界の宇宙

（図：古代バビロニア人の宇宙観／古代エジプト人の宇宙観／古代ヘブライ人の宇宙観）

そしてエロヒーム（神）が言った。水の真ん中に天空あれ、そして水と水を分けよ。エロヒームは大空を造り、大空の下の水と大空の上の水とを分けられた。そしてそのようになった。エロヒームは大空を天と呼ばれた。こうして夕があり、そして朝があった。二日目である。「創世記」(1:6-8)

ここで述べられている「水」について簡単に説明します。神が天地を創造する前は、すべてが水でした。その水の中に空間を造ったので、その空間は水に囲まれています。ここで注目したいのは、「上下」という空間概念が用いられていることです。ヘブライ人のこのような宇宙観は、彼らの祖先が体験したバビロニアやエジプトの宇宙観とつながりがあると言われています。それは上の図を見ると納得できます[107]。

私たち人間は、生まれながらに重力が支配する世界に身を置いているので、「物を落とす」という経験をします。また、人間に限らず広く生物は、気持ちが沈んだときには頭を垂れうつむいた姿勢になり、ときに腰をかけたり倒れたり、病を患うとついには床に伏すようになります。重力に抗するエ

---

[107] Jones, C.M. 1971. *The Cambridge Bible Commentary on the New English Bible: Old Testament Illustrations*（Cambridge: CUP. Pp. 26-27）参照。古代バビロニア人の宇宙観の各名称は次の英語の訳：天の大海 = Heavenly ocean、大地 = Earth、大海 = Sea、地下界 = Underworld、死者の国 = Kingdom of the dead。古代エジプト人の宇宙観の各名称：天 = Heaven、大地 = Earth、原始の海 = Primordial waters、黄泉 = Abode of the dead、対極の天 = Counterheaven。ヘブライ人の宇宙観の各名称については脚注51を参照。

ネルギーを失った状態です。この究極的な状況は「死」でしょう。聖書には「下」が「死」を暗示するメタファとして「砂を噛む」という表現があります。

  and his enemies shall licke (= lick) the <u>dust</u>.[108]   『欽定訳聖書』
  そして彼の敵は<u>砂</u>を噛む   「詩編」(72:9)

 戦いに敗れた人はうつ伏せに地に倒れます。その光景があたかも砂を噛んでいるように見えたことから生まれた表現です。体調や心理状態が悪化すると姿勢が下の方向へ向いていくという身体的な経験を繰り返し体験すると、「下」に対して「好ましくないこと」というイメージを抱くようになり、概念体系の中に「悪いことは下」BAD IS DOWN という概念メタファが私たちの中に根を降ろすこととなります[109]。
 次の一節を見てみましょう。

  Cain was very wroth,
  and *his countenance*[110] *fell*.   『欽定訳聖書』
  カインに激しい怒りがこみ上げた。
  そして彼の顔は下を向いた。   「創世記」(4:5)

 and で結ばれた二つの文は、平行体[111]と呼ばれる修辞法で、両文はともに類似した概念を表しています。聖書において平行体は、物語を展開させるパターンとして頻出しています[112]。his countenance fell は、カインが「不満に

---

108 『欽定訳聖書』の訳にある dust は原典の 〈ʿPR〉 (/ˈɑːfɑːr/) で、その意味は「乾いた細かい砂」。この単語は、「創世記」(2:7) で神が人を造った「砂」と同じ単語。この「砂」は英訳聖書では dust と訳されている。『聖書新共同訳』では「塵」と訳出。
109 Lakoff, G. and M. Johnson. 1980. *Metaphors We Live By*. Chicago: The University of Chicago. p. 16.
110 ヘブライ語は 〈PNH〉 (/pɑːneh/) =「顔」の複数形。ヘブライ語では「顔」はいつも複数形 〈PNYM〉 (/pɑːnyːm/) で使用。
111 parallelism.
112 橋本功. 1998. 『聖書の英語――旧約原典からみた』. 英潮社. pp. 227-234.

思っている」という心理状態を表していますが、fell という空間概念を表す語がメタファ的思考を介してマイナスの感情を表現するために用いられています。カインの怒りの矛先は神であるために、あからさまに抵抗することができずに塞ぎ込んでいる感情が his countenance fell で表現されています。anger のような直接的な表現からは得られない、具体的なイメージを喚起させるメタファを用いることで効果的に状況を演出しています。

　一方、喜ばしいことに対しては、姿勢は上向き、行動が活発になる傾向があります。つまり「上」は「好ましいこと」という方向のイメージを立ち上げます。重力をものともしないエネルギーに満ち溢れている状態です。このような経験は、「良いことは上」GOOD IS UP というイメージを心的に構造化させています[113]。

> if I be righteous,
> yet will I not lift vp（＝up）my head：
> I am full of confusion　　　　　　　　　　　　　　『欽定訳聖書』
> 私は正しくても
> 頭を上げることができず、
> 屈辱に満ちている。　　　　　　　　　　　　　「ヨブ記」(10:15)

　上の例のように、聖書には「上を向かない」という表現がありますが、これは困惑で胸いっぱいになっている様子を描いており、プラスの方向にことが転じない様相を暗示しています。

---

[113] Lakoff, G. and M. Johnson. 1980. *Metaphors We Live By*. Chicago: The University of Chicago Press. p. 16.
[114] almighty はヘブライ語の〈ŠDY〉(/ʃaday/) の訳。これが音訳されて Shaddai という英語になっている。このヘブライ語は「神」〈'L〉(/'e:l/) と一緒に使用されることが多い (「創世記」17:1, 28:3、「出エジプト記」6:3, etc.)。日本語には「エル・シャダイ」(全知全能の神) と音訳されている。

shalt（＝shall）thou（＝you）haue（＝have）thy（＝your）delight in the Almightie（＝Almighty）[114],
and shalt lift vp（＝up）thy（＝your）face vnto（＝unto）God.

『欽定訳聖書』

全能者にあなたは喜びを見、
そしてあなたはエロヒーム（神）にあなたの顔を上げる。

「ヨブ記」（22:26）

　神に顔を向けるという箇所は、上記の概念メタファからプラスの感情を示す表現であると解釈することができます。いつの時代でも、どの文化であっても、言語を用いる主体は書き手であれ読み手であれ人間であることに揺らぎはなく、人間であるかぎり共有していると考えられる、身体的な経験に由来する方向性のメタファには広く普遍性が観察されます。「上下」に関して言うと、それは「地」や「空」の存在から明白なように、そもそも両者は混在のしようもない絶対的な方向であるということも普遍性に一役買っています。事実、視点の取り方によっては可変性を孕む「左右」は、相対的な方向であるために概念化に際して言語によって異なった捉え方がなされています。これについては後ほど詳しく考察します。

身体に基づく「内」と「外」

　次に「内」と「外」に関わる表現を取り上げます。私たち人間は、皮膚という境界線を境にして自らの内と外を区別しています。日本語でも英語でも「秘密」にまつわるイディオム表現を詳しく見ると、人間が自分自身の身体を「容器」と捉えていることがよく分かります。たとえば次の表現を考えてみましょう。

「秘密を口外する」
「秘密を漏洩する」

「人の口に戸は立てられぬ」
「口にチャックをする」
「貝になる」
「口を割る」

「秘密を口外する」、「秘密を漏洩する」、「人の口に戸は立てられぬ」とは秘密を口から人の外へ出すことであり、逆に「口にチャックをする」、「貝になる」は秘密が人の中から外へ出ることを塞ぎ止めるイメージを喚起させます。「貝」は、上下の貝殻が上下の唇に見立てられることで「口」のメタファとして用いられています。また、貝が敵から身を守るために上下の殻を堅く閉ざしたり、また火にかけてもなかなか口を開かなかったりする側面が「口を割る」あるいは「口を割らない」という秘密に関わる表現を作り出しています。英語では秘密を漏らすことを次のように言います。

  spill the beans　　　　　（容器の中から豆をこぼす）
  let the cat out of the bag　（隠していた猫が誤って袋の中から出てしまう）

逆に秘密を守ることを意味する代表的な表現は以下のとおりです。

  button someone's lips　　（両唇にボタンをかける）
  be as close as an oyster　（牡蠣のように口を閉じる）

上記に関連して、「喉まで出かかっている」は次のように表現されます。

  be on the tip of someone's tongue　（舌の先に乗っている）

この表現は、まだ身体という空間内に秘密が留まっているために漏洩はされていないことを表します。いずれも、人間の内と外、すなわち自分と他人

の区別がしっかりとなされているがゆえに可能な表現と言えるでしょう。

　この「内」と「外」に関して、私たちはほかにもさまざまな経験を蓄積しています。身体の表面を衣服で覆うことで寒暖の調節をしたり、雨が降れば軒の内側に入って雨宿りをすることにより濡れるのを防いだり、また大切なものは金庫などの内側に収納して保管したりと枚挙に暇がありません。このことから「内」に対しては「安全」や「保護」、「外」に対しては「危険」や「危機」というイメージを喚起させるようになります。

図表3-3　パレスチナで観察される鷲[115]

Ye（＝You） haue seene（＝have seen） what I did vnto（＝unto） the Egyptians, and how I bare you on Eagles（＝Eagles'） wings, and brought you vnto my selfe（＝myself）.　　　　　　　　　　　　　　　　　『欽定訳聖書』

あなたがたは、私がミツライーム[116]（エジプト）の人びとにしたこと、そして、私があなたがたを鷲（複数形）の翼（複数形）に乗せて、私のもとに連れてきたことを知っている。　　　　　　　　　　「出エジプト記」（19:4）

115　Smith, W. 1863.『聖書植物大辞典』. 藤本時男編訳. 2006. 図書刊行会. p. 25.
116　聖書ではエジプトはこのように表現されている。

「あなたがた」とはここでは「イスラエルの民」のことです。『旧約聖書』に登場する「鷲[117]」自体は、飛ぶ速さ、雛を見守る気配りなどから、メタファ的思考を介して「民を導く神」とされています（「出エジプト記」19:4、「申命記」32:11）。「イスラエルの民を鷲の翼に乗せる」という表現は、「神に守られて導かれている」、すなわち民が保護されているようなイメージを喚起させます。次の「翼の陰」も内のイメージにより「保護」の意味で用いられています。

Keepe（＝keep）me as the apple of the eye[118]:
hide mee（＝me）vnder（＝under）the shadowe（＝shadow）of thy wings,
From the wicked that oppresse（＝oppress）me,
from my deadly enemies, who compasse（＝compass）me about.
　　　　　　　　　　　　　　　　　　　　　　　　　　　『欽定訳聖書』

目の中の娘（＝瞳）のように私を守ってください。
あなたの翼の陰に私を隠してください。
私を襲う悪者から
私をとり囲む人びとから。　　　　　　　　　　「詩編」（17:8）

Because thou hast bene（＝you have been）my helpe（＝help）; therefore in the shadow of thy（＝your）wings will I reioyce（＝rejoice）.　『欽定訳聖書』
あなたは私の助けとなられたので、
私はあなたの翼の陰で歓喜します。　　　　　　「詩編」（63:7）

　『旧約聖書』ではヘブライ語の「陰[119]」も、「保護」の喩えとしてしばしば登場します。

---

117 「鷲」＝〈NŠR〉（/neʃer/）.
118 「目の娘」apple of the eye の表現については「翻訳とメタファの変容」で詳述。
119 「陰」＝〈ṢL〉（/tsel/）

「暑さから（身を守るため）の陰」	「イザヤ書」（25:4）
「ヤハウエはあなたの陰」	「詩編」（121:5）

　パレスチナの夏は乾期であり、その暑さは厳しく、「内」である日陰は人を守るという重要な働きをします。そこから「保護」の意味を拡張させたものと考えられます。鷲が広げる翼の広さとそれが落とす陰が、夏の日の「日陰」と結びついて、「保護」の意味を読み込んだのでしょう。

さまざまな表情を演出する「手」

　次に「手」がどのように比喩的に利用されているのか見てみましょう。人間は、4足歩行から2本の足で立つように進化してきました。より高い位置から全体を見渡すことによって敵から身を守ることがより確実にできるようになりました。またより大きく重くなった脳をしっかり支えるためには2足歩行の方が理に適っていたようです。それは同時に両手を自由に利用することができるという利点ももたらしました。2足歩行になったことにより多くの作業で「手」を中心的に使うようになり、道具の利用が容易になったと考えられます。人間の活動は概して「手」を使って遂行されることが多いという事実により、「手」は認知的にきわめて際立つ、つまり身体部位の中でも注目されやすい場所です。

　この「手」という概念は、メトニミによって、「活動・作業」、「全体としての人」、「制御」などさまざまな意味に用いられることとなりました。たとえば「手を加える」は「（なんらかの）作業」を施すことです。「手」を用いた日本語と英語に共通する表現に次のものがあります。

「手を組む」	: join one's hand
「手を貸す」	: give a hand
「手が必要」	: need more hands
「手中に収めている」	: be in the hands

「掌で転がす」　　　：hold〜in the palm of one's hand

「手を組む」(join one's hand)は「活動」をするために協力関係を結ぶことを意味しています。「手を貸す」(give a hand)と「手が必要」(need more hands)は部分である「手」から全体である「人」そのものへと意味を滑らせていますのでメトニミが作用しています。さらに「手中に収めている」(be in the hands)や「掌で転がす」(hold 〜 in the palm of one's hand)は「制御」すなわちコントロールという感じを出しています。これは、「指先が器用である」といった表現からも読み取れるように、なんらかの作業をする際には手先で細かな調整を行うという経験的事実に由来するのではないでしょうか。

ヘブライ語の「手[120]」も実にさまざまに意味を拡張させています。このような「手」に関する概念化は、『旧約聖書』の多彩な表現を動機づけています。

> For the punishment of the iniquitie（＝iniquity）of the daughter of my people, is greater then（＝than）the punishment of the sinne（＝sin）of Sodom, that was ouerthrowen（＝overthrown）as in a moment, and no hands stayed on her.
> 『欽定訳聖書』
> 私の民の娘の罰は、手がそこで動くこともなく一瞬にして滅ぼされたソドムの罪よりも大きい。
> 「哀歌」(4:6)

「ソドム」は人々の堕落によって神に滅ぼされた町の名前です。この場合、ヘブライ語の「手」は「人間」を表しています。これも（部分と全体の）メトニミによる解釈で、英語でも We are short of hand.（手が足りない）のように使っています。

ヘブライ語の「手」が他の箇所で使用されている例を英訳と日本語訳で引用します。

---

[120]「手」＝ ⟨YD⟩（/yaːð/）.

「手」＝「支配」

into your *hand* are they deliuered（＝delivered）.　　　　『欽定訳聖書』

それら（地の獣、空の鳥、地に這うもの、海の魚）があなたがたの手に引き渡されます。（＝支配される）

「創世記」（9:2）

「手」＝「指揮」

Sixe（＝six), vnder（＝under）the handes（＝hands）of their father Ieduthum（＝Jeduthum),　　　　『欽定訳聖書』

6人は、その父エドトンの手にあった。（＝指揮下にあった）

「歴代誌 上」（25:3）

「手」＝「依存先」

And Dauid（＝David）left his cariage（＝carriage）in the *hand* of the keeper of the carriage,　　　　『欽定訳聖書』

ダヴィデは荷物を荷物番の手に残した。（＝預けた）

「サムエル記 上」（17:22）

「手」＝「委任」

Also Iehoiada（＝Jehoiada）appointed the offices of the house of the LORD by the *hand* of the priests the Leuites（＝Levites),　　　　『欽定訳聖書』

ヨヤダはまたヤハウェの神殿の家をレビ人[121]の祭司の手とした。（＝委ねた）

「歴代誌 下」（23:18）

　一つの語が、相互に関係のある複数の語義を持ち合わせている場合、それは多義語と呼ばれています[122]。多義語の語義は、核となる基本義からメタファ的な発想を介して別の意味へと派生しています。ヘブライ語の「手」が

121　ヤコブとレアの間に生まれた子レビを祖とする支族（「創世記」35:23）。
122　多義語＝polysemous words.

```
             ヘブライ語の「手」〈YD〉

  手                         「創世記」        (3:22)
  ペニス                      「イザヤ書」       (57:8)
  人                         「創世記」        (9:5)
  力、支配、コントロール           「出エジプト記」    (4:21)
  責任、監督、命令              「民数記」        (4:28)
  強さ、強制                   「民数記」        (20:20)
  勇気                        「サムエル記 下」   (4:1)
  手腕、器用、窃盗              「シラ書」         (41:19)
  贈り物                      「列王記 上」      (18:13)
  （門や道の）横               「サムエル記 上」   (4:18)
  側（そば）                   「サムエル記 上」   (19:3)
  ［複数形］部分、分割、時間     「創世記」        (47:24)
  モニュメント                  「サムエル記 上」   (15:12)
  柄（ほぞ）、留め金            「出エジプト記」    (26:17)
  車の車軸                     「列王記 上」      (7:32)
  支え                         「列王記 上」      (7:35)
  王座の肘掛け                 「列王記 上」      (10:19)
  容器の取手                   「サムエル記」     (45:9)
```

注）意味の順番は the Dictionary of Classical Hebrew[125] に基づく。

図表 3-4　ヘブライ語の「手」の意味拡張

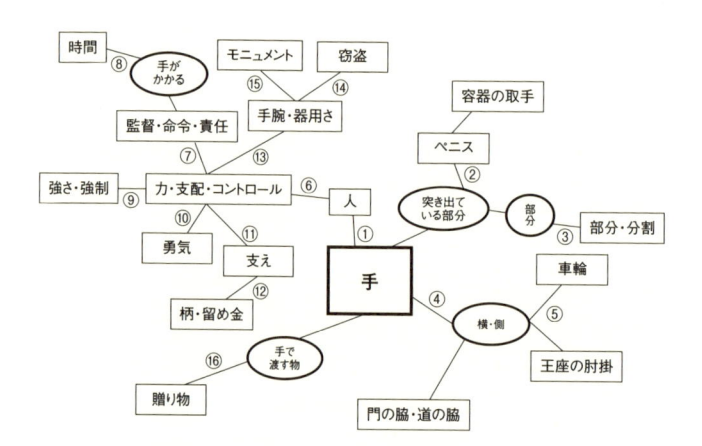

図表 3-5　ヘブライ語の「手」の意味ネットワーク

なぜこのような複数の語義を持つに至ったかは、今ではその大部分を推測に頼らざるをえません。ただ、基本義は身体の一部であるという点で、最も具体的で認識が容易な文字どおりの意味である「手」であることは間違いないでしょう。そこから以下のような派生をしたと考えられます。順に見ていきましょう。

図表3-4には「手」を意味するヘブライ語〈YD〉(/yɑːð/) の意味が列挙され、図表3-5には意味拡張を起こしたこの語の意味のネットワークが図示されています。言うまでもなく、現代に生きる者の目から想像した意味のネットワークです。

①基本義は「手」ですが、「部分でもって全体を表す」というメトニミによって「人」全体へと意味が拡張していると考えられます。人の身体構造を考えてみますと、身体の肩から左右へと出ている長い部分が「手」（この「手」自体、部分である「手」で「腕」全体を表すメトニミ）であり、②そのように突き出ている部分という共通のイメージから「ペニス」、「容器の取手」が、③さらに全体の中の一部分であることから「部分」、「分割」が出てきたと推測されます。④手は身体の左右、すなわち中心の脇に位置していることから「横」「側」というイメージも出てきたのでしょう。⑤車の両側に位置するものが「車輪」で、身体の横側に位置する肘を置く場が「王座の肘掛」です。初めに「手」から拡張された「人」という語義は、別の派生経路の起点になっているとも考えられます。『旧約聖書』では戦いを描く場面がありますが、戦いを行うのは人であり、そこには軍を⑥「支配」、「コントロール」して統率する人もいるはずです。その立場の人は⑦全体を「監督」し、適切な「命令」を出す「責任」があります。⑧場合によっては「手がかかる」こともあるでしょう。そこから「時間」という解釈を導きます。命令には⑨「強制」力が伴い、⑩命じるという決断には「勇気」が必要です。「統

123　Clines, D.J.A.（ed.）.1993-2007. *The Dictionary of Classical Hebrew*. Sheffield: Sheffield Academic Press.

制」や「支配」には秩序を維持するための⑪「支え」が不可欠ですが、この「支え」がメタファによって別の領域に写像されると⑫「柄」、「留め金」という解釈が導かれます。「支配」や「コントロール」には、民衆を巧みにまとめ上げるための⑬「手腕」も「器用」さも求められましょう。「器用」さは⑭「窃盗」や「モニュメント」作りにおいても目的を果たすためには重要です。⑯また、基本義の「手」からは、手で渡す物、すなわち「贈り物」という意味も出てきていると思われます。

　上記のような意味拡張に際しては、無理なくそれぞれの意味を導き出した文脈があったはずです。新たな意味は、繰り返し用いられることで人びとの概念の中にしっかりと刻み込まれると、それは文脈の支えを脱し、独立した語義と認められるようになります。それはまた文脈の中で新たな意味を創り出す種ともなります。

　ヘブライ語の「手」を意味する〈YD〉に⑬「モニュメント」の意味が語義として確立しているのは、おそらく「器用」という枝から「器用に作られたもの」という発想で育った意味だと思われます。

「人間」と「壺」の関係

　「手」の意味を見てきましたが、今度は「手」の上位概念である「身体」に目を向けてみましょう。私たち「人間」の身体は、時代や文化を問わず基本的な構造に相違がありません。古代の絵画に描かれた人間を見ても、また聖書をはじめとする多くの記録をみてもそれは疑いのない事実と言えるでしょう。私たちは、自身をどのように概念化しているのでしょうか。ここではその一端を見ていきます。

Is this man Coniah a despised broken idole（= idol）?
is（= Is）hee（= he）a vessell（= vessel）wherein is no pleasure?

『欽定訳聖書』

この人コニヤ[124]は卑しむべき、壊れた壺ですか。
何の楽しみも与えない器でしょうか。 「エレミヤ書」（22: 28）

2行の文は、原典では同一概念を繰り返す平行体を構成しています。vessel と idole、「壺」と「器」はヘブライ語の 〈'ṢB〉[125] と 〈KLY〉[126] の訳です。〈'ṢB〉は「陶器の壺」を指し、〈KLY〉は「入れ物」特に「木で作った壺」を指します。いずれも「容器」を表し、人間を指すメタファとして用いられています。「壺」と「人間」の間になんらかの類似性を見出せないとメタファは機能しませんが、壺のどのような側面が人間と関連づけられているのでしょうか。

〈壺〉	〈人間〉
木材や土などでできた1つの固体 ⇔	皮膚に覆われた1つの固体
物を収容できる固体 ⇔	能力や感情を秘めた固体

図表 3-6

「人間」も「壺」も「内」と「外」を併せ持つ一つの固体です。壺の内部に「物を収容する」という側面が、「能力や感情を内に秘める」存在である人間へと写像されており、言い換えると、「人間」も「壺」も「容器」に見立てられていると言えます。「容器」が「人間」を表すメタファとして用いられる例は、現代の日本語でも英語でもたびたび観察されます。

---

124 「コニヤ」は、バビロン王ネブカドネザルのユダヤ王国征服によってユダヤ王国が滅亡したが、そのときのユダヤ王国最後の王。
125 「壺」=〈'ṢB〉（/'etsev/）.
126 「器」=〈KLY〉（/kəly:/）.

> [日本語の表現]
> 　器の小さい人
> 　弱き器
> 　このことは自分の中にしまっておく
> 　素晴らしい能力を秘めた人
>
> [英語の表現]
> 　a weak vessel　　　　　　　　　　＝弱き器、頼りにならない人
> 　a leaky vessel　　　　　　　　　　＝秘密を守れない人
> 　a chosen vessel　　　　　　　　　＝選ばれし者
> 　the vessels of wrath　　　　　　　＝怒りの器　神の怒りにあうべき人
> 　empty vessels make the most sound.　＝頭が空な人ほどよくしゃべる

図表 3-7

　人間を容器に見立てるこの解釈は、ある程度普遍性があるように思われます。事実、後に見るように聖書においては人間を容器の観点から概念化していることが如実に表れている表現がたくさんあります。しかしながら、その「容器」をどのような具体的な物で表現するかは、文化的な要素に大きく影響されます。つまり、根本的な把握の仕方は共有していても、それを実際の言語表現として実現させる段階で文化という要素が顔を出してくるということになります。次に文化的な色彩が強い表現を見ていきましょう。

(2) 現代では通じない古代のメタファ

　一般に言語表現は経験映像的な性格を持ち合わせています。なんらかの事柄を言葉で表現する際に、脳裡にはそれを表すイメージが立ち上がり、記憶

127　菅原俊也. 1987.『英語言語研究序説――語の認識の可能性と多様性』. 三修社. p.52.

に貯蔵されている経験に基づくイメージと「照らし合わせ」の作業を行い、それを基にして表現は組み立てられ生み出されていきます。このようなプロセスを経ない表現は単なる「記号同士の符号化」にすぎず、聞き手あるいは読み手に訴えかけるような心に響く表現にはなりえません[127]。このイメージとは、経験的に蓄積された知識の総体、すなわち文化的な要素を多分に内包した背景知識のことであり、聖書を読み解く際には越えなければならない大きな壁と言えましょう。本書の中心的テーマである『旧約聖書』のメタファ表現の中には、たとえば古代パレスチナの自然に関する知識がなければ理解できないものがあります。以下では、文化的要素が深く関わるため、そのままでは現代においては通じない表現を取り上げ、『旧約聖書』の世界観に迫っていきたいと思います。「現代では通じない」というのは、現代の日本に暮らす私たちにとっては通常持ち合わせていない背景知識が解釈に際し必要になるという意味です。

「アーモンド」の意味づけ

「アーモンド」は、冬の1月下旬から2月初旬に芽を吹き、他の植物に先駆けて花をつけ、実を結びます。厳しいパレスチナの冬にあって、アーモンドは耐寒しながらも生育しており、その鮮やかで美しいピンク色の花の開花は、新たな季節の到来を知らせる歓喜の瞬間だったのでしょう。アーモンドはヘブライ語で〈ŠQD〉[128] と言います。この語は「目覚める」という意味を表す動詞から派生した

図表3-8 アーモンドの枝葉と花[129]

---

128 「アーモンド」= <ŠQD> (/ʃɑːqeːð/).
129 Smith, W. 1863.『聖書植物大辞典』. 藤本時男編訳. 2006. 図書刊行会. p. 25.

名詞です。語源からから見ても、アーモンドには古代パレスチナの人びとの思いが込められていることがわかります。

　アーモンドの実はこの地方の名産であり、貴重な食料の一つでした。パレスチナ地方に飢饉が起こり、エジプトに食料を求めに行かなければならなくなったとき、エジプトへのお土産として、貴重な乳香や蜜などとともに、ピスタチオとアーモンドの実を持って行きました（「創世記」43: 11）。このように、アーモンドの実はとても貴重なものと捉えられていましたが、その花も「冬の終わりを告げる花」として、人びとの注目を集める存在でした。また、他の植物よりも早く実を結ぶことから「約束などの早い成就」、「神の約束のすばやい実現」へと意味を拡張させています。このメタファは以下のように使用されています。

　　　Ieremiah（=Jeremiah), what seest thou?（= What do you see）?
　　　And I said, I see a rode（= rod）of an almond tree.　　　『欽定訳聖書』
　　　エレミヤよ、何が見えるか。
　　　私は答えた。アーモンドの枝が見えます。　　　「エレミヤ書」（1:11）

　文中の「アーモンドの枝」は「神の言葉が早く成就される」の意味で使用されています。私たちは、どの時代にどこで暮らそうとも「植物」に関する基本的な知識は持ち合わせています。

　身近な経験として、種を播くと、水と太陽光を吸収しながらそれは芽を出し、鮮やかな色彩を奏でた葉をつけるとともに枝を伸ばしていきますが、たわわな実をつける時期を境にして、やがて萎れ朽ち果てていきます。花が咲き、果実を実らせる時期が最盛の時と解されるのは、私たち人間にとってその花や果実の存在が、目を楽しませてくれたり、新しい季節の到来を知らせてくれたり、さらには、食という観点から直接恩恵を受けたりするという経験から意味づけされたのだと推測されます。このように幅広く共通して体験される普遍的な側面に、文化という要素が注ぎ込まれると、そこには独自の

概念で構成される言語表現が生み出されることとなります。事実、私たち日本に暮らす者にとって「冬の終わりを告げる花」と言えばそれは「桜」でしょう。開花予想に見られるように、桜ほどその成長過程が注目される花は日本で他にはないのではないでしょうか。それだけ冬の終わりと関連づけて捉えられているということだと思います。

古代ヘブライ人と動植物

古代ヘブライ人は、厳しいパレスチナの原野で自然と共存しながら、強くそしてたくましく生きていました。その姿は野生の動物や原野の植物に喩えられています。登場人物はイスラエルの12支族を築いた12人のうちの6人です。

ユダ[130]は獅子(しし)の子。 「創世記」(49:9)
イサカル[131]は骨太(ほねぶと)のロバ 「創世記」(49:14)
ダン[132]は、道端(みちばた)の蛇(へび)
小道のほとりに潜(ひそ)む蝮(まむし)。 「創世記」(49:17)
ナフタリ[133]は解(と)き放たれた牝鹿(めじか)
美しい子鹿(こじか)を産(う)む。 「創世記」(49:21)
ヨセフ[134]は実(み)を結(むす)ぶ若木(わかぎ)
泉(いずみ)のほとりの実(み)を結(むす)ぶ若木(わかぎ)。
その枝(えだ)は石垣(いしがき)を越(こ)えて伸(の)びる。 「創世記」(49:22)
ベンヤミン[135]はかみ裂(さ)く狼(おおかみ)
朝(あさ)には獲物(えもの)に食(く)らいつき

---

130 ヤコブとレアの第4子(「創世記」29:35)ユダ部族の始祖。イスラエル統一国家分裂後の王国の名前となる。
131 ヤコブとレアの第5子。
132 ヤコブとビルハの子。
133 ヤコブとビルハの子。
134 ヤコブとラケルの子。
135 ヤコブとラケルの末子。ベンジャミンの音訳もある。

夕(ゆう)には奪(うば)ったものを分(わ)け合(あ)う。　　　　　「創世記」(49:27)
　　　　　　　　　　　　　　　　　　　　　　　　　『聖書 新共同訳』

　獅子やロバや狼のような力強さの象徴とも言える動物と関連づけられていたり、また「小鹿を生む」や「実を結ぶ若木」のように種の繁栄をイメージさせたりする表現で描写されています。古代のパレスチナで生きる人びとを裁くヤコブの子ダンに関わる一節「ダンは道ばたの蛇、小道の蝮」では、蛇と蝮が類似の意味を持つ存在として繰り返されています。これも「平行体」と呼ばれる修辞法で、ヘブライ語聖書で頻繁に用いられます。蛇と蝮はヘブライ語の〈NḤŠ〉[136]と〈ŠPYPN〉[137]の訳です。前者はエデンの園の物語でイヴを誘惑するヘビとして登場します。後者はヘビが出す音から生まれた擬声語と言われています[138]。これらの単語は必ずしも日本語の蛇と蝮に当たるものではありません。便宜的な日本語訳です。両単語に共通する意味は蛇です。蛇は道端や茂みに身を隠しながらじっと耐え、時機が到来したら躊躇せずに、悠々と大地を駆け回る馬の足元に一瞬にして噛みつき、相手を倒します。小が大を制するがごとく、蛇のこのような忍耐と強靭な側面が、大自然を相手に力強く生きていた古代パレスチナの人びとに投影されています。このメタファは、身体を支える重要な部位であると同時に、視覚的に死角となる「かかと」を襲うという文脈で機能しています。大自然という強敵に打ち勝つために古代パレスチナの人びとがいかにして知恵を凝らし、巧みに生き抜いていたかということを鮮烈に表現しています。また、「ヨセフは泉のほとりで実を結ぶ若木」の「実を結ぶ若木」は、支族の繁栄をたわわな果実を実らせる樹木という観点から描き出されたメタファです。風雨にも耐えしのぐことができるほど深い根を張りながら、天に向かって伸びていく「若木」

---

136 「蛇」=〈NḤŠ〉(/nɑːχaːʃ/) の訳。「創世記」(3:1-7) で神が食べることを禁じた木の実をイヴに食べさせた「蛇」と同じ単語。
137 「蝮」=〈ŠPYPN〉(/ʃəfyːfoːn/) の訳。
138 Kochler, L. and W. Baumgartner. 1967. *The Hebrew and Aramaic Lexicon of the Old Testament.* (trans. and ed.) M.E.J. Richardson. Leiden: E.J. Brill.

と表現することにより、人々の生命力と無限に拡がる可能性をいきいきと喚起させています。樹木が長年にわたって勇壮に身を誇示するがごとく、一族の繁栄という思いも込められていると言えましょう。これは、現代の私たちの知識でも理解はできるようにも思いますが、これらの表現を真に理解するためには、古代パレスチナの荒野についての適切なイメージがないと、想像を絶するくらい厳しい大自然を相手に生活していた古代パレスチナ人のたくましさを十分には理解できないでしょう。

カインとアベル

　次に、人物自身でその人物に関わる事柄を表現している場面を見てみましょう。固有名詞は、それに関連する代表的な特徴に意味をスライドさせることがあります。これはメトニミによる解釈で実現されており、聖書においては実に多くの場面で観察されます。

> Cain[139] brought of[140] the fruite（= fruit）of the ground, an offering vnto（= unto）the LORD. And Abel[141], he also brought of [142]the firstlings of his flocke（= flock）, and of the fat thereof:
> 『欽定訳聖書』
>
> カインはヤハウェ（神）へのお供え物として大地の実りを持って来た。アベルもまた、羊の群れの中から肥えた初子（ういご）を持ってきた。
> 「創世記」（4:3-4）

139　カイン：アダムとイヴの長男。ヘブライ語名は〈QYN〉(/qɑy:n/)。名前の由来について「創世記」(4:1) は「私が神から得たから」と説明している。「私が得た」のヘブライ語は〈QNY TY〉(qɑ:ni:θi:) なので〈QYN〉と名づけた。これは民間語源に基づくもの。Koehler, L. and W. Baumgartner (1967) 参照。
140　部分を表すヘブライ語の前置詞の直訳。some of が適切な訳。
141　アベル：アダムとイヴの次男。ヘブライ語名は〈HBL〉(/hevel/)。「呼吸」、「蒸気」、「無意味なもの」を意味する語から派生した語。
142　of = some of. 脚注 140 参照。

「創世記」第4章にはアダムとイヴの長男カインと次男アベルの物語があります。兄のカインは土を耕す者となり、弟アベルは羊を飼う者となりました。神は2人に供え物を命じました。カインは大地の産物を供え、アベルは羊の初子の中でも肥えたものを供え物としました。これにより、カインは「農耕民族」であることを、そしてアベルは「牧畜民族」であることを意味するようになりました。

| カイン＝農作物を供える人 | ⇒ | 農耕民族全体を表す |
| アベル＝羊を供える人 | ⇒ | 牧畜民族全体を表す |

図表3-9

神はアベルの供え物は受け取りましたが、カインの供え物は受け取りませんでした。そのときカインが心の中で憤った様子は次のように表現されています。

 But vnto（＝unto）Cain, and to[143] his offring（＝offering）he had not respect:
 and Cain was very wroth,
 and his countenance fell.   『欽定訳聖書』

（ヤハウェは）カインとその供え物には目を向けなかった。
そしてカインに激しい怒りがこみ上げた。
そして彼の顔は下を向いた。   「創世記」（4:5）

これは先に「方向性」を表す例として示した一節です。怒りの矛先が神であるために、あからさまに不満を表明するのではなく、「顔を伏せる」という「下」の方向を用いて好ましくない状況を暗示するとともに、その様子か

---

[143] 原典では vnto（＝unto）も to も方向を表す同じ前置詞。ヘブライ語では同一の前置詞を反復するのが一般的。

ら感情を必死に押し殺そうとしている心の内を読み取ることができる場面です。カインとアベルがそれぞれ農耕民族と牧畜民族を指し示すということが、『旧約聖書』において十分に確立されていることを示す一節を見てみましょう。

> And Cain talked with Abel his brother: and it came to passe（= pass）[144] when they were in the field, that Cain rose vp（= up）against Abel his brother, and slew him.　　　　　　　　　　　　　　　　　　　　　　　　『欽定訳聖書』
> カインは兄弟アベルに声をかけた。そして二人が野にいたとき、カインは兄弟アベルに立ち向かい、アベルを殺した。　　　　　　「創世記」(4:8)

カインがアベルを殺した場面です。殺された人の身体機能は停止し、最後には地に伏すという状態をもたらします。メトニミの作用によりカインは農耕民族を、アベルは牧畜民族を総称的に示すだけではなく、ここでは農耕文化が牧畜文化を駆逐し、農耕民が牧畜民よりも勢力を得たということを、「カインという人がアベルという人を殺す」という力ずくでの強い働きかけを想起させる表現によってメタファ的に描かれています。

カインがアベルを殺害	⇒	農耕文化が牧畜文化を駆逐
	⇒	農耕民族が牧畜民族よりも勢力を拡大

図表 3-10

---

144 it came to passe は直後に「時の副詞句」が来ることを合図するヘブライ語虚辞表現の訳。「虚辞表現」はそれ自体に意味を持たない表現のこと。原典の構造は「and-it-was +「時の副詞」+ and + 節」。このヘブライ語表現に (and) it comes to pass that ... という訳を最初に与えたのは W. ティンダル。この訳から it comes to pass (that ...) の構文が生まれた。ヘブライ語の虚辞表現が有意味な表現として英訳されたことになる。

「神」・「天恵」・「権力」をいかに表現するか

『旧約聖書』の神は絶対的な存在であり、神の言葉には絶大な力が宿っていると考えられていました。それを描いている聖書は、当然のことながら畏敬の念を払われながらこれまで伝承されてきました。神聖な対象は、いわゆる禁忌（タブー）の存在であるとされています。そのために婉曲的な表現が多く生み出されることとなりました。

  O Lord, my rock[145]
  and my redeemer!   *The New English Bible*
  ああ、ヤハウェ　わが岩
  そしてわが救い主！   「詩編」（19:14）

「創世記」の冒頭には、天地創造のプロセスとして神が混沌の状態から秩序を創り出している様子が描かれています。この世の万事は神によって提供されているという見方は次のような英語表現に垣間見ることができます。

  God knows   （神のみぞ知る）
  by the will of God   （神のご意志で）
  see the hand [or the finger] of God in… （…を神様のおかげと信じる）

そこには、神を強靭な存在と見る思想が色濃く反映されていると言っていいでしょう。上に引用した文中のrock（大岩）には「近寄りがたい絶壁」、「敵からの隠れ場所」、「永続性」、「力強さ」が認識されていたようであり、上記の一節では、このイメージが神へと写像されることによって、rockがredeemer（罪の償いをする贖い主）やGodと類義の語となっています。

---

[145] rockはヘブライ語の単語ṢWR（/tsu:r/）の訳。この単語の基本の意味は「岩」。そこから「保護としての岩」「安全」「逃げ場」などに意味を拡張（Koehler, L. and W. Baumgartner. 1996. *The Hebrew and Aramaic Lexicon of the Old Testament*. Leiden: E.J. Brill. Voll. III.）。

> Thou (= You)... withheldest (= withheld) not thy (= your) *Manna* from their mouth, and gauest (= give) them water for their thirst. 『欽定訳聖書』
> あなたはあなたのマンナ[146]を彼らの口から取り上げることなく、そして喉が渇いたときは彼らに水を与えられた。 「ネヘミヤ記」(9:20)

manna は現代の英語辞書にも記載されている語彙で、「天の恵み」や「棚ぼた」などと訳されています。『旧約聖書』を知ると、現代英語の語やイディオム表現の理解を促進すると言われています。それは『旧約聖書』に起源を置く語彙が広く現代にも受け継がれているためです。

manna の起源については、「出エジプト記」に記述されている物語、すなわち、イスラエル民族がモーセに導かれ海を渡ってエジプトから脱出した後、シナイ半島の荒野で飢餓に瀕したときに起こった物語を基に説明します[147]。

> 露が消えると、荒野の表面に、薄い柔らかいウエハス[148]のようなもの、地に結ぶ薄い霜のようなものがあった。イスラエルの人びとはそれを見て互に言った、「それは何だろう。」彼らはそれが何であるのか知らなかったからである。モーセは、「これはあなたがたが食べるためにヤハウェが与えたパンである」と彼らに言った。 「出エジプト記」(16:14-15)

「それは何だろう」に対応するヘブライ語は以下です。

---

146 マンナ = 〈MN〉(/mɑːn/)。日本語で「マナ」とも呼ばれている。
147 manna の起源については語源学上以下の3種類の説がある。
　1. 古代エジプト語起源の「樹液」を意味する mann に由来
　2. アラブ語の「霜」を意味する minn に由来
　3. アモリ語またはアラム語起源の疑問詞に由来
本書での説明は3番目の説に属す。「アモリ語」は、ヘブライ語が属するセム語族の中の1言語。アモリ人は、『旧約聖書』では古代パレスチナの先住民の総称として用いられている(「ヨシュア記」5:1)。彼らが話す言語がアモリ語。「アラム語」もセム語族の中の1言語。アラム語は今でもレバノンの方言として残っている。「何」に対するアモリ語の疑問詞は mana (= what) である。
148 「ウエハス」はヘブライ語の 〈ṢPYḤT〉(/ʂpyːħiθ/) の訳。英訳は wafers が一般的。『聖書 新共同訳』の訳は「ウェファース」。Koehler, L. and W. Baumgartner (1967) によると flat pastry.

〈MN HWʻ〉 /mɑːn huʻ/ 「出エジプト記」(16:15)

〈MN〉は疑問詞で、〈HWʻ〉は代名詞です。この文には英語のbe動詞に相当する連結詞がありません。ヘブライ語には英語のbe動詞に相当する連結詞はありますが、一般的には使われず、存在や完了・未完了を強調するときのみ使用されます。「出エジプト記」16章15節の記述の後では、疑問詞〈MN〉は意味を拡張させ、「主が与えてくれたパン」、「神が与えてくれた恵みの食物」、「荒野で食べたパン」を意味する名詞としても使用されています（「出エジプト記」16:31、「民数記」11:6-7）。

> 理解しなさい。ヤハウェ（神）はお前達に安息日を与えたことを。それゆえに、6日目に彼は2日分のパン〈LḤM〉をお前達に与えました。7日目にはそれぞれが自分の所に留まり、その場所から出てはならない。そして民は7日目に安息に入った。イスラエルの家（人びと[149]）はその名前を〈MN〉と名づけた。それは〈GD〉[150]の種のようで、白かった。蜜を塗った薄いウエハスのようであった。　　　　　　　　　　　「出エジプト記」(16:29-31)

このヘブライ語の疑問詞 /mɑːn/ が、ギリシア語訳聖書『七十人訳聖書（セプトゥアギンダ）』では man と音訳されました。『新約聖書』のギリシア語ではそれとは少し異なり、manna と音訳されました。『新約聖書』における音訳の方がラテン語訳聖書を経由して英語に入り、manna になりました。manna が英語に入った経路を示す表（図表3-11）を見てください。「それは何か」を表すヘブライ語文〈MN HWʻ〉の音訳 man hu がラテン語を経由して古英語訳聖書と中英語訳聖書にまで現れています。

149　ヘブライ語の「家」〈BYT〉(/beyːθ/) の意味は多義語：「家」、「家族」、「宮殿」、「神殿」、「入れ物」、「内装」、「同じ家族や社会に居る人びと」、「王朝」、「父系家族」(Koehler, L. and W. Baumgartner, 1967)。
150　〈LḤM〉(/leḥem/)。麦粉をこねて灰の中で焼いたパン。
151　この単語から生化学用語 mannan =マンナンが派生している。

mannaは、荒野でさ迷ったイスラエル民族を神が救った象徴となり、「思いがけずに手に入ったありがたいもの」という解釈により、「天の恵み」や「棚ぼた」という意味が定着したと考えられます。manna[151]という語によって「神の加護」、「神の力で守ってもらえること」を表現しているのです。mannaは一般的な語になり、日本を含めた多くの国でお菓子の名前としてもしばしば使用されています。

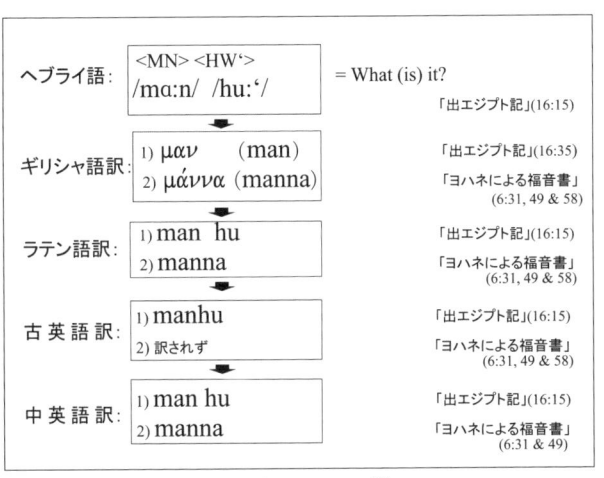

ヘブライ語：	<MN> <HW'> /mɑːn/ /huːʻ/	= What (is) it?	「出エジプト記」(16:15)
ギリシャ語訳：	1) μαν (man) 2) μάννα (manna)		「出エジプト記」(16:35) 「ヨハネによる福音書」(6:31, 49 & 58)
ラテン語訳：	1) man hu 2) manna		「出エジプト記」(16:15) 「ヨハネによる福音書」(6:31, 49 & 58)
古英語訳：	1) manhu 2) 訳されず		「出エジプト記」(16:15) 「ヨハネによる福音書」(6:31, 49 & 58)
中英語訳：	1) man hu 2) manna		「出エジプト記」(16:15) 「ヨハネによる福音書」(6:31 & 49)

図表3-11　ヘブライ語mannaが英語に入るまで[152]

「男の生殖器」と「誓い」

次に、古代パレスチナ地方で行われた誓いの儀式を描写した一節を見てみましょう。

152　古英語訳：旧約 = *The Old English Version of The Heptateuch*. EETS. OS. 160.（1922.（repr.）1969）(ed.) S.J. Crawford. London: O.U.P.
　　　　　　新約 = The West-Saxon Gospels = *The West-Saxon Gospels: a study of the Gospel of St. Matthew with text of the Four Gospels*. (ed.) M.Grümberg
　　　中英語訳：旧約 = ウイックリフ訳聖書. *MS. Bodley 959: Genesis - Baruch 3.30 in the earlier version of the Wycliffite Bible*. 5 vols.（1959-1969）(ed.) C. Lindberg. Stockholm: Almqvist and Wiksell.
　　　　　　新約 = Early Wycliffite Bible.

> イスラエルの死期が近づいたとき、彼は息子のヨゼフを呼び、言った。も
> しもおまえが願いを聞いてくれるなら、お願いだから、<u>おまえの手を私の
> 腿（もも）の下に置いておくれ</u>。心を込めてそして誠実に私をもてなして
> おくれ。お願いだから私をミツライーム（エジプト）に埋めないでおくれ。
> 「創世記」(47:29)

「腿」はヘブライ語の〈YRK〉[153]の訳です。このヘブライ語は、「腿」、「股関節」、「生殖器・恥部」の意味を持っています。上の引用の場合、ヘブライ語辞書は「生殖器・恥部」と解釈しています[154]。「生殖器〈YRK〉の下に手を置く」という儀式ですが、これは「子々孫々に誓う」という意味を担っています。個々の語の意味を足し合わせても推測しえない解釈でしょう。このような場合、語と語の隙間を埋め合わせ、適切な解釈へと誘導してくれるのは百科事典的な背景知識です。この一節は、誓いを立てる者が誓いを求める男性の生殖器、すなわち一族が生まれ出てくる起点となる部分に手を置くことによって、「子々孫々に誓約」したという儀式に由来しています[155]。視覚的に捉えられる「生殖器の下に手を置く」という行為そのものを描くことによって、メトニミ的な解釈が働き、より抽象的な行為の意味を示している箇所です。

「ソドム」と「ゴモラ」

次も『旧約聖書』の背景知識が要求される例です。神の逆鱗（げきりん）に触れ、民とその町が破滅へと追い込まれた場面です。

---

153 〈YRK〉(/yɑːreːx/).
154 たとえば、Koehler, L. and W. Baumgartner. 1987. *The Hebrew and Aramaic Lexicon of the Old Testament for Readers of English*. (trans. and ed.) M.E.J. Richardson. New York: Macmillan.
155 Davidson, R. 1988. *The Cambridge Bible Commentary on the New English Bible: Genesis 12-50*. Cambridge: CUP. p. 110.

Heare（=Hear）the word of the Lord, ye（= you）rulers of Sodom, giue（=give）eare（=ear）vnto（=unto）the Law of our God, yee（=you）people of Gomorrah.　　　　　　　　　　　　　　『欽定訳聖書』

ソドムの支配者よ、ヤハウェ（神）の言葉を聞け。
ゴモラの民よ、エロヒーム（神）の掟に耳を傾けよ。　「イザヤ書」（1:10）

　これは、ソドムやゴモラの支配者と民に向かって言っているのではなく、エルサレムの支配者やイスラエルの民に呼びかけている場面です。なぜエルサレムとは関係のない都市の名前が出てきたのでしょうか。ソドムとゴモラは『旧約聖書』に登場する古代都市の名前です。これらは、住民の邪悪さ故に神に滅ぼされた都市です。そのために、ソドムとゴモラは「犯罪都市」、「邪悪な者や堕落者が住む町」を意味する普通名詞にもなりました。上に引用した「ソドム」と「ゴモラ」という都市は「邪悪な町」を意味する普通名詞として使われています。第2部で述べたように、「ウォール街（の人びと）」と言えば、そこには金融関係の会社が多いことから「金融業界（の人びと）」を表します。これはウォール街という場所とそこに位置する金融関係企業（およびその関係者）が空間的な近接関係にあるという事実に基づいて機能しているメトニミです。ソドムとゴモラにも同様のメカニズムが働いています。

　ソドムとゴモラは、そこに住む人々の邪悪な心が原因で堕落したので神に滅ぼされました。神の怒りの矛先は、まぎれもなくソドムとゴモラに住む人びとへ向けられています。人びとを破滅へと追いやることは、人びとから生きるすべての術（すべ）を奪うことでもあり、それによって生活の機能がそがれることとなります。こうしてソドムとゴモラの都市の「堕落」という側面が独り立ちすることにより、その語の適用範囲が拡大し、一般的にこれらの都市の名前が「堕落」を表すようになりました。英語になった Sodom（ソドム）からは、「同性愛者」、「男色者」、「獣姦者」などを意味する Sodomite[156] や sodomy という名詞が生まれています。

「油を塗ること」と「任命すること」

一方で、権力の座に就くことは『旧約聖書』においてどのように描かれているのかを見てみましょう。

> The Lord sent me
> to annoint (=anoint) thee (= you)
> to bee (= be) king ouer (= over) his people,　　　『欽定訳聖書』
> ヤハウェ（神）は私を遣わし、
> あなたに油を注いで、
> 彼の民の王とされた。　　　　　　　　　　　　　「サムエル記上」(15:1)

この一節は、国王を任命する儀式を描写した文です。古代パレスチナ地方では、美容や病気治療のために上質の油を身体に塗りました。もちろん支配階級の人びとのことです。敬われている人や畏敬の念を抱く人の頭にも「油を注ぐ」、「油を塗る[157]」という儀式が行われていました。この油は、古代パレスチナ地方で貴重で高価だったオリーヴ油のことです。

洪水物語では、鳩がくちばしにくわえ水が引いたことをノアに知らせたのがオリーヴの木の葉です（「創世記」8:11）。オリーヴの木[158]自体、神と関わりを持つ木とみなされていました。このことは平行体で書かれた次の引用文から窺い知ることができます。

> 私（ダヴィデ）はエロヒーム（神）の家の中で葉が生い茂るオリーヴの木のようです。
> 私はエロヒームの絶え間ない慈悲を信じて疑いません。「詩編」(52:8(10))

156　この意味でのSodomiteが最初に現れたのは1380年頃のWycliffeの説教集、sodomyの初出例はそれよりも早く1227年。(*O.E.D.* 参照)
157　anoint「油を注ぐ」「油を塗る」はヘブライ語の〈MŠH〉(/maːʃɑH/)(= smear, anoint) の訳。
158　オリーヴの木〈ZYT〉(/zayːθ/)は古代からヘブライ人と深い関わりを持つ木。
159　Smith, W. 1863.『聖書植物大辞典』. 藤本時男編訳. 2006. 図書刊行会. p.338

図表3-12　オリーヴの古木[159]

オリーヴの木は神の保護の下にある繁栄と神の慈悲を象徴する木として描かれています。

　オリーヴの木の実から絞られる油は非日常的な儀式などに用いられていたために、この油は聖なるものと目されていたようです。油を注がれた者、油を塗られた者は不可侵の存在で主の霊が降り、神聖が与えられたと言います（「サムエル記上」10:1 & 6、「出エジプト記」30:29）。ヤハウェ（神）との会見の場所である幕屋（テント）の中に設えられた祭壇にも油が塗られました（「出エジプト記」30:26）。さらにイスラエルの王ダヴィデは自分の子が死んだときに、自分の身体に油を塗って祈りました（「サムエル記下」12:20）。これらの行為の背後には、聖なる香油を注ぎ込むことで、世俗的なものから聖別する意図があったと想定されます[160]。「油を注ぐ」、「油を塗る」という行為そのものを表現することで、その目的である「即位」、「聖化」という概念を表わしています。

160　旧約新約聖書大辞典編集員会. 1989.『旧約新約聖書大辞典』. 教文館.（「あぶら」参照）

「メシア」と「キリスト」

　前述した「油を注ぐ」、「油を塗る」はヘブライ語の〈MŠḤ〉(/mɑːʃɑḤ/)の訳です。この語の基本的な意味は「注ぐ」、「塗る」ですが、その意味が特殊化して「オリーブ油を注ぐ」、「オリーブ油を塗る」になりました。〈MŠḤ〉の分詞形から派生した名詞に〈MŠYḤ〉(/mɑːʃiːɑḤ/) という語があります。この語の意味は「油を注がれた者」、「油を塗られた者」です。そこから上述したプロセスを経て意味を拡張させ、「王」、「祭司」、「預言者」、「救世主」の意味を獲得しました。

　〈MŠYḤ〉がギリシア語に訳されるとき、音訳と意訳の両方が行われました。音訳では mesias、意訳では xristos というギリシア語になりました。『新約聖書』の「ヨハネによる福音書」(4:25) には、音訳と意訳の両方が出現し、両者の関係が述べられている箇所があります。原典はギリシア語ですが、ここでは『欽定訳聖書』の英訳を引用します。

> I know that Messias commeth (= comes), which is called Christ:
>
> 　　　　　　　　　　　　　　　　　　　　　　『欽定訳聖書』
>
> 私はキリストと呼ばれるメシアが来るのを知っています。
>
> 　　　　　　　　　　　　　　　　　　「ヨハネによる福音書」(4:25)

　ラテン語訳でもギリシア語訳同様、音訳と意訳の両方が行われ、christus と messias というラテン語になりました。ただし、後者はギリシア語の意訳を引き継いだ訳です。英語の Christ と Messiah は古英語時代にこれらのラテン語訳を経由して英語に入りました。

　〈MŠYḤ〉は日本語では「メシア」あるいは「メサイア」と音訳されています。「メサイア」の方はヘンデル作の宗教曲の名前としても知られています。

「イエス」と「ヨシュア」

　「イエス・キリスト」の「キリスト」は上述のようにヘブライ語の

	『旧約聖書』 「ダニエル書」 (9:25, 26)		『新約聖書』 「ヨハネによる福音書」 (4:25)	
	[意訳]	[音訳]	[意訳]	[音訳]
ギリシャ語訳:	χριστοῦ		χριστός	Μεσίας
ラテン語訳:	christus		Christus	Messias
古英語訳:	↓		crist	messias
中英語訳:	crist	↓	Crist	Messias
近代英語訳:				
『ジュネーブ聖書』		Messiah	Christ	Messiah
『欽定訳聖書』		Messiah	Christ	Messias
『聖書新共同訳』		「油注がれた者」	「キリスト」	「メシア」

〈MŠYḤ〉 <MSYH> (/mɑːʃiːɑH/) (＝油を注がれた者)

図表3-13　ヘブライ語の〈MŠYḤ〉「油を塗られた者」の訳 [161]

〈MŠYḤ〉の意味「油を注がれた者」をギリシア語に訳した、いわばギリシア語起源の名前ですが、「イエス」(英語名 Jesus) はヘブライ語の人名〈YHWŠW'〉(/yəhoːʃuːɑʼ/) のギリシア語音訳 Iesous (主格形)・Iesou (呼格形) やラテン語音訳 Iesus (主格形)・Iesu (呼格形) にさかのぼります (「マタイによる福音書」4:1、「マルコによる福音書」5:7) [162]。したがって、「イエス・キリスト」はヘブライ語とギリシア語の混交ということになります。

161　古英語訳聖書：The West Saxon Gospels, 中英語訳聖書：The Early Wycliffite Bible.
162　ヘブライ語の人名の多くは意味を持っている。それには民間語源に基づくものと、正しい語源分析に基づくものの2種類がある。〈YHWŠW'〉の場合は正しい語源から来る名前で、〈YHW〉と〈ŠW'〉に分けることができる。前部の〈YHW-〉は〈YHWH〉(Yahweh＝ヤハウェ＝神) の省略形で、後半の〈-WŠW'〉は「助ける」を意味する。したがって、〈YHWŠW'〉は「ヤハウェ (神) が助ける」という意味を持つ人名。

〈YHWŠW'〉に対して日本語では二種類の音訳が行われています。一つは上述の「イエス」ですが、もう一つは「ヨシュア」です。「ヨシュア」は『旧約聖書』に登場する人物名でもあり、「ヨシュア記」にその名を留めています。彼はモーセの後継者で、カナンの地を征服するために戦った人物として描かれています。英語ではJoshuaと音訳されています。「イエス」やJesusよりも「ヨシュア」やJoshuaの方がヘブライ語の〈YHWŠW'〉に近い音を保っています。

　日本語には「イエズス」「イエスス」「イエス」の異なる読みがあります。これらは原典のヘブライ語よりはギリシア語やラテン語の音訳に近い音ですが、どの言語の音に由来しているかは明確ではありません。

「割礼」と「唇」

　儀式が言語表現に採用されている例を続けて見てみましょう。下の日本語訳には「包皮を被った唇」という表現があります。『欽定訳聖書』ではその箇所はvncircumcised（= uncircumcised）lips（割礼のない唇）と訳されています（「出エジプト記」6:30）。包皮は陰茎と関係するものであって、唇とは関係するものではありません。「包皮を被った唇」あるいは「割礼がない唇」というのはどのようなことを意味するのでしょうか。

> I am of vncircumcised（= uncircumcised）lips,
> and how shall Pharaoh hearken vnto（= unto）mee（= me）?　『欽定訳聖書』
> 私は包皮を被った唇を持っています。
> ファラオがどうして私の言うことに耳を向けてくれるでしょうか。
> 　　　　　　　　　　　　　　　　　　　　　　　　「出エジプト記」（6:30）

　「包皮を被った」はヘブライ語の形容詞〈'RL〉[163]の訳です。このヘブライ語の意味は「包皮がある」、「割礼をしていない」の意味です。古代イスラエルの男児は、生まれて8日目に小刀で陰茎の包皮を切り取られます（「創世

記」17:12)。このことを「割礼」と言います。割礼は、ヘブライ語で〈MWLH〉[164]と言い、英語ではそれを意訳して circumcision となっています。ヘブライ語の〈MWLH〉の本来的意味は単に「切除」ですが、英語は「環状に切る」の意味です。「割礼」は、普通は父親が行いました(「創世記」21:4)。「割礼」の儀式は衛生的な観念から生まれたと言われていますが、それが宗教と結びついたようです。神はアブラハムとその子孫にカナンの地、パレスチナを与えることを約束しました(「創世記」17:8)。その証として、神はアブラハムの子孫の男児に「割礼」を施すことを「契約」としました(「創世記」17:10-11)。

> ヤハウェ(神)はモーセに言った。イスラエルの人びとに言いなさい。もし女が身ごもり、男の子を産んだならば、……、八日目に包皮の肉を切り取らなければならない。　　　　　　　　　　　　　「レビ記」(12:1-3)
> 包皮の肉を切らずに包皮を持つ男は、民の中から切り離される。私との契約を破ったからである。　　　　　　　　　　　　　「創世記」(17:14)

「割礼」はイスラエル(ヤコブ)を祖とするイスラエルの民の義務となり、「割礼」をすることは神に選ばれた民、イスラエルの民の証になりました。その一方で、「割礼を施してない者」は不浄で不潔と見なされ、侮蔑や差別の対象になりました。

---

163 〈'RL〉(/ˈɑːreːl/)(包皮を被った).
164 〈MWLH〉(/muːlɑːh/).

われわれは包皮がある者に妹をやることはできません。それはわれわれにとって恥です。 「創世記」(34:14)

包皮がある者
汚れた者 「イザヤ書」(52:1)

次の文では、「陰茎の包皮」が持つ不潔・不浄の部分だけが、独り立ちし、「心の包皮」という表現で、心の不潔・不浄を表しています。

アドナイ ヤハウェ（主なる神）は言った。
心に包皮があり
陰茎に包皮がある
すべての外国の息子たち[165]は私の聖所に入ってはいけない。
「エゼキエル書」(44:9)

聖所に入れないということは、神とのコミュニケーションができないことを意味します。また、「包皮を被った」と「唇」との連語によって、「被った」の部分が独立し、「何かを被った唇」すなわち「口がうまく開けない」、「うまくしゃべれない」という意味を引き出しています。ここから、「包皮を被った唇」は「コミュニケーション能力が低い」、「話し下手」という意味になります。ここでは「唇」はメトニミによる解釈を必要とする「発話」の意味です。

「唇」は、発音器官としての側面に焦点を当てられることによって「発話」という意味が出てきます。現代英語にも以下の表現があります。

---

165 ヘブライ語の〈BN〉〈/beːn/〉の基本の意味は「息子」だが、他に次の意味がある：「若い動物」、「孫」、「同一の集団や種族や国の構成員・人」、「仲間」。この場合の意味は「外国の人びと」「外国人」。

lip service	（口先だけの発話）
open one's lips	（口を開く）
watch one's lips	（おしゃべりに気をつける）
stop your lip	（生意気なことを言うな）

「包皮を被る」は、「唇」以外にも、「耳」の修飾語としても使用されています。

見ろ、彼らの耳は<u>包皮を被っている</u>。　　　　「エレミヤ書」(6:10)

この場合も、「包皮がある・包皮を被っている」の「被っている」という部分が前景化し、耳が覆われているので「聞こえない」の意味が引き出されています。

「靴」と「契約」

2008年12月14日、イラクの首都バグダットで記者会見を開いていた当時のアメリカ大統領ジョージ・ブッシュに対し、イラク人のテレビ記者が靴を投げつけるという事件が起きました。アメリカ主導によるイラク戦争ならびにその後のアメリカ軍駐留に対する反米感情の強さを見せつけた出来事として、そのニュースは世界中を駆け巡りました。他人に靴を投げつけるという行為は、イスラム世界においては最大の侮辱行為であると言われています。それは、靴は地面に直接触れるために汚らわしいものという意味づけが施されているためです。イラクのサダム・フセイン元大統領がアメリカ軍に拘束されたとき、引きずり倒されたフセイン像をイラクの少年が叩きながら追いかけ回していた映像が世界中に配信されましたが、彼が手にしていたのも靴でした。

『旧約聖書』の世界では靴にどのような意味を与えているのでしょうか。まず、次の引用文を見てみましょう。イスラエルの王ダヴィデが書いたと言

われている詩の日本語訳です。

> モアブは私の洗い桶になり
> エドムには私の靴を投げる。
> ペリシテには勝どきを（聞かせよう）。　　　　　「詩編」（108:10）

「モアブは私の洗い桶になる」はモアブ人を「足を洗う桶」に喩え、「軽蔑の対象」にすることを表現し、最後の「ペリシテには勝どきを（聞かせよう）」はペリシテ人を征服することを表現しています。両表現の間にある「エドムには私の靴を投げる」、これはどのような意味を表しているのでしょうか。「靴」はヘブライ語の〈N'L〉の訳で、このヘブライ語の単語は /na'al/ と発音します。この履き物は一般的には足首を紐でくくるサンダル風の履き物です。以下、この「履き物」を「靴」と訳すことにします。ヘブライ語辞書は、「エドムには私の靴を投げる」は「エドムに対して侮蔑的な行為をすること」、すなわち、「エドムを奴隷にし、所有すること」であると説明しています[166]。

また、以下に示す複数の引用文の間には、「靴を投げる」動作から「靴を脱いで靴を渡す」という動作への変化が認められます。この変化は「靴」に生じる意味拡張を反映しています。すなわち、靴を投げて「侮蔑すること」、そして、靴を投げる側が、靴を投げられる相手を「所有すること」の意味から、「所有を法的に認証すること」さらには「所有以外のことについても法的に認証すること」というように抽象度が高い意味が出てきています。このことについて「ルツ記」では次のように説明しています。

> イスラエルでは、土地の譲渡や所有者の変更にあたっては、いっさいの手

---

166 Brown, F. 2007. *The Brown-Driver-Briggs Hebrew and English Lexicon*. Massachusetts: Hendrickson. p. 653.
167 旧約新約聖書大辞典編集員会. 1989.『旧約新約聖書大辞典』. 教文館. p. 417.

図表3-14　左：男性用、右：女性用
　　　　　古代パレスチナ人の靴。
　　　　　BC1900年頃[167]

続きを認証するために、その人は、自分の靴を脱いで、相手の人に渡すことになっていた。これがイスラエルにおける認証の手続きであった。
　　　　　　　　　　　　　　　　　　　　　　　　　　　　「ルツ記」（4:7）

親戚の人はボアズ[168]に、「あなたが買ってください」と言い、靴を脱いだ。
　　　　　　　　　　　　　　　　　　　　　　　　　　　　「ルツ記」（4:8）

　かつてイスラエルでは、親族としての責任や権利の履行およびその譲渡にあたっては、いっさいの手続きを認証するため、当事者が自らの靴を脱いで相手に渡すという習慣がありました[169]。上の例にある「靴を脱ぐ」という行為は「権利を譲渡する」ことを意味しています。
　英語には in one's shoes（〜の立場に身を置く、〜に代わって）という表現があり、in one's place と類義であることから、この「靴」には「他人が位置している場所」という意味合いがあります。

　　　　in one's shoes ≒ in one's place

168　ルツの夫（「ルツ記」2:1）。
169　Gesenius, H.W.F. 1979. *Gesenius's Hebrew-Chaldee Lexicon to the Old Testament.*（Trans. S.P. Tregelles）. Michigan: Baker Book House. p. 554.

このような事実から考えると、「靴」と「支配」、「行使できる力」、「場所（＝土地）」は緩やかな相互につながりのある概念であると考えることもできます。

　『旧約聖書』の世界では、一緒に暮らしている兄弟の兄が子どもがないまま死んだ場合、その弟が兄嫁と結婚し、子どもを産み、その子に亡くなった兄の名を継がせるのが習わしでした。次の例は、弟が兄嫁と結婚することを拒むとどうなるのかということを描いた場面です。

> 兄弟たちが一緒に暮らしていて、そして、兄が死にその兄に子供がいないのならば、死んだ兄の妻[170]は外の見知らぬ男のところに行ってはならない。（亡くなった）夫の弟は彼女のところに行き、彼女を妻として迎え入れなければならない。その男が兄の妻をめとるのを好まないならば、亡くなった者の妻は町の門（＝裁判所）[171]へ行って、「私の夫の弟は兄の名をイスラエルに残すのを拒んで、夫の弟としての義務を果たすことを好みません」と長老たちに言わなければならりません。そのとき町の長老たちは弟を呼び寄せて、話をしなければなりません。もし彼が依然として拒み、「わたしは彼女をめとることを好みません」と言うならば、兄の妻は長老たちの目の前で、彼のところに行き、<u>彼の足の靴を脱がせ</u>、その顔につばを吐き、言わなければなりません。「兄の家をたてない者には、このような仕打ちをすべきです」。そして彼の家の名は、靴を脱がされた者の家と、イスラエルで呼ばれるでしょう。
> 　　　　　　　　　　　　　　　　　　　　　　　　「申命記」（25:5-10）

170　ヘブライ語では「兄弟の未亡人」、「夫の兄弟＝義理の兄弟」、「亡き夫の兄弟との結婚」がそれぞれ1語で表現される。「兄弟の未亡人」は〈YBMH〉（/yəvɑːmɑh/）、「夫の兄弟」は〈YBM〉（/yɑːvɑːm/）、「亡き夫の兄弟と結婚する」は〈YBM〉。「亡き夫の兄弟と結婚する」というヘブライ語の動詞がラテン語に意訳され、そのラテン語が英語に入り levirate という単語になっている。levirate の意味は「夫が子をもうけず死亡した場合、亡くなった兄弟の妻と結婚し、生まれた長子を亡夫の後継者とするもの」。

171　文中にある「町の門」＝「裁判所」について：「古代の都市の道は狭く（町を取り囲む堀の出入り口である門の前）にのみ小さな広場があった。……長老たちはここに座して町の必要事項について討議し（「箴言」31:23,「哀歌」5:14）、あるいは訴訟に判決を下した（「申命記」21:19, 22:15, 25:7,「イザヤ書」29:21,「アモス書」5:10-15,「ゼカリヤ書」8:16）」（旧約新約聖書大辞典編集員会．1989.『旧約新約聖書大辞典』. pp. 1196-7.）．

この例は、「責任や権利」という靴に読み込まれた意味の一側面に焦点を当て、その靴を「脱がせる」、つまり「権利を剥奪する」という解釈を引き出しています。

衣服の知識が必要な表現
　民族衣装はそれぞれの文化的な香りを漂わせる装いですが、このような衣服に関する知識が解釈に必要となる場合があります。

Surely he couereth (= covers) his feet.　　　　　　　『欽定訳聖書』

He must be relieving himself　　　The New Revised Standard Version
彼はきっと足を覆っておられるのだ。　　　　　　　「士師記」(3:24)

　古代パレスチナで一般的であった丈の長い服は、それを身にまとう人々の行為にも顔をのぞかせます。上の『欽定訳聖書』の例は、人が用を足すためにしゃがんでいる場面を表現したものです。「用を足す」ために膝を折り曲げ、身をかがめると、長い衣服の裾が足元を覆い隠します。この「足を覆い隠す」という状況が、その行為の目的を想起させるために「用を足す」という意味で使われています。

　目的と行為という近接の関係によって機能しているメトニミが関わる一節ですが、衣服に関する文化的な知識を持ち合わせていないと理解が難しい例です。そのため、上で引用した現代英

図表3-15　古代ヘブライ人の衣服[172]

172　旧約新約聖書大辞典編集委員会. 1989.『旧約新約聖書大辞典』. 教文館. P.143.

語訳聖書では読者が理解しやすいように He must be relieving himself と原典の表現が意訳されています。

衣服とは関係はありませんが、日本では山男の間で使われる俗語に「雉撃ち」があります。この表現は上の「用を足す」と同じく排泄行為を表します。鉄砲で雉を撃つためにしゃがんで狙いを定める姿が、「排泄行為」に似ているためです。山男は登山中、「ちょっと雉撃ちに行く」と仲間に告げて、藪の中に入って行きます。

「掌(てのひら)」はどのように捉えられているのか

ここでは「掌」についての独特な世界観から生み出される解釈を取り上げます。「掌」を意味するヘブライ語の単語は〈KP̄〉(/kɑ:f/)です。〈KP̄〉はギリシアに渡り、ギリシア語に音訳されて kappa になり、ギリシア語の11番目の文字およびその文字の名前になりました。

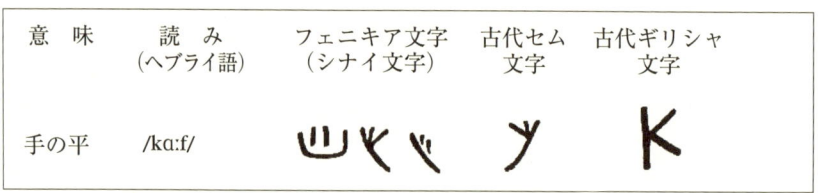

意味	読み (ヘブライ語)	フェニキア文字 (シナイ文字)	古代セム文字	古代ギリシャ文字
手の平	/kɑ:f/	ᴗ	ⳤ	Ɏ	K

図表3-16 掌の象形文字からKへ [173]

ギリシア語の文字 kappa はラテン語を経由して英語のアルファベット〈K〉になりました。英語のアルファベット〈K〉はセム人が造った「掌」を表すフェニキアの象形文字にさかのぼります。

---

[173] 1) 依拠した文献：Diringer, D. 1966. *A History of the Alphabet*. Surrey: Union Brothers; H. Jensen. 1970. *Sign, Symbol and Script*. London: George Allen and Unwin.
2) 「シナイ文字」はシナイ半島で発見された文字のこと。すでに1文字が1音を表していたことが明らかになっています。

[174] ヘブライ語の「手」については「様々な表情を演出する「手」」(111ページ) 参照。

[175] たとえば次の辞書参照。Koehler, L. and W. Baumgartner. 1967. *The Hebrew and Aramaic Lexicon of the Old Testament*. (trans. and ed.) M.E.J. Richardson. Leiden: E.J. Brill.

> Wherefore doe（= do）I take my flesh in my teeth,
> and put my life in mine（= my）hand?　　　　　『欽定訳聖書』
> なぜ私は自分の体を自分の歯と歯の間に置き
> 自分の身を自分の掌の上に置くのか。　　　　「ヨブ記」（13:14）

　英訳聖書では hand と訳されていますが[174]、ヘブライ語の辞書はこの場合の〈KP̄〉を「掌」と解釈しています[175]。英語で言えば palm です。「掌」palm と「手」hand（「掌」+「指」）は部分と全体の関係にあります。ただし、「手」hand で「掌」を指すことがあります。それは、「部分よりは全体のほうが捉えやすい」[176] という一般的な認知の傾向に即して、「手」でその一部である「掌」を指しているものと考えられます。

　日本語で「掌」と言えば「掌で転がす」や「掌を返す」という使われ方をしますが、ヘブライ語では「不安定」や「滑り落ちる危険性」というイメージが付与されています。これにより「わが身を自分の掌の上に置く」という表現は「危険を冒す」という意味に解釈されるのです。上の引用文は平行体を構成しており、「わが身を自分の掌に置く」と「歯の間にわが身を置く」は相互に言い換えの関係にあります。掌に置かれたものも、口にくわえたものも、ちょっとした弾みで落下する危険性を孕んでいます。そのような空間に身を置くというメタファは、結局は「命を危険にさらす」という解釈を引き出します。「掌」と「歯の間」に「不安定で危険な場所」という独特の意味づけが施されていることは、下の引用の現代英語訳聖書で in my palm（掌に）にあたるヘブライ語表現が in danger（危険な状態に）と意訳されていることからも確認できます。

> My soule（= soul）is continually in my hand.　　　　『欽定訳聖書』

176　Kövecses, Z. and G. Radden. "Metonymy: Developing a cognitive linguistic view." *Cognitive Linguistics* 9-1. pp. 65-68.

my life is always *in danger*.	*Tanakh*
私の魂[177]はいつも私の「掌」の中にある。	「詩編」(119:109)

「内臓」を表す概念の訳し分け

　ヘブライ語の内蔵を表す名詞〈M'H〉[178]はいつも複数形[179]で使用されます。この名詞は文脈に応じて「生殖器」「子宮」「腹」「心」「悲しみ」などさまざまに訳し分ける必要があり、多様な表情を持ち合わせています。英語のbowelsと似たところがあります。先に述べた、人間を能力や感情が内に秘められた容器と見なす捉え方が広く確立しているならば、当然その容器の内部にも興味と関心が向くはずです。しかし『旧約聖書』時代には、現代のように医学あるいは解剖学は発展しておらず、それゆえに身体の内側について詳細な分類がなされていたとは考えられません。このような事情から、現在では細かく特定できる部分でも、『旧約聖書』においては、身体の内側は大雑把な概念を表す語で代表させています。概してヘブライ語では、対象を細分することなく現代の私たちの知識体系からすると上位概念に当たる総称的な語を用いて示す傾向が強くあります。その結果、あるカテゴリーに属するものの典型性[180]や文脈、さらには経験的に蓄積された百科事典的な背景知識によってその意味が特定されることになります。もちろん、カテゴリーの中の典型例は、文化的要素の影響を受け変容する可能性を孕んでいるため、解釈に際しては注意が必要です。この点は後で詳しく見ていくことにします。

177　日本語訳「魂」、英訳soulに対するヘブライ語は〈NPŠ〉(/nefeʃ/)。この単語の意味は、Koehler, L. and W. Baumgartner (1967) によると、throat, neck, breath, living being, people, personality, life, soul, dead soul等を意味する。訳語の選択が困難な語の一つ。ヘブライ語ではsoul-of-me (＝my soul) で一人称・単数代名詞の代わりをすることがある。
178　〈M'H〉(/me:'eh/).
179　〈M'YM〉(/me:'y:m/).
180　prototypicality.

> he (=Abraham) that shall come foorth (= forth) out of thy (= your) owne (= own) bowels,
> あなたのお腹(なか)から出る者
> 『欽定訳聖書』
> 「創世記」(15:4)

　英訳で使用されている bowels は、実際に身体の一部を構成する部分であり、メトニミ的に意味の焦点をずらすことにより、正確な解釈へ辿り着くことが可能となります。ここでは、男性である Abraham の bowels から人間が「外の世界へ出てくる」という文脈が「人間の誕生」に関する百科事典的知識を脳裏に立ち上げます。その結果、bowels の意味は「生命の誕生の起点となる男性の身体部分」ということから「男性の生殖器」に特定されます。日本語で「母親のお腹の中で胎児はすくすくと育っている」と言うとき、この「お腹」は究極的には「子宮」を指していると思われますが、通常この詳細なイメージは喚起されません。上の bowels も同様であると考えてよいと思います。

> The Lord hath (=has) called mee (=me) from the wombe (= womb),
> from the bowels of my mother hath (=has) he made mention of my name.
> 『欽定訳聖書』
> ヤハウェ(神)は私を腹〈BṬN〉[181]から呼び
> 私の母の腹〈M'YM〉[182]から私の名を呼んだ。
> 「イザヤ書」(49:1)

　ヘブライ語の原典では、お腹を〈BṬN〉[183]と〈M'H〉の複数形の2種類の単語で表現しています。〈BṬN〉(単数形)は〈M'YM〉(複数形)と類義で「お腹」を表します。いずれも上述した文脈と背景知識により「胎内」ある

---

[181] 腹＝〈BṬN〉(/beten/) [単数形].
[182] 腹＝〈M'YM〉(/me:'y:m/) [複数形].
[183] 〈BṬN〉(/beten/).

いは「子宮」と特定することは可能でしょう。

> My bowels, my bowels! I am pained at my very heart,
> my heart maketh (= makes) a noise in mee (= me), 『欽定訳聖書』
> 私のはらわた〈M'YM〉よ、私のはらわた〈M'YM〉よ、
> 私の心〈LB〉はもだえる。
> 私の心臓〈LB〉の壁よ、
> 私の心臓(〈LB〉)が私の中でうなり声をたてている。「エレミヤ書」(4:19)

　この二つの文は平行体を構成しているので、原典の「はらわた〈M'YM〉」は「私の心臓」〈LB〉[184]と類義であると見なすことができます。英訳にある my bowels と my heart も類義の単語として使用されています。bowels は内蔵そのものを指すのではなく「感情」を表現するために用いられています。

　日本語の「ガッツ」は、gut（消化器官、腸）の複数形 guts（肝っ玉、根性、度胸）に由来します。これは内臓を示す語で、心理的な側面を表します。ちなみに「子宮」を意味する英語の womb は、かつては、「内臓」や「下腹部」を表す語でしたが、意味が特殊化して内臓の一部である「子宮」だけを表すようになりました。

　池田裕 (2001) によれば[185]、「ヘブライ人は体で見て、体で考える。ヘブライ人にとって体の中心は何であったかと問うなら、それは内臓であって頭ではなかった」ようです。一方、『旧約聖書』の時代も終わりに近づく紀元前3世紀の後半には、パレスチナを含むオリエント地方はヘレニズム文化の支配下に入ることとなりました。ヘレニズム文化の影響によって、言語表現にも次のような変容がもたらされました。

---

184 〈LB〉(/leːb/).
185 池田裕. 2001.『旧約聖書の世界』. 岩波書店. p. 152.

| The wise mans（= man's）eyes are in his head, | 『欽定訳聖書』 |
| 賢明な人の目は頭にある。 | 「コヘレトの言葉」(2:14) |

　古代ヘブライ人がヘレニズム文化圏に身を置くことにより、ものの見方がギリシアの影響を受けることとなったのです。これにより、「感情の所在は内臓から頭」へと移り、上のような表現が出来（しゅったい）してきました。言語は自律的に存在しているのではありません。社会および文化の中に身を置く人間が育み、そして使用しているのであり、当然のことながら言語は社会や文化の影響を多分に内包しています。かつて蒸気機関で走っていた列車は「汽車」と呼ばれていましたが、電動機が搭載されると「電車」に取って代わられました。言語を取り巻く環境に変化が生じれば、それに伴い言語も徐々に変容していくものです。

　身体を「感情が宿る容器」と捉えている言語は多いようです。特に腹の部分は、空腹や満腹といった生存に直接関わる感覚を覚える箇所であり、日本をはじめ多くの文化圏では「腹」という概念で感情を表すことが多いように思います。「腹が立つ」、「はらわたが煮えくり返る」などはその代表例でしょう。ついでながら、日本における武士道には「切腹」がありますが、これは「腹を割って本心を見せる」という発想が根底にはあるようです。もちろん「腹を割って話す」というのはこれに由来します。

「父」と「母」

　一世代上の親族を表す「父」と「母」に対し『旧約聖書』の世界ではどのように意味づけがされているのかを見ていきましょう。

> For the king of Babylon stood at the parting of the way. 『欽定訳聖書』
> バビロンの王は道の母[186]の上に立った。 「エゼキエル書」(21:21)

　一般的に「母」は、「子を産む人」、「子を育てる人」という基本的な意味に加え、Necessity is the mother of invention.（必要は発明の母）に見られるように「ものごとを生み出す源」とも捉えられています。その中から「子を生む」という側面に焦点を当てると、子を産む母親が起点となり、その子どもたちがそれぞれまた子を作っていく、つまり母親とは子孫が枝分かれしていく根源的な地点であるという捉え方が可能となります。より一般的な場面に適う言い方をすると「後に現れる多様性の出発点」です。上の日本語訳が示すように、ヘブライ語の「母」という概念が「分岐点」という意味で用いられています。

　子の直系で一世代上の女性である母は、自らの子を産んだ後は老いて、いつかは他界します。ときに世代の隔たりが人間の生死を含意するのはごく自然な解釈でしょう。『旧約聖書』の世界では、「父」は小家族や大家族の家長として権威を持つ存在ですが、さらに大家族を束ねた支族または部族の長でもあります。そこから「父」は世代が上の人びとを代表して「先祖」という意味をもたらします。

　英語には join the majority（多数派に加わる、亡くなった人の数に入る、死ぬ）というイディオムがありますが、生きている人の数よりはこれまでに亡くなった人のほうが多いため、その多数派に仲間入りするということは、つまり死ぬことを表しているのです。この観点から言うと、「先祖」とは言い換えると「死者」ということになります。下の例は「父」という語を用いて「先祖の人びとのところへ行く」、すなわち「死ぬ」ことを述べています。

186　ヘブライ語の「母」=⟨M⟩（/ˈeːm/）は「分かれ道」、junction の意味も持つ。

Hee (= He) shall goe (= go) to the generation of his father,　　『欽定訳聖書』
彼は父の仲間のところに行く。　　　　　　　　　　　　　　　　「詩編」(49:19)

絶対的な「東西南北」と非対称的な「左右」

　方向を示す代表的な語は「東西南北」と「左右」でしょう。日本語でも英語でもこれらはきわめて重要な概念であり、単に方向を示すだけではなく、そこになんらかの意味づけを施しながら多様な表現に加工して利用しています。ここで急いで付け加えると、「東西南北」と「左右」はともに方向を示すという点は共有していますが、すべての言語が等しく備えているわけではありません。たとえば、メキシコのマヤ語族の1つ「ツェルタル語」や、オーストラリア先住民族の「グウグ・イミディール語」などには「左右」という語がありません。東西南北は、たとえば「太陽の軌道」、「北斗七星」、「南十字星」などどの位置から見てもその方位は変わることはありません。このような理由から東西南北は「絶対的指示枠」と呼ばれています。一方、左右は視点の取り方によって変化する指示枠であるため「相対的指示枠」と言われます。左右は意味の観点から眺めると、必ずしも対称的な関係はありません。良く知られた例で言うと、ヒンドゥ教文化において食事の際には「右手」を、排泄物の処理には「左手」を使います。また「ラテン語、英語、フランス語などでは、右 (dexter, right, droit) という語は正義や幸運と結びつけられ、左 (sinister, left, gauche) という語は悪や不運と結びつけられる傾向が強い」という事実もあります[187]。これらの左右を表す単語は意味拡張をした後、拡張した意味だけを表す語として英語の中に入っていきました。ラテン語の dexter は今はあまり使われませんが「縁起のよい」、フランス語の droit は「(法律上の) 権利」を意味する語として英語に入り、ラテン語の sinister は「縁起の悪い」、フランス語の gauche は「不作法な、不器用な」

187　井上京子. 2008.「言語と身体性」(唐須教光 (編)『開放系言語学への招待——文化・認知・コミュニケーション』. 慶應義塾大学出版会. p.72.

を意味する語として英語の仲間入りをしました。日本語においても「左遷」、「左ゆがみ」、「左縄」など左はマイナスの方向で、「右肩上がり」、「右に出る者はいない」、「右に倣え」など右にはプラスの方向としての意味づけが観察されます。

　このように、相対的指示枠と呼ばれる「左右」は、必ずしも対称的に概念化されているわけではありません。私たちは左右に意味づけを施し、優劣を表す一つの指標にしています。古代ヘブライ社会における「右」と「左」という概念は、絶対的指示枠である「東西南北」を利用して次のように捉えられていました。すなわち、太陽が昇る東に向かって立つと、その右手が南になりますが、それは幸運を表す方位とされていました[188]。そこから右には「幸運」、「強さ」、「優位」というイメージが付与されました。太陽は動植物の成長には欠かすことができない存在ですし、また夜の闇から解放してくれるのも太陽であり、さらには時計がない時代には太陽の位置によって時の経過を計っていました。東の方角に向かって立ち、太陽が昇るのを迎え入れるという視点の取り方は旧約世界ではごく自然でしょう。「右」が「権力」、「強さ」を示しているのが次の例です。

　　Thy（= your）right hand, O Lord, is become glorious in power,
　　thy right hand, O Lord, hath（= has）dashed in pieces the enemie（= enemy）.
　　　　　　　　　　　　　　　　　　　　　　　　　　　　　『欽定訳聖書』

　　あなたの右手[189]は、ヤハウェ（神）よ、力強く輝きます。
　　あなたの右手は、ヤハウェ（神）よ、敵を粉砕します。
　　　　　　　　　　　　　　　　　　　　　　　　　「出エジプト記」（15:6）

　古代ヘブライ社会において、王を中心としてその右側の座は優位かつ名誉

188　旧約新約聖書大辞典編集委員会. 1989.『旧約新約聖書大辞典』. 教文館．(「みぎとひだり」参照。)
189　英訳 right hand, 日本語訳「右手」はヘブライ語の〈YMYN〉(/yɑ:mi:n/) の訳。このヘブライ語は「右」「右手」「良い未来」「南」を意味する。

ある位置でした。日本語でも「右腕」と言えば、最も信用し、頼みにしている部下のことを指しますが、同様に王自身から見て右側に位置する人物は、王に次ぐ身分が与えられていました。この「優位」という側面が「王室」という文脈に投影されたのが次の文です。

> Vpon（= Upon）thy（= your）right hand did stand the Queene（= Queen）in golde（= gold）of Ophir.　　　　　　　　　　　　　　『欽定訳聖書』
> 王妃はオフィル産の金を飾ってあなたの右に立つ。　　　　「詩編」（45:9）

　王の右側に位置する女性は、王に次いで権力を保持していたと容易に想像されるために、「右に立つ」から「王妃になる」、「王の妻らしく振舞う」という解釈が導き出されるのです[190]。

---

190 Gesenius, H.W.F. 1979. *Gesenius' Hebrew-Chaldee Lexicon to the Old Testament.*（trans. S.P. Tregelles）. Michigan: Baker Book House. p. 351.

2

翻訳とメタファの変容

　『旧訳聖書』原典には多様な種類のメタファが使用されています。ここではそれらの一部を取り上げ、翻訳という作業によって原典のメタファがどのように変容していったかを追跡します。

「目のリンゴ」・「目の娘」・「目の門」

　「民数記」（13:23）、「申命記」（8:8）、「ハガイ書」（2:19）によると、古代パレスチナ人が常食とした果物は、イチジク、ブドウ、オリーヴ、ザクロなどです。そこには「リンゴ」は見あたりません。「リンゴ」に相当するヘブライ語は〈TPPWḤ〉[191]です。ただし、この単語は『旧約聖書』時代に「どのような種類の木であったか確信をもって断言することは難しく」、いろいろな果実の「総称名」として使われていたことは確かであると言われています[192]。語源上は、「好ましい香りを出す」か「ふくれる」、「丸くなる」を意味する動詞から派生した名詞とされています[193]。本書では〈TPPWḤ〉を「リンゴ」

---

191 〈TPPWḤ〉(/tappu:ɑH/).
192 Smith, W. 1863.『聖書植物大辞典』. 藤本時男編訳. 2006. 図書刊行会 .p. 42. Koehler, L. and W. Baumgartner（1967）によると「この単語は新しい書に現れるが、それもまれである」。

ではなく、「木の実」と訳すことにします。

『旧約聖書』でこの単語が現れるのは「モーセ五書」よりも後の時代に作られた書です。使用数は多くはありません。「箴言」で1回（25:11）、「雅歌」で4回（2:3・5, 7:8, 8:5）、「ヨエル書」で1回（1:12）の計6回使用されているだけです。一方で、英訳聖書にはヘブライ語原典とは異なり、apple が「モーセ五書」の「申命記」に現れます。

英訳聖書の apple と『旧約聖書』原典の表現を付き合わせると、興味深いことがわかります。英訳の『旧約聖書』で最初に出現する apple は、「瞳」を表す apple of the eye という句の中です（「申命記」32:10）。『欽定訳聖書』の旧約にはこの例が他に4例あります。そのほかに「木の実としての apple」が5例、「リンゴの形をした装身具」が apple と呼ばれている例が1例です。英訳聖書にある五つの apple of the eye の apple は、図表 3-17～18 にある4種類のヘブライ語表現の訳として現れます。

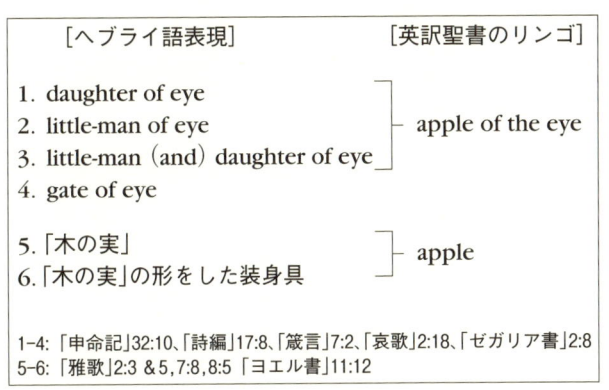

```
[ヘブライ語表現]              [英訳聖書のリンゴ]

1. daughter of eye
2. little-man of eye
3. little-man (and) daughter of eye   ─ apple of the eye
4. gate of eye

5. 「木の実」
6. 「木の実」の形をした装身具         ─ apple

1-4:「申命記」32:10,「詩編」17:8,「箴言」7:2,「哀歌」2:18,「ゼガリア書」2:8
5-6:「雅歌」2:3 & 5, 7:8, 8:5「ヨエル書」11:12
```

図表 3-17　英訳聖書の「リンゴ」とヘブライ語表現

古代ヘブライ人は「瞳」に対して2種類の捉え方をしていました。一つは「目の娘」または「目の小さい男」です。「目の小さい男・娘」のように「小

193　Klein, E. 1987. *A Comprehensive Etymological Dictionary of the Hebrew Language for Readers of English*. New York: Macmillan. p. 712.

> 英訳聖書の「目のリンゴ」とヘブライ語表現
> 「目の娘」
> 「目の小さい男」
> 「目の小さい男・娘」
> 「目の門」

図表3-18　英訳聖書の「目のリンゴ」とヘブライ語表現

さい男」と「娘」を同時に表現して「瞳」を指している例もあります。

　目の前にいる人の「瞳」をじっと見つめると、見ている人の顔が相手の「瞳」に映ります。「瞳」には見るものすべてが映ります。古代ヘブライ人は、「瞳」に「映るものすべて」を「娘」や「小さい男」に代表させ、それらが「映る場所」を「娘」や「小さい男」あるいは「小さい男・娘」と名づけました。

　古代ヘブライ人の「瞳」に対するもう一つの呼び方は「目の門」です。これは、「瞳」を「目の中の視覚情報が飛び込んでくる入口（門）」、「光や景色などが入る入口（門）」という捉え方です。情報が取り込まれる「入口」と見なされた「瞳」は、人が足を踏み入れる「入口」や「門」に見立てられたために、「瞳」が「門」として概念化されたのでしょう。

　英語で「瞳」がappleと呼ばれるようになった理由について、『オックスフォード英語辞典』は、「瞳」と「リンゴ」の形状が似ているので、「瞳」が「リンゴ」と呼ばれるようになったと説明しています[194]。英語で「瞳」を「リンゴ」と呼ぶ例は、すでに、10世紀後半に古英語時代の聖職者アルフリックが訳したと言われている聖書の中に見られます。古英語時代（449-1100年）の人びとと古代ヘブライ人との間に、「瞳」の概念化に相違があったことを示す例と言えるでしょう。

「瞳」・「娘」・「生徒」

　「瞳」は英語でpupil（生徒）とも言います。この単語は英語（アングロ・

194　*The Oxford English Dictionary* 2nd Ed. on CD-ROM（v. 4.0）. Oxford: OUP. 2009.

サクソン）起源の単語ではありません。ラテン語の pūpula/pūpilla ＝「親の保護下にある娘」が起源です。ラテン語では「瞳」を「目の娘」と呼んでいました。「瞳」を指す pūpula/pūpilla がフランス語を経由して英語に入る間に意味を変え、「親の保護下にある子」、「生徒」になりました。意味が変わってもこの単語は、今までと同じように「瞳」を指していました。それが英語の pupil です。

ラテン語よりも前に古代ギリシア語では、「瞳」を「目の娘」と呼んでいました。『オックスフォード英語語源辞典』は、ラテン語で「瞳」を「目の娘」と呼ぶことについて、古代ギリシャ語の影響とラテン語独自の発達の両方の可能性を並記し、この表現の起源を明確にしていません[195]。一方で、古代ギリシア人よりも遙か昔に、古代ヘブライ人が「瞳」を「目の娘」と呼んでいました。ヘブライ語の「目の娘」を古代ギリシア語訳では「目の娘」と訳しています。ヘブライ語の「目の娘」が『旧約聖書』の翻訳を通じて、古代ギリシア語に借用された可能性も考えられます。

日本語でも「瞳」は「目の童」と書きます。このことから判断すると、「目に映るもの」を「娘」や「子供」に代表させて、それらが映る場所を「娘」、「子供」と呼ぶのは、洋の東西、時代を問わず、共通する捉え方であると考えることもできます。

「禁断の木の実」と「リンゴ」

「禁断の木の実」とは「抗しがたい誘惑」を意味します。頭ではいけないとわかっていても、つい手を出してしまう実に魅惑的なものを指します。ところで、聖書に出てくる「禁断の木の実」は「リンゴ」であると思っている人が多くいます。事実、「禁断の木の実」をキーワードにインターネット検索をすると、「禁断の木の実」を「リンゴ」とするサイトがたくさん現れます。しかし、「禁断の木の実がリンゴである」とする記述は聖書のどこにも

---

[195] Onions, C.T. (ed.). 1966. *The Oxford Dictionary of English Etymology*. Oxford: At the Clarendon Press. (*pupil²*)

見あたりません。『旧約聖書』原典に「リンゴ」らしい単語〈TPPWḤ〉が現れるのは、すでに述べたように、「モーセ五書」よりも後の時代に書かれた「雅歌」と「ヨエル書」です。

　この「木の実」は決して悪い意味では使われていません。「心地の良い日陰を作る木」、「甘い実のなる木」（「雅歌」2:3）、「元気をつけてくれる実」（「雅歌」2:5）など、人間にとって良い果物、役に立つ実、心地良いものとして描かれています。この「木の実」が4回現れる「雅歌」には、恋の歌が集められています。7章8節では、恋する男が愛おしい乙女の香りをこの「木の実」の香りに喩えています。以下の恋の詩は、妖艶な香りがしますが、「禁断の木の実」に含蓄されているような内容ではありません。

> あなたの乳房がぶどうの房のように、
> あなたの息の香りが〈TPPWḤ〉のように、
> あなたの口づけがなめらかに流れ落ちる上質のブドウ酒のように
> 唇と歯の上をすべるように、
> と願おう。　　　　　　　　　　　　　　　「雅歌」(7(8)-9(10))

　悪魔（サタン[196]）の化身であるヘビの甘い誘惑に耐えきれずに、神が食べることを厳しく禁じた「木の実」をイヴが食べてしまいました。それだけに終わらず、イヴがアダムにも食べるように誘いました。そして、アダムもイヴの誘惑にのって「木の実」を食べてしまいました。そのために、人類の始祖アダムとイヴがエデンの楽園から追放されてしまいました。このことはアダムとイヴの堕落、人間の罪の根源、原罪と呼ばれています。英国の詩人ミルトンは[197]、アダムとイヴのエデンの園からの追放を主題とした叙事詩

196　日本語の「サタン」および英語のSatanはヘブライ語のŚṬN (/sɑːtɑːn/)の音訳。このヘブライ語には次の意味がある。1.「戦争や政治上の敵」（「サムエル記上」29:4、「列王伝上」19:14）、2. 定冠詞を付加して「天の裁判所に属し、ヤハウェの近くにいて告訴をする人。告訴人」（「詩編」109:6）、4. 無冠詞で「固有名詞、または、人をそそのかすもの」（「歴代誌」21:1）(Koehler, L. and W. Baumgartner. 1967). ここで用いた「悪魔」(evil genius) はユダヤ教で後に発達した意味 (Gesenius, H.W.F. 1979)。

図表3-19　アルブレヒト・デューラー『アダムとイヴ』[198]

『失楽園』[199]を1667年に出版しました。ミルトンはこの叙事詩で「禁断の木の実」を「リンゴ」としました。

　ミルトン以前に「禁断の木の実」を「リンゴ」として描いた画家がいます。オランダの画家フーゴー・ファン・デル・グース（?1440-1482）、ドイツの画家アルブレヒト・デューラー（1471-1528）やルーカス・クラナッハ（1472-1553）です。彼らが描いたアダムとイヴの絵を見ると、左手に隠すようにリンゴを持つイヴが描かれています。

　「創世記」（3:1-6）の「木の実」は英訳聖書ではどのように訳されているのでしょうか。古英語時代（449-1100）と中英語時代（1100-1500）の英訳聖書の底本になったラテン語訳聖書『ウルガタ』は原典に忠実に「木の実」と訳しています。それを元に訳した英訳聖書もラテン語訳聖書に忠実に「木の実」と訳しています。

197　John Milton（1608-1674）.
198　1507年．プラド美術館蔵．
199　*Paradise Lost*.

この物語の2章前には天地創造の物語があります。そこでは、神が大地に対して「草木を生えさせるように」と命ずる場面があります（「創世記」3:1-6）。この箇所の関係部分を、図表3-20に従ってヘブライ語原典、日本語訳、ラテン語訳、英語訳の順に見てみましょう。面白い発見があります。

［ヘブライ語原典］ ヘブライ語原典： פרי עשה פרי 　　　　　　（＝ fruit　yielding　fruit） 　　　　　　（＝果物をつける果物（の木））	「創世記」(1：11)
地は草を芽生えさせよ。種を持つ草と、それぞれの 種を持ち実をつける果樹を地に芽生えさせよ。	「創世記」(1：11)
［ラテン語訳聖書］ ラテン語訳：lignum pomiferum faciens fructum 　　　　　　（＝ tree fruitful making fruit） 　　　　　　（＝果物をつける果物の木）	「創世記」(1：11)
［古英語訳・中英語訳聖書］ 古英語訳：æppelbære treow wæstm wyrcende 　　　　　　（＝ apple-bearing tree making fruit） 中英語訳：apple tree makyng fruyt 　　　　　　（＝ apple tree making fruit） 　　　　　　（＝果物をつけるリンゴの木）	「創世記」(1：11)

図表 3-20

「種を持ち実をつける果樹」（「創世記」1:11）はラテン語訳聖書では、原典にほぼ忠実に訳され「果物の木」となっており、その木の種類は特定されていません。しかし驚いたことに、それを英訳した古英語訳聖書では「果物の木」は æppelbære と訳されています。これを現代英語に置き換えると apple-tree です。古英語時代の æppel ＝ apple は、「リンゴ」を中心とはする

ものの「果物」一般を意味することもありました。中英語訳聖書の apple tree は明らかに「リンゴの木」です。この「果物の木」をここで「リンゴの木」としたことは、すぐ後に展開する『失楽園』物語で重要な役目を演じることになります。なぜならば「エデンの園の中央にある木の実」(「創世記」3:1-6) が「リンゴの木」であるという連想を喚起させるに充分な働きをするからです。

　　その女[200]は思った。その木(の実)は食べるのに良く、目に心地良く、人を賢くすることを(誰かに)望まれていると。(その女は)果物を(いくつか)取り、食べた。そして一緒にいる男[201]に与えた。(その男は)食べた。
　　そして、二人の目は開かれ、そして(二人は)裸であることを知った。そして(二人は)イチジクの葉っぱを縫い合わせて自分たちのために腰覆いを作った。
　　(二人は)一日のうちのそよ風が吹く頃に庭を歩くヤハウェ　エロヒームが呼ぶ声を聞いた。そしてアダムとイヴはヤハウェ　エロヒームから庭の木々の間に身を隠した。
　　ヤハウェ　エロヒームはアダムを呼び、言った。お前はどこにいるのか。
　　そして(アダムは)言った。あなたの声を庭で聞きました。そして怖くなりました。私は裸だったので、身を隠しました。
　　そして(神は)言った。お前が裸であることを誰が教えたのだ。(私が)食べるなと命じた庭の木(の実)を食べたのか。
　　アダムは言った。私と一緒にいる(あなたが)与えた女、その女が私に木(の実)を与えました。そして私は食べました。
　　ヤハウェ　エロヒームは女に言った。お前は一体全体なんということをしたのか。女は言った。ヘビ[202]が私に罪を犯させました。そして(私は)食べまし

200　ヘブライ語は：⟨ʾŠSH⟩ (/ˈʃʃɑːh/).
201　ヘブライ語は：⟨ʾYŠ⟩ (/ˈiːʃ/).

た。

　ヤハウェ　エロヒームはヘビに言った。このようなことをしたので、お前は動物の中でも、野の生き物の中でも、いちばん呪われる。（お前は）腹で歩かなければならない。そして、生涯、砂[203]を食べなければならない。

　（　）内は原典にないが、翻訳時に加えた語句。　　　　　　（「創世記」3:6-14）

　イギリスのイングランド地方を散策していると、あちこちでリンゴの木が目に入ります。聖書翻訳者は聖書の物語が身近なものに感じられるように、自分たちの生活空間にある「果物」のうち、下位概念にある身近で親しみのある apple を訳語として選択したとものと思われます。これらのことからイギリスでは、問題の「木の実」は、ミルトンが『失楽園』で「リンゴ」とした 500 年以上も前から、「リンゴ」であるとイメージされていたと考えられます。

Adam's Apple 「喉仏」

　アダムとイヴが食べた果実が「リンゴ」であるという連想をもとに、新たな物語が聖書の外で展開されました。それが Adam's apple です。聖書では、イヴがヘビの誘惑に負けてついに「木の実」をたべてしまいました。そして、イヴがアダムにも「木の実」を食べるように勧めました。アダムが「木の実」を食べたちょうどそのとき、神がアダムを呼びました（「創世記」3:6-14）。

　ここまでは、「創世記」（3:6-14）にある聖書の物語です。ここから聖書の物語を逸脱し、「アダムが神の呼ぶ声にびっくりして、一口食べたリンゴを喉に詰まらせてしまいました。それが Adam's apple（喉仏）になりました」。「これが男にだけに Adam's apple がある理由です」という男だけにある「喉

202　ヘブライ語は：⟨NḤŠ⟩（/nɑːḥɑːʃ/）.
203　ヘブライ語は：⟨ʾPR⟩（/ʾɑːfɑːr/）原義は「乾いたさらさらした細かい砂」

仏」の成り立ちを「説明する物語」がまことしやかに作られました。「創世記」にはものごとの起源や根拠を説明する物語が多くあります。それは「説明物語」とも呼ばれています。Adam's apple はその形式をとり、近代になって作られた物語です。

　Adam's apple という表現は1755年にサミュエル・ジョンソンが編纂したイギリス最初の英語辞書に記載され、広く知られるようになりました[204]。

怪物と鯨

　天地創造物語の中で、神は天・地・海・植物・太陽・月・星・空を飛ぶ鳥を順次創造した後に、水に住む生き物を創ります。その物語（「創世記」1:21）を英訳した『欽定訳聖書』（1611）の文の1部を引用します。

　　𝔄𝔫𝔡 𝔊𝔬𝔡 𝔠𝔯𝔢𝔞𝔱𝔢𝔡 𝔤𝔯𝔢𝔞𝔱 𝔴𝔥𝔞𝔩𝔢𝔰,

　（= And God Created great whales,）
　そしてエロヒーム（神）は大きな海の怪物を造った　　　「創世記」（1:21）
　　　　　　　　　　　　　　　　　　　　　　　　　　　　『欽定訳聖書』

　「鯨」が現れるこの文は原典ではどのような表現になっているのでしょうか。
　『欽定訳聖書』に出現する whales = 鯨は、次ページ、図表 3-21 に示されているように、ヘブライ語では「怪物」を意味する〈TNYN〉（/tɑny:n/）という名詞の複数形[205]に「大きい」という意味を表す形容詞が付いた名詞句です。おそらく、古代ヘブライ人は具体的なイメージを抱きながら、それを「大きな怪物」という上位の概念で表現したものと思われます。
　『欽定訳聖書』の翻訳者が「水に群らがるもの」で、かつ、「大きな怪物」として思い浮かんだのは、イギリス海峡に出没する「鯨」ではなかったのでしょうか。BBC放送が、2008年8月1日にハンプシャー州の海岸に鯨が打

204　Johnson, S. 1755. *A Dictionary of the English Language*. London: W. Straham
205　〈TNNYM〉（/tɑnni:m/）

```
              「創世記」(1:21)

     ［目的語］      ［主語］  ［動詞-接続詞］
     ┌─────┐
    形容詞  名詞
                    *
     הגדלים התנינם-את אלהים ויברא
     ( おおきな  怪物  を  神  造った-そして )
        ( ＝そして神は大きな怪物を造った )
        * 直接目的語であることを示す接頭辞
```

図表3-21

ち上げられたというニュースを伝えています。鯨はイギリス人にとっては身近な「海の怪物」であったと思われます。ただし、『欽定訳聖書』では、図表3-22が示すようにこのヘブライ語の怪物に複数の異なる訳を与えています。これは、この単語の英訳として、具体的な動物を選ぼうとした苦心の跡であるとも言えるでしょう。

『欽定訳聖書』における〈TNYN〉(/tɑny:n/) =「怪物」の英訳		
whale	「創世記」	(1:21)
serpent	「出エジプト記」	(7:9)
dragon	「詩編」	(91:13)
sea monster	「哀歌」	(4:3)

図表3-22 『欽定訳聖書』における「怪物」の英訳

『旧約聖書』には、〈TNYN〉以外にも「怪物」を表す単語が使用されています。それらの中には英語に音訳され、英語の単語に仲間入りをした後、意味を拡張させていった例があります。その典型例は〈LWYTN〉(/liwyɑ:θɑ:n/)です。このヘブライ語の単語の音訳から生まれた leviathan は「怪物」から「巨大なもの」、「大型船」、「国家」へと意味を拡張させていきました。イギ

リスの哲学者トマス・ホッブスは[206]、彼の政治哲学書に *Leviathan*（1651）というタイトルを付けました。Leviathan はそこでは「絶対主義国家」の比喩として使用されています。

1）ヘブライ語〈LWY<u>T</u>N〉（/liwyɑːθɑːn/）「海に棲む巨大な怪獣」
[英語の音訳] leviathan 「海に棲む巨大な怪獣」「ヨブ記」（3:8）
↓
「巨大なもの」
↓
「大型船」
↓
「国家」

図表 3-23　聖書の「怪物」の英訳とその後の意味拡張

雨期の季節と冬

英訳聖書にはつぎの文があります。

> *there are* many people; *it is* <u>the season for heavy rain</u>, and we are not able to stand outside.
>
> **The New King James Bible**

> 民は大勢であり、<u>雨の季節</u>でもあって外に立っている力はありません。
>
> 『聖書 新共同訳』
> 「エズラ記」（10:13）

四季がある国に住んでいる読者がこの英訳や日本語訳を読むと、5月から

206　Thomas Hobbes（1588-1679）.

6月の「雨期」の季節を思い描きます。しかし、神がアブラハムとその子孫に与えることを約束した「乳と蜜の流れる地」、パレスチナでは季節は2つに分けられていました。一つは「強烈な暑さ」を意味する語に由来する〈QYṢ〉[207]で、4月頃から10月頃の間を指します。もう一つは「集めること」「収穫すること」を意味する語に由来する〈ḤRP̄〉[208]で、期間は10月から4月の間です。以下の引用は、そのことを述べている箇所の英訳と日本語訳です。

> While the earth remains,
> Seedtime and harvest,
> And cold and heat,
> And winter 〈ḤRP̄〉 and summer 〈QYṢ〉,
> And day and night
> Shall not cease.
>
> *The New King James Bible*

> 太地の日々が続くかぎり、
> 種まきも刈り入れも、
> 寒さも暑さも、
> 冬も夏も、
> 昼も夜も
> なくなることはない。
>
> 「創世記」(8:22)

この訳では〈QYṢ〉は summer「夏」と訳され、〈ḤRP̄〉は winter「冬」と訳されています。古代パレスチナの人びとが〈QYṢ〉と呼ぶ季節は、雨がほとんど降らない乾期で猛暑の季節です。最も暑いのは8月です。一方、〈ḤRP̄〉と呼ぶ季節は収穫の時期を含みますが、収穫の時期はこの季節の初

---

[207] 〈QYṢ〉(/qɑyits/).
[208] 〈ḤRP̄〉(/ʜo:ref/)

期だけです。残りの期間は雨が降り寒い日々が続きます。〈QYṢ〉と〈ḤRP̄〉を「夏」と「冬」とする訳は、四季がある地域に住む読者に原典とは異なる季節感をイメージさせます。本書ではパレスチナの2つの季節を指すとき、便宜的に「〈QYṢ〉・夏」、「〈ḤRP̄〉・冬」と表記することにします。

　古代ヘブライ人は「〈ḤRP̄〉・冬」の雨に対して特別な感情を抱いていたようです。そのことは「〈ḤRP̄〉・冬」に降る「雨」を表す単語が複数あることから想像できます[209]。

収穫の雨： （前期の雨）	〈BWL〉[210]	「列王記 上」	（6:38）
矢のように降る雨： （前期の雨）	〈YWRH〉[211]	「エレミヤ書」	（5:24）
一般的な雨：	〈MṬR〉[212]	「申命記」	（28:12）
激しい雨：	〈GŠM〉[213]	「列王記上」	（18:45）
後期の雨：	〈MLQWŠ〉[214]	「申命記」	（11:14）
雨の時期：	〈STW〉[215]	「雅歌」	（2:11）

　冒頭に引用した英訳の中にある the season for heavy rain に対するヘブライ語は〈GŠM〉の複数形です。ヘブライ語の複数形は「質や量が多いこと」、「思いや気持ちの高ぶり、尊敬の念などが強いこと」、「広いこと」、「深いこと」、「多いこと」など、程度が高いことを表します[216]。この文脈では、〈GŠM〉の複数形は「激しい雨」、「量の多い雨」を表しています。上の英訳では rain に heavy を付加して原典の意味を伝えようとしています。

　さて、「〈ḤRP̄〉・冬」の「前期の雨」は「投げつける、弓矢を射る」を意味する動詞から派生語した語で〈YWRH〉[217]とも呼ばれます。この単語は

209　Gesenius（1979）参照．
210　(/buːl/).
211　(/yoːreh/).
212　(/mɑːtˤɑːr/).
213　(/geʃem/).
214　(/miləqoːʃ/).
215　(/səθɑːw/).
216　橋本功．2007．『聖書の英語：旧約原典からみた』．英潮社．pp. 57-59 参照．

「弓を射る人」、「射手」を意味します。一方、後期の雨期は「時期が遅いこと」「後半であること」を意味する語に由来する語〈MLQWŠ〉[218]です。

 Let vs（= us）now feare（= fear）the Lord our God, that giueth（= gives）raine（= rain）〈GŠM〉, both the former〈YWRH〉and the later〈MLQWŠ〉in his season:　　　　　　　　　　　　　　　　　　　　『欽定訳聖書』
 我々に雨を与えるヤハウェ　エロヒームを恐れよ。彼の時の中で、前期の雨と後期の雨を（与える）。　　　　　　　　　　「エレミヤ書」(5:24)

「前期の雨」〈YWRH〉は「射手」を意味する語が比喩的に使われています。これは、急激で弓矢のような雨によって起こされる被害やその破壊力に恐怖の念を抱いていたために生まれた比喩であると思われます。「冬の季節にだけ降る雨」の激しさ、恐ろしさは次の記述からも想像できます。

 the earth trembled,
 and the heauens（= heavens）dropped,
 the clouds also dropped water.
 The mountaines（= mountains）melted from before the Lord,　『欽定訳聖書』
 大地が震え、
 天が水を降り注ぎ、
 黒い雲が水をしたたらせた。
 山々はヤハウェの前で崩れ落ちた。　　　　　　　　　　　「士師記」(5:4-5)

 the stares（= stars）in their courses fought against Sisera.
 The riuer（= river）of Kishon swept them away,
 that ancient riuer（= river）, the riuer（= river）Kishon:　　『欽定訳聖書』

217　(/yo:reh/).
218　(/mɑləqo:ʃ/).

星たちも軌道をはずれて天からシセラ[219]と戦った。
キション川[220]は彼ら（敵）を押し流した。
あの古代より流れる川、キション川。　　　　　　「士師記」（5:20-21）

　一方、「後期の雨」は自然の命を育む雨、待ち焦がれた雨とも捉えられていたことが、次の文章から想像できます。文章は平行体で書かれているので、その和訳では平行体の構成がわかるようにしてあります。

For loe, the winter is past,
the raine（= rain）is ouer（= over）, and gone.
The flowers appeare（= appear）on the earth,
the time of the singing of birds is come,
and the voice of the turtle is heard in our land.　　　『欽定訳聖書』
ほら、雨の時期（〈STW〉）は過ぎ去り、
　　冬の雨（〈GŠM〉）は止み、来ることはない。
　　地には花が見られ、
　　歌の季節がやって来た。
そして地には鳩の声がやって来た。　　　　　　　「雅歌」（2:11-12）

　この例が示すよう、指示対象が同一でも、異文化や異言語ではその意味や喚起されるイメージが完全に一致するということはほとんどないことがわかります。英語の Indian summer[221] は「小春日和」と訳されますが、その構成要素に summer と「春」という異なる季節が含まれていることからも想像できるように、脳裡に立ち上がるイメージには大きな差があります。「晩秋から初冬にかけての暖かい天気」を指すという点では同じです。一方、日本語の「小春日和」は暖かくて穏やかな印象を受けますが、英語の Indian

---
219　シセラ：古代都市ハゾラ王の将軍。
220　雨期には泥沼状となる川。

summer は乾燥していて厳しい暑さであることを含意しています。このように、春夏秋冬を示す語彙を持ち合わせている日本語と英語でも、その使い方には少なからず違いが発生しています。もちろん、これはそれぞれの地で実際に体験している天候に関する経験が生み出した表現であり、それに基づいて付随するイメージにも相違が出てきます。

最上級の表現に用いる「神」と「死」

ヘブライ語という言語は形容詞が極端に少ない言語です。それを補うために、「名詞 -of + 抽象名詞」の構造を使用し、「-of + 抽象名詞」に形容詞の働きをさせます。-ofというように、ofの前にハイフンが付いているのは、of（属格）の働きは英語とは異なり、前の名詞に付与されるためです。そのためにこの句の表記は「名詞$_1$-of + 名詞$_2$」になります[222]。この構造が反映されている『欽定訳聖書』の訳を引用します。

誇り高き人
children of pride[223]　　　　　　　　　　『欽定訳聖書』「ヨブ記」（41:34）

栄光に満ちた剣
the sword of thy Excellency　　　　　　『欽定訳聖書』「申命記」（33:29）

ヘブライ語の形容詞は比較級や最上級を示す文法的な手段を持っていません。その代わりヘブライ語固有の表現方法をとります。そのうちの一つは「神」または「死」を意味する名詞を最上級や強意を表すために用いる方法

221　1) 晩秋の静かな乾燥し、かすんだ好天気の季節のこと。この名前の由来は、このような気候が注目された地域にアメリカンインディアンが住んでいたため、との説がある。O.E.D参照。
　　　2) アメリカやカナダでは10月末から11月初めに見られる小春日和。
　　　　イギリスでは11月に見られる同様の気候で St Martin's summer とも言う。
222　橋本功.2000.『聖書の英語：旧約原典からみた』.英潮社.pp.73-77.
223　「子供」を意味するヘブライ語の単語〈BN〉/be:n/ は「大人の男」の意味も持つ。その複数形は「人びと」を表す。

です[224]。「神」は人間にとって比べるものがない「最高」で「至上」の存在です。神のこの属性が最上級の概念を表現するのに利用されています。以下の例は「最高」、あるいは「程度が高いこと」を表すために God が用いられた例です。

>the terror of God was vpon (= upon) the cities that were round about them,
>『欽定訳聖書』
>
>here was a great terror upon the cities which were around them,
>*The New American Standard Bible*
>
>エロヒーム（神）の恐怖があたりの町々にありました。
>「創世記」(35:5)

>the garden of the LORD　　　　　　　　　　　　　　『欽定訳聖書』
>A splendid garden　　　　　　　　　　　　　　Waltke & O'Connor[225]
>ヤハウェ（神）の庭　　　　　　　　　　　　　　「イザヤ書」(51:3)

ヘブライ語で最上級を表すために使用されている「神」を『欽定訳聖書』ではすべて God または Lord に置き換えているのではなく、程度を表す形容詞などに置き換えてヘブライ語の意味を伝えようとしている例もあります。

>so it was a very great trembling　　　　　　　　　　『欽定訳聖書』
>それ（地震）はエロヒーム（神）の揺れだった。
>「サミエル書 上」(14:15)

ヘブライ語では、「死」を意味する単語も「程度の高さ」を表す語として

224　橋本功. 2000.『聖書の英語：旧約原典からみた』. 英潮社. pp.77-81 参照。
225　Waltke, B.K. & M. O'Connor. 1990. *An Introduction to Biblical Hebrew Syntax*. Indiana: Eisenbrauns.

活用されています。「死」が表す「不幸の程度が高い状況」が「一定の基準よりも高い」という程度を表すために使用されたものです。日本語で「死ぬほどつらい」と言いますが、これも「死ぬほど」と言う言葉によって「ネガティブな程度が高い」ことを表しています。ヘブライ語の用法もこれと同じと言ってよいでしょう。この表現も『欽定訳聖書』では逐語訳され、death という語が直接表現されています。

> A: The sorrows of death compassed me,
> B: and the pains of hell gat (=got) hold upon me: 『欽定訳聖書』
> 死の苦しみが私を包んだ
> そして地獄の難関が私を捕らえた。 「詩編」(116:3)

　上の文は平行体を構成しています。そのために、Aと類義の文が、Aとは異なる単語を用いてBで表現されています。Bの下線部に対応するヘブライ語〈Šʻ WL〉[226] は音訳され、Sheol（死者の国・黄泉の国・地獄）として英語に入っています。Bの英訳では、それが英語の hell（地獄）に置き換えられています。ここは「死ぬほどにつらい苦しみ」という意味で用いられ、"of death" は苦しみの「程度が高いこと」を表しています。

　『欽定訳聖書』には他に次のようなおもしろい例があります。これは辞書では the valley of the shadow of death として記載され、聖書から一般化した表現として紹介されています[227]。

> though I walke (= walk) through the valley of the shadowe (= shadow) of death, 『欽定訳聖書』
> 私は死の影の谷を歩くときでも 「詩編」(23:4)

---

226 (/ʃəˈwoːl/).
227 the shadow of death は『欽定訳聖書』に 18 回使用されている。

the valley of the shadow of death が表す意味について、『ランダムハウス英和大辞典』は[228]、「死の影の谷；大苦難の時」としています。*The New Revised Standard Version* では of death の箇所を darkest と訳しています。このことから、of death に対応するヘブライ語表現が強意のための句であることがわかります。しかし、なぜ、現在でも、『ランダムハウス英和辞典』では、この句が「死の影の谷；大苦難の時」という意味を表すとしているのでしょうか。

The shadow of death という表現がヨーロッパに初めて現れたのは、『ウルガタ』のラテン語訳を通してでした。『ウルガタ』では、この表現はヘブライ語の「なぞり」表現として登場しました。古英語訳聖書や中英語訳聖書は『ウルガタ』からの間接訳でしたので、このラテン語表現が古英語訳聖書や中英語訳聖書に取り入れられ、この表現は一般的な英語表現になっていきました。この熟語の意味は、今日でも、文字どおりの解釈「死の影の谷」であり、そこから「大苦難の時」へと意味が拡張していきました。

この表現の原典の意味、すなわちヘブライ語の of death は「死」のメタファ的解釈から生まれた強意表現の一種であることが明らかにされたのが19世紀に入ってからでした。それ以前に、イギリス人でキリスト教の説教師でありかつ文学者であったジョン・バニヤン[229]が、彼の著作『天路歴程』[230]でこの句を文字どおりの意味を持つものとして使用しました。そのこともあって、この句の意味は文字どおりの意味「死の影」か、それを比喩的に捉えた「災難、破滅の兆し」を表す表現として定着してしまいました。「モーセの角」と同様、ヘブライ語表現が英語に直訳され、文字どおりに解釈された例です。この場合は、誤った解釈が定着してしまいました。

---

228 『小学館ランダムハウス英和大辞典』. 1993. 小学館；第2版.
229 John Bunyan. (1628-1688).
230 *Pilgrim's Progress*. Part 1. 1678, Part 2. 1684.

付録──聖書の比喩表現分析リスト

　本書では『旧約聖書』原典で使用されている典型的な比喩表現をとりあげ、比喩の仕組みと意味の関係を分析してきました。ここでは『旧約聖書』原典のヘブライ語から英語に入った比喩表現や、『旧約聖書』の物語から生まれた比喩表現の一部をリストアップして「付録」としました。

　『旧約聖書』原典で使用されている比喩表現の解釈には文脈が重要な働きをすることがあります。そのために、多くの例には比喩表現が使用されている前後の英訳も同時に引用しました。

　英訳聖書の比喩だけではなく、聖書英語の気づかないところにも原典の影響が及んでいることや、時代と文化が異なる言語間の翻訳の難しさを理解していただくために、引用した英文には対応するヘブライ語との関係についてできるだけ説明をしました。また、個々の比喩表現に対しては、その仕組みについて簡単な解説を加えました。なお、引用した英文には和訳が付いていますが、多くは『旧約聖書』の原典を見ながら試みた訳です。

No.	Key Words	『旧約聖書』起源の英語表現 『旧約聖書』の物語に基づく英語表現	上段：出典の明記がない場合は下記の英訳聖書： *The New King James Version*（1982） 下段：日本語訳は英語からの訳ではなくヘブライ語からの訳。 『外典』の中には原典の言語がギリシア語の書も含まれている。
1	Adam	1) Adam ・人類の祖。 2) from Adam on down ・この世が始まってから。 3) not know someone from Adam ・全く知らない。 4) since Adam was a boy ・大昔から。 5) the old Adam ・人間の罪深い本性。 ・原罪。 「創世記」2:7 「創世記」3:17	「創世記」2:7 And the LORD God formed <u>man</u> of the dust of the ground, and breathed into his nostrils the breath of life; and man became a living soul. ヤハウェ　エロヒームはアダマー（赤い土）から取った砂でアダム（人）を創り、そしてその鼻の穴に命の息を吹き込んだ。するとアダムは命ある者になった。 「創世記」3:17 Then to <u>Adam</u> He said, "Because you have heeded the voice of your wife, and have eaten from the tree of which I commanded you, saying, 'You shall not eat of it': "Cursed is the ground for your sake; In toil you shall eat of it All the days of your life...." 彼（ヤハウェ　エロヒーム）はアダムに言った。お前は女（イヴ）の声に従い、取って食べるなと命じた木（の実）を食べた。おまえゆえに土（アダマー）は呪われる。お前は、生涯、苦労して食べなければいけない。
2	adder	as deaf as an adder ・全く聞こえない。 「詩編」58:3（4）	*The New Revised Standard Version*（1989） 3 The wicked go astray from the womb, they err from their birth, speaking lies. 4 They have venom like the venom of a serpent, *like the deaf <u>adder</u>* that stops its ear, 5 so that it does not hear the voice of charmers or of the cunning enchanter. よこしまな者たちは子宮にいるときから横道にそれている。彼らの毒はヘビの毒に似ており、耳を塞いだ聞こえない毒蛇に似ている。ヘビつかいの声に耳を貸さず、巧みな呪文にも耳をかさない。
3	affliction	eat the bread of affliction ・苦難をなめる。 「申命記」16:3	You shall eat no leavened bread with it; seven days you shall eat <u>unleavened bread</u> with it, that is, the bread of affliction（for you came out of the land of Egypt in haste）, that you may remember the day in which you came out of the land of Egypt all the days of your life. イースト菌を入れたパンと一緒にそれを食べてはいけない。7日間はイースト菌を入れない、みすぼらしいパンと一緒に食べなさい。なぜならば、おまえはミツライーム（エジプト）から慌てて逃げ出した。連れ出してもらった日を生涯忘れないために。
4	ash（1）	eat ashes ・悲痛な思いをする。 「詩編」102:8	8 My enemies reproach me all day long, And those who deride me swear an oath against me. 9 For I have *eaten <u>ashes</u>* like bread, And mingled my drink with weeping. 8 私の敵は1日中私を呪いののしります。9 私はパンのような砂を食べ、泣きながら飲み物を飲みます。
5	ash（2）	dust, sackcloth 参照。	

○ 原典についての注釈
△ 比喩についての説明

○ 2) – 5) は天地創造及び失楽園の物語を基に造られた語句で、『旧約聖書』のヘブライ語原典にはない。

○ Adam について
「アダマー」〈ʼDMH〉(/ˈădɑːmɑːh/)（赤土）から造られたので「アダム」〈ʼDM〉(/ˈɑːðɑːm/) と名付けられたという物語になっている。「赤土」を表すヘブライ語の単語〈ʼDMH〉と「人」を表す単語〈ʼDM〉の音が似ていることが物語の構成に利用されている。語源上は、両単語は異なるというのが定説。民間語源に基づく物語。Adam は英語では固有名詞だが、その語源であるヘブライ語の〈ʼDM〉(/ˈɑːðɑːm/) は普通名詞で「人間」という意味。

△【メトニミ＋メタファ】
1) では Adam という人物の中でも「最初（の人）」という特性に焦点を当てているためメトニミ。2) と 4) では「時間的に最初の段階」メタファとして、3) では「認識の根本の段階」メタファとして、5) では「アダムとイヴの行動による人類最初の罪」メトニミとして表現されている。

○ ヘブライ語には「ヘビ」を表す単語は複数あるが、ここに登場するヘビは、「創世記」(3:1-7) で、イヴを誘惑し、神が食べることを禁じた木の実を食べさせた「ヘビ」と同じ単語〈NḤŠ〉(/nɑːнɑːʃ/)。

△【シネクドキ＋メタファ】
かなり限定的な解釈であるが、adder は物語の内容から「何も聞こえない存在」であり（種で類を表すシネクドキ）、さらに deaf の程度を adder という人間以外の動物を持ち出して喩えている（メタファ）。

○ unleavened bread（種なしパン）とはイースト菌を入れずに、大麦を水でねり、手早く焼いたパン。時間的に切迫したときに焼かれたパン。エジプト脱出は急に行われたので、簡単にできる「種を入れないパン」を焼いた。エジプト脱出の記念のパン。

△【メトニミ＋シネクドキ】
「(苦難の) パン」は「エジプト脱出」の際に食べていたイースト菌を入れずに作られたパンのことで、「苦難の脱出劇」を表している（メトニミ）。また「食べる」ことにより「（味などの）正体がわかる」、「（特定の味を）思い出す」（メトニミ）、さらに一般化して「経験する」（シネクドキ）という解釈が関わる。つまり、「苦難のパン」を「食べる」ことで、エジプト脱出という経験を追体験する意味で用いられている。

○ 英訳聖書の ashes（灰）は「砂」を意味するヘブライ語〈ʼPR〉(/ˈeːfer/)（単数形）の定訳。

△【メトニミ＋メタファ】
eat については affliction 参照。砂は食べ物ではないため、メタファによる喩えであることは容易に想像ができる。少量でも砂が口に入ると相当な不快感を覚える（メトニミ）ことからも推測されるように、水分がなく喉を通りづらいと思われる「砂を食べる」ことは「辛く悲痛な経験をする」ことのメタファ。

6	babe	Out of the mouths of babes and sucklings ・子供は正直で、ごまかさない。 「詩編」8:2 (3), 「マタイによる福音書」21:16	*The New King James Version*「詩編」8:1-2 (3) 1 O LORD, our Lord, How excellent is Your name in all the earth, You who have set Your glory above the heavens! 2 *Out of the mouth of babes and infants* You have ordained strength, Because of Your enemies, That You may silence the enemy and the avenger. 『欽定訳聖書』(1611)「詩編」8:1-2 (3) 1 O Lord our Lord, how excellent is thy (= your) name in all the earth! who hast (= have) set thy (= your) glory aboue (= above) the heauens (heaven). *Out of the mouth of babes and sucklings* hast (= have) thou (= you) ordained strength, ヤハウェ我らが主よ、この世のすべての中であなたのお名前はどれほど威光ににみちたものだろうか。あなたはあなたの栄光を天の上に置かれた。あなたは、子供や乳飲み子たちの口を通して、お力を築かれました。
7	beat	sword 参照。	
8	blood	1) one's blood on one's head ・自分の流した血は自分に返る。 ・責任は自分にある。 2) My blood'll be on you! ・[脅し文句] お前に全責任をとってもらうぞ! 「サムエル記 下」1:16 「レビ記」20:9	「サムエル記 下」1:16 So David said to him, "*Your blood is on your own head*, for your own mouth has testified against you, saying, 'I have killed the LORD's anointed.'" ダビデは彼に言った。おまえの血はおまえの頭の上にある。なぜならば、おまえの口が証言して、言った。油を注がれた人、ヤハウェを私が殺したと。 「レビ記」20:9 'For everyone who curses his father or his mother shall surely be put to death. He has cursed his father or his mother. *His blood shall be upon him*.' 自分の父または母を呪う者は、必ず死ななければならない。父または母を呪うと、その者の血はその者にある。
9	body	loins 参照。	
10	bone	bone of one's bone, flesh of one's flesh ・非常に密接な。 ・血族関係にある。 「創世記」2:23	And Adam said: "This is now *bone of my bones And flesh of my flesh*; She shall be called Woman, Because she was taken out of Man." そしてアダムは言った。これは私の骨の骨であり、そして、私の肉の肉である。これを 〈'ŠŠH〉 (/'iʃʃɑːh/) (女) と呼ぶ。なぜならば、これは 〈'YŠ〉 (/'iːʃ/) (男) から取り出されたからである。

○ LORD, our Lord に対する原典の逐語訳は「Yahweh lord of us」。

○ heavens はヘブライ語の「広いこと」を表す複数形の逐語訳。

△【メトニミ＋シネクドキ】
子供や乳飲み子は、空腹になれば泣き、腹を満たせば泣き止む。このような一般的な特性（メトニミ）はさらに上位の「正直である」という性質に由来していると思われる（シネクドキ）。さらに「口」は「言葉を発する場所」であるという認識は「口が悪い」と言う表現に見られるようにメトニミ的思考を介して「言葉」を表すことが可能である。よって、全体として「子供が発する言葉は正直でごまかしがない」という解釈が導き出されている。

○ 英訳聖書には以下のように発話動詞が繰り返される例がしばしば見られる。

blood（8）: testified … *saying* …（左の英訳）
death（1）: commanded, *saying* …
dust（2）: answered and *said* …
lion（2）: spoke, saying …
sheep（2）: spoke to the LORS, *saying* …

「発話の様態を示す発話動詞」の後に「一般的な発話動詞 *said/saying*」が置かれ、直後に直接話法が来ている。これは、直接話法を導くためのヘブライ語法の反映。ヘブライ語では後者の発話動詞が直接話法を導入する働きを持つ。

△【メトニミ＋シネクドキ】
「(流)血」は「(結果として引きおこされる)死の原因」を表し（メトニミ）、さらに「死の原因」はより一般的な「原因」と結び付けられている（シネクドキ）。「血」は「行為や出来事の結果をもたらす原因」（＝結果を引き起こす根本的なもの・責任）と考えられる（メトニミ）のである。on 以下では、その「血」の所在を明示している。

○ 男性名詞から女性名詞に文法的性を変換させる語尾〈-H〉を「男」を意味する語〈'YŠ〉(/'iːʃ/)に付加して〈'ŠŠ-H〉('iʃʃɑːh) にすると、意味は「女」になる。この語形論に基づく文法的性の転換を物語の構成に利用。

△【メタファ＋メトニミ＋シネクドキ】
人間という存在を形作るうえで欠かすことのできない bone も flesh もそれぞれ of を挟んで 2 度使われているが、物語の内容から of より後ろは「生み出す側」、of より前は「生み出される側」を意味している。「一方がなければ他方も存在しない」という物理的な関係性が人間関係へと写像されている（メタファ）。また bone と flesh という身体の一部が人間全体を表しているのはメトニミによる。さらに、アダムとイヴの身体が人間一般を表しているのはシネクドキによる。

11	bow	draw a bow at a venture ・いい加減にやる。 ・当てずっぽでやる。 「列王伝 上」22:34	『欽定訳聖書』(1611) And a certaine (= certain) man *drew a bow at a venture*, and smote the king of Israel betweene (= between) ioynts (= joints) of the harnesse (= harness): *The New Revised Stabdard Version* (1989) But a certain man drew his bow and unknowingly struck the king of Israel between the scale armor and the breastplate; ある男（兵士）が何気なく矢を引き、イスラエル王の鎧と鎧の継ぎ目を射貫いた。
12	brand	snatch a (burning) brand from the fire ・罪の報いから救う。 ・危うい所から救い出す。 「ゼカリア書」3:2	1 Then he showed me Joshua the high priest standing before the Angel of the LORD, and Satan standing at his right hand to oppose him. 2 And the LORD said to Satan, "The LORD rebuke you, Satan! The LORD who has chosen Jerusalem rebuke you! Is this not *a brand plucked from the fire?*" 彼（ヤハウェ）は私に、ヤハウェのメッセンジャの前にいる高僧ヨシュアと、右側に立ち彼を訴えようとしている敵対者（サタン）を示した。そして、ヤハウェはサタンに言った。ヤハウェはおまえを責める。サタンよ、おまえの訴えは退ける。エルサレムを選んだヤハウェはおまえを責める。これは火の中から取り出された燃えさしではないのか。
13	bread (1)	live by bread alone ・物質的な満足だけを目的として生きる。 「申命記」8:3, 「マタイによる福音書」4:4	He humbled you, allowed you to hunger, and fed you with manna which you did not know nor did your fathers know, that He might make you know that man shall not *live by bread alone*; but man lives by every word that proceeds from the mouth of the LORD. あのお方はあなたを苦しめ、飢えさせ、あなたもあなたの先祖たちも味わったことのないマナをあなたに食べさせました。それは、人はパンだけで生きているのではなく、ヤハウェの口から出る言葉によって生きていることを人に教えるためであった。
14	bread (2)	1) cast one's bread upon the waters 2) throw one's bread upon the waters ・報酬を求めずに人のために尽くす。 「コヘレトの言葉」11:1	*Cast your bread upon the waters*, For you will find it after many days. あなたの麦を水面に投げなさい。なぜならば後になってあなたはそれを見つけるからです。 Cf.「イザヤ書」32:20 Blessed are you who *sow beside all waters*, Who send out freely the feet of the ox and the donkey. 水面に種を撒く者、家畜やロバの足に自由を与える者に祝福あれ。
15	bread (4)	affliction, break, idleness 参照。	

○ at a venture の venture に対応するヘブライ語は〈TM〉(/toːm/) で、「完全無欠」「力がみなぎっている状態」「充実」「潔白」「単純」「下心がない状態」の意味がある。ここでは「下心がない状態」の意味で使用。

△【メタファ】
「天を引く」は、狙いを定めて射ったとしても確実に的に当たるかどうか分からないことから「不確実な行為」の喩え（メタファ）として用いられている。

○ brand はヘブライ語〈WD〉(/ˈuːð/)（「燃えさしの木」）の訳。

△【メトニミ＋メタファ】
fire は「危険な場所」（危うい所）のことである（メトニミ）。さらに「危機的な状況」という共通点から「罪の返報」も表し得る（メタファ）。「火の中という惨事に見舞われながらも壊滅しなかったもの＝燃えさし」(brand) を「かろうじて取り出す」(snatch) ということは、「悲惨な状況から深刻な被害を受けずに救い出す」ということであり、fire 以外の領域（「罪」の領域）に写像されている（メタファ）。さらに「危うい所から救い出す」という意味でも用いられる（メタファ）。

○「パン」はヘブライ語の <LHM> (/leħem/) の訳。このヘブライ語の意味については bread (2) 参照。このヘブライ語は、ダヴィデとキリストの生誕の地とされる町の名前 Bethlehem の -lehem として英語に入っている。ちなみに Beth- はヘブライ語の「家」で、Bethlehem は「パンの家」の意味。

○ この物語が聖書から外に出て一般化し、「肉体と心の調和の必要性」を表す諺になった。

△【シネクドキ】
この句が意味することは「人はパンだけで生きるものではなく、神の口から出る一つ一つの言葉で生きるものである」ということで、bread は腹を満たす物理的存在であることから「物質」全体を代表して用いられている（シネクドキ）。

○ bread に対応するヘブライ語の単語の第一義は「パン、食料」だが、「パンの材料の麦」、「麦の種子」の意味もある（メトニミ）。この場合は「麦の種子」の意味。Cf.「イザヤ書」(32:20) 参照。

△【メタファ】
「麦の種子」を「水面に撒く」ことは、後に新たな「麦」を生み出し人が食料を得る契機になる。つまり全体として「(後の)利益を生む行為」を表している（メタファ）。

16	break	break bread ・人と仲良く食事をする。 ・食事をともにして和睦する。 「哀歌」4:4, 「使徒言行録」20:7	3 Even the jackals present their breasts To nurse their young; But the daughter of my people *has become* cruel, Like ostriches in the wilderness. 4 The tongue of the infant clings To the roof of its mouth for thirst; The young children ask for *bread*, But no one breaks *it* for them. 3 怪物でさえ乳を与えて子を養うが、私の種族の娘は残酷になり、荒野の鳥のようである。4 乳飲み子の舌は乾いて上顎に引っ付き、子供はパンを求めるが、誰もパンを折らない。
17	breath	the breath of life ・大切なもの。 ・なくてはならないもの。 「創世記」2:7	And the LORD God formed man *of* the dust of the ground, and breathed into his nostrils *the breath of life*; and man became a living being. 「欽定訳聖書」 And the LORD God formed man of the dust of the ground, & breathed into his nostrils the breath of life; and man became a liuing (= living) soule. (= soul) ヤハウェ エロヒームはアダマー（赤い土）の砂からアダム（人）を創り、そしてその鼻の穴に命の息を吹き込んだ。するとアダムは命ある魂になった。
18	brimstone	fire 参照。	
19	brother	Am I my brother's keeper? ・私の知ったことではない。 「創世記」4:9	Then the LORD said to Cain, "Where *is* your brother Abel?" And he said, "I do not know. *Am I my brother's keeper?*" ヤハウェがカインに言った。おまえの兄弟のアベルはどこにいるのか。すると（カインは）言った。私は兄弟のことは知りません。私は兄弟の番人でしょうか。
20	brow	sweat 参照。	
21	bucket	drop 参照。	

○ jackals ＝ジャッカルはヘブライ語の〈TN〉(/tan/)または〈TNNYN〉(/tanni:n/)の複数形の訳。前者は「ジャッカル」、後者は「海の怪物」「海の大きな動物」「蛇」「ワニ」と訳されることがあるが、いずれも動物の上位概念を表す語。これらは具体的にどのような動物を指していたかは不明。

○ ostriches はヘブライ語の〈Y'N〉(/ya:'e:n/)の複数形の訳。駝鳥、鷲、ふくろうなどの「砂漠に住む鳥」を指す。必ずしも駝鳥ではない。(Clines (1998), Klein (1987) 参照。)

○ break はヘブライ語の〈PRS〉(/pɑ:rɑs/)または〈PRṢ〉(/pɑ:rɑṣ/)の訳。このヘブライ語は「分離させる」、「細かく切り刻む」、「分ける（divide）」を意味する。

△【シネクドキ＋メトニミ】
bread は当時の食の中心であり、食を代表する食べ物で「食事」を意味する（シネクドキ）。Bread を break して（ちぎって）食事をする相手は「仲間」（ないし「これから仲間になる存在」）であると推察される。「パンをちぎる」という行為を表す表現は、時間的に継起する「（同じパンを分け合って）仲間と食事をする」、さらには「仲直りをして食事を楽しむ」という解釈をもたらす（メトニミ）。

○「アダマー」については Adam 参照。

英訳の living being, living soul はヘブライ語の〈NP̄Š〉(/nefeʃ/)の訳。このヘブライ語の単語は「喉」、「首」、「欲望」、「魂」、「心」、「生命」、「生き物」、「人」、「体」、「自分自身」、「生きるための食物」、「芳香」、「墓」などの意味を総合的に持つ単語。古代ヘブライ人の考え方、見方を示す単語の一つ。

△【メトニミ＋シネクドキ】
生きるためには breath（呼吸）が不可欠である。そこから breath は「生」の象徴となっている（呼吸と生は同時的なのでメトニミ）。また数ある「大切なもの」の一種に「呼吸」があるとも考えられる（シネクドキ）。

○ brother はヘブライ語の〈ḤḤ〉(/'ɑ:ḤH/)の訳。この語は英語の brother と同様、「兄」も「弟」も指す。他の意味は「同じ部族の仲間」、「従兄弟」、「（グループの）仲間」、「パートナー」、「同一宗教の仲間」、「兵士」、「無生物などの対の一方」(Clines. 1993, vol. 1) Cain 参照。

△【メトニミ】
カインとアベルという兄弟の話に基づく句であるため、brother という語が出てきている。Keeper は「監視・観察している人」（＝番人）を意味する。そこから「（監視・観察対象の情報を）何でも知っている人」という解釈が出てくる（監視・観察の結果として情報を得るため時間的継起に基づくメトニミ）。

| 22 | Cain | 1）Cain
・兄弟殺し。
・人殺し。

2）raise Cain
・怒る。
・騒ぎを起こす。

3）the curse of Cain
・永遠の放浪。

「創世記」4:8-11 | 3 And in the process of time it came to pass that Cain brought an offering of the fruit of the ground to the LORD. 4 Abel also brought of the firstborn of his flock and of their fat. And the LORD respected Abel and his offering, 5 but He did not respect Cain and his offering. And Cain was very angry, and his countenance fell. 6 So the LORD said to Cain, "Why are you angry? And why has your countenance fallen? 7 "If you do well, will you not be accepted? And if you do not do well, sin lies at the door. And its desire is for you, but you should rule over it." 8 Now Cain talked with Abel his brother; and it came to pass, when they were in the field, that Cain rose up against Abel his brother and killed him. 9 Then the LORD said to Cain, "Where is Abel your brother?" He said, "I do not know. Am I my brother's keeper?" 10 And He said, "What have you done? The voice of your brother's blood cries out to Me from the ground. 11 "So now you are cursed from the earth, which has opened its mouth to receive your brother's blood from your hand. 12 "When you till the ground, it shall no longer yield its strength to you. A fugitive and a vagabond you shall be on the earth."

3あるとき、カインは土の実りを捧げ物としてヤハウェのところへ持ってきた。4そして、アベルと言えば、彼は羊の群れの中から肥えた初子を持ってきた。ヤハウェはアベルと彼の捧げ物に気を留めた。5しかし、カインと彼の捧げ物には気を留めなかった。カインは激しく怒り、顔を伏せた。6ヤハウェはカインに言った。なぜ怒るのか。なぜ顔を伏せるのか。7おまえが正しいことをしているのにもかかわらず、受け入れられないのか。もしも正しいことをしていないのならば、罪が戸口で横たわり、罪の欲望がおまえに向かう。おまえが罪を支配しなければならない。8カインは兄弟アベルに話しかけた。二人は野原にいた。カインはアベルに立ち向かい、殺してしてしまった。9ヤハウェはカインに言った。おまえの兄弟アベルはどこにいるにか。カインは答えた。知りません。私は兄弟の番人でしょうか。10神は言った。一体全体何をしたのか。おまえの兄弟の血が土の中から私に叫んでいる。11今、おまえは土に呪われている。その土は口を開け、おまえの手で（流した）血を飲み込んだ。12土を耕しても、土はおまえに土の力を生み出すことはない。おまえは放浪者となり、さすらい人となる。 |

○ 左の英訳には「it came to pass that ...」の構文が2回使用されている。この構文は英訳聖書、特に『欽定訳聖書』には頻繁に出現している。『旧約聖書』では時間背景が異なる短い物語を次々展開させている。新しい物語を展開させるとき、最初に新しい物語の「時間背景」が示される。この「時間背景」を表す「時の副詞」を導入するために、それ自体に意味がない、いわゆる虚辞表現が使われた。このヘブライ語の虚辞表現を逐語訳すると［and it was +「時の副詞」+ and +新しい物語］になる。
　この虚辞表現を意味のある表現［(and/so) it came to pass +「時の副詞」+ that ...］に訳する基礎を作ったのが聖職者 William Tyndale。英訳では、「時の副詞（句・節）」が it came to past that ... の文頭または that 節内に移動している場合が多くある。
　『旧約聖書』のギリシャ語訳『セプチュアジント』＝『70人訳聖書』では、この構文の多くは［kai egeneto +「時の副詞」+ kai/de］と逐語訳された。このヘブライ語法が『新約聖書』のギリシャ語に取り入れられた。英訳聖書ではこのギリシャ語におけるヘブライ語法の多くも［(and/so) it came to pass +「時の副詞」+ that ...］と英訳されている。その結果、英訳『新約聖書』にも［(and/so) it came to pass +「時の副詞」+ that ...］の構文が出現している。特に「ルカによる福音書」にはこのヘブライ語法の使用が多い。voice (2) には［So it was +「時の副詞」+ that ...］の例があるが、これも上述のヘブライ語法の訳。この英訳やギリシャ語訳の［kai egeneto +「時の副詞」+ kai/de］の方がヘブライ語の虚辞表現に近い形を残している。
　このヘブライ語虚辞表現はラテン語訳聖書 the Vulgate では［et factum est +「時の副詞」+ut/et ...］と訳された。このラテン語訳表現の多くは、古英語訳聖書で［and hit wæs geworden +「時の副詞」+ þæt/and ...］に訳され、中英語訳聖書では［and/forsoth/sotheli it was don +「時の副詞」+ that/and ...］に訳された。これらの訳においても、「時の副詞」は文頭あるいは þæt/and に続く節内に移動している場合が多い。

○ 2) - 3) はヘブライ語原典にある表現ではなく、この物語から造られた英語表現。

○ fugitive と vagabond のヘブライ語の説明は curse 参照。

△【メトニミ】
1) 兄 Cain は弟の Abel を殺したことから、Cain は「人殺し」、「兄弟殺し」を意味する（行為者の名で行為を表すためメトニミ）。

△【メトニミ】
2) カインがアベルを殺したのは、神がアベルの捧げ物を喜んで受け取ったのに対し、自分の捧げ者には目もくれず無視されたからである。激しい怒りはやがて弟に対する嫉妬となったのである。このことからカインは「怒り」そして怒った結果として起こす「騒ぎ」を意味する（メトニミ）。

3) は curse 参照。

23	calf	worship the golden calf ・富を崇拝する。 「出エジプト記」32:4-8	4 And he received the gold from their hand, and he fashioned it with an engraving tool, and made a molded calf. Then they said, "This is your god, O Israel, that brought you out of the land of Egypt!"...7 And the LORD said to Moses, "Go, get down! For your people whom you brought out of the land of Egypt have corrupted themselves. 8 "They have turned aside quickly out of the way which I commanded them. *They have made themselves a molded calf, and worshiped it and sacrificed to it*, and said, 'This is your god, O Israel, that brought you out of the land of Egypt!'" 4 そして彼（アロン）は彼らの手から（金製品を）受け取った。そしてそれらを鋳型の中に入れた。そして雄牛の鋳造を作った。そして彼らは言った。イスラエルよ、これがおまえをミツライーム（エジプト）から連れ出した神だ。……7 ヤハウェはモーゼに言った。さあ、下山しなさい。なぜならば、おまえがミツライームから連れだした民は堕落した。私が彼らに命じた道を踏み外し、仔牛の影像を造り、それにひれ伏し、それに生贄を供えていえる。そして叫んでいる。イスラエルよ、これがあなたをミツライームから連れてこれたエロヒーム（神）だと。
24	cheek	1) give one's cheek to 2) turn the other cheek to ・（不当な仕打ちを）甘んじて受ける。 「哀歌」3:30 「マタイによる福音書」5:39	「哀歌」 3:30 Let him *give his cheek* to the one who strikes him, And be full of reproach. 31 For the Lord will not cast off forever. 打つ者には頬を向けよ。甘んじて懲らしめを受けよ。アドナイ（わが主）はいつまでも見捨てることはない。 「マタイによる福音書」5:39 I tell you not to resist an evil person. But whoever slaps you on your right cheek, *turn the other* to him also. 悪人に手向かってはならない。おまえの右の頬を打つ者には左の頬も向けなさい。
25	coal	1) heap coals of fire upon a person's head 2) cast coals of fire upon a person's head 3) gather coals of fire upon a person's head ・恨みに対し徳を行って人を恥じ入らせる。 ・悪意を親切で返す。 「箴言」25:22 「ローマの信徒への手紙」12:20	21 If your enemy is hungry, give him bread to eat; And if he is thirsty, give him water to drink; 22 For so you will *heap coals of fire on his head*, And the LORD will reward you. 21 敵がお腹をすかせていたらパンを食べさせ、喉が渇いていたら水を飲ませなさい。なぜならば、あなたが彼の頭の上に燃えさかる炭火を積み重ねることになるからです。そしてヤハウェはあなたに報います。

○ 文中の Israel は「Isarael (= Jacob) の子孫たち」の意味。

○ 原典には golden calf という句はないが、calf が gold で作られていることから、golden calf という成句が作られた。

△【メトニミ】
golden calf は「黄金の仔牛の彫像」のことである。神ではなくこの像を崇拝するということは、目の前に分かりやすい形で存在しているもの（＝黄金の像、すなわち富）を崇拝するということである。golden calf は「高価である」という特徴から富の象徴として用いられている（メトニミ）。参考までに、神は民が守るべき 10 の戒めをモーセに告げた。それにより偶像崇拝は厳しく禁じられていたため、「私が命じた道を踏み外し、仔牛の彫像を造り……」となっている。

○ cheek はヘブライ語の〈LḤY〉(/lə:ḥi:/) の訳。このヘブライ語は「あご」、「あご骨」、「頬」を意味する。

△【メトニミ】
「頬を向ける」という行為は、自ら（甘んじて）後続する「頬を打たれる」という「不当な仕打ち」を受けることを暗示している（継起的連続性のメトニミ）。

○『新約聖書』の表現は『旧約聖書』に由来。

○ coals of fire のヘブライ語は「燃えさかる炭火」を意味する 1 語〈GḤL〉(/gɑḥɑl/) の複数形〈GḤLYM〉(/geḥɑ:li:m/)。この単語はいつも複数形で使用。この熟語は「燃えるような心遣い、熱くなった心、そして、恥ずかしさで満ちあふれている」心の状態を表す (Gesenius, 1979)。

△【メトニミ＋メタファ】
認識を司る部位である人の頭（メトニミ）に、燃えさかる炭火、すなわち「心の熱い世話」（メタファ）を積み重ねることは、「熱い親切を繰り返し、悪い行いを悔い改めさせること」を意味する。

26	coat	a coat of many colors ・晴れ着。 ・多彩なコート。 「創世記」37:3	3 Now Israel loved Joseph more than all his children, because he was the son of his old age: and he made him a *coat* of many colours. 4 But when his brothers saw that their father loved him more than all his brothers, they hated him and could not speak peaceably to him. 3 そしてイスラエル（＝ヤコブ）はすべての息子のなかでヨセフをいちばんかわいがった。なぜならば、歳をとってからの子供だったから。そしてヨセフに（くるぶしまである長い）複数の色から成る服を作った。4 兄弟は、父が自分たちよりもヨセフをかわいがっているのを知り、ヨセフを嫌い、ヨセフに優しく口をきくことはなかった。
27	child	son (1) 参照	
28	change	leopard 参照	
29	clay	feet of clay ・もろい基礎 ・意外な弱点。 「ダニエル書」2:33	32 This image's head was of fine gold, its chest and arms of silver, its belly and thighs of bronze, 33 "its legs of iron, its *feet partly of iron and partly of clay*. 34 "You watched while a stone was cut out without hands, which struck the image on its feet of iron and clay, and broke them in pieces. 32 この彫像の頭は純金、胸と腕が銀、33 腹と腰が青銅でできていた。脚の下部は鉄、足の一部は鉄、一部は土でできていた。34 石が人の手によらないで切り出され、彫像の鉄と土でできた足を打ち砕くのを、あなたは見ていた。
30	countenance	one's countenance fell. ・失望する。 ・落胆する。 「創世記」4:5	4 Abel also brought of the firstborn of his flock and of their fat. And the LORD respected Abel and his offering, 5 but He did not respect Cain and his offering. And Cain was very angry, and his *countenance fell*. 4 アベルは羊の群れの中から肥えた初子を持ってきた。ヤハウェはアベルと彼の捧げ物に目を向けた。5 しかしカインと彼の捧げ物には目を向けなかった。カインは激しく怒って顔を伏せた。
31	cup	1) one's cup is full 2) one's cup runs over 3) one's cup overflows ・幸福感を味わう。 ・有頂天になる。 「詩編」23:5	You prepare a table before me in the presence of my enemies; You anoint my head with oil; *My cup runs over*. *The New Revised Standard Version* (1989) You prepare a feast for me in the presence of my enemies. You honor me by anointing my head with oil. *My cup overflows* with blessings. あなたは、私を苦しめる者を前にして、食卓を用意してくださる。油を私の頭に塗り、私の杯を溢れさせてくださる。

〇 coat はヘブライ語の〈KTNT〉(/kəto:neθ/)の訳。このヘブライ語の意味は「チュニック風のシャツ (shirt-like tunic)」(Clines, 1998)。

△【メトニミ】
物語の内容から、ヨセフが作ってもらった「複数の色から成る服」は「特別に作られた服」であることがわかる。これにより many colors は「特別なもの」を象徴している。「特別」という抽象的な解釈はその服の特徴でありわかりやすい「複数の色」を介して理解される（メトニミ）。「晴れ着」とは「特別な（ときに身にまとう）服」のことである。

〇 バビロンの王ネブカドネザルが見た夢をダニエルが解釈しようとしている場面。

〇 thighs のヘブライ語の〈YRKʻ〉(/yɑːreːx/) 複数形の訳。この語は「腰」、「ものの上部」の意味を持つ。

〇 legs はヘブライ語は〈ŠQ〉(/ʃoːq/) の複数形の訳。このヘブライ語には「すね」、「もも」、「脚」の意味がある。

〇 clay はヘブライ語の〈ḤSP〉(/ḥăsɑf/) の訳。このヘブライ語の意味は「土器」、「陶器」、「土器片」、(Gesenius (1979) 参照)。

△【メトニミ＋メタファ】
feet（足）は人間の身体を支える部位である。このことから「支える場所＝基盤」という解釈が導き出される（メタファ）。さらに clay（土）は外圧に弱く、形状が容易に変化することから、「もろい」「弱い」という捉え方がなされる（ものでその特質を表すメトニミ）。

〇 countenance はヘブライ語の「顔」〈PNYM〉(/pɑːnyːm/) [複数形] の訳。ヘブライ語では「顔」はいつも複数形で表現。Face (1) 参照。

△【メトニミ＋メタファ】
人は落胆したり失望したりすると「頭を垂れる」ものである。つまり落胆や失望を感じると同時に「顔を伏せる」のであり、視覚的に捉えることができる後者の行為を描写することで、そのときの抽象的な心理状態を表現している（メトニミ）。さらに fell の使用は BAD IS DOWN という概念メタファによって動機づけられている。

〇 この表現は、聖書では、神の寵愛を一身に受ける幸せを意味する。そこから一般的な幸せの状態を意味するようになった。

△【メタファ】
「胸がいっぱいになる」「溢れんばかりの喜び」にも見られるように、感情を流体と見なし、それが宿るところを容器と捉えている（感情を流体に見立てるメタファと容器のメタファ）。

32	curse	the curse of Cain ・永遠の放浪 「創世記」4:10-12	10 And He said, "What have you done? The voice of your brother's blood cries out to Me from the ground. 11 "So now *you are cursed from the earth*, which has opened its mouth to receive your brother's blood from your hand. 12 "When you till the ground, it shall no longer yield its strength to you. A <u>fugitive</u> and a <u>vagabond</u> you shall be on the earth." 10 彼（ヤハウエ）は言った。おまえは何をしてしまったのだ。土の中からおまえの兄弟の血が私に向かって叫んでいる。11 いまや、おまえは土に呪われている。おまえによって流された兄弟の血を受け止めるために土は口を開けている。12 おまえは土を耕しても、土はおまえのために力を生み出すことはない。おまえは地上で放浪者となり、さすらい人となる。
33	daughter (1)	1) daughter of the horseleech 2) daughter of the leech ・しきりに物をねだる人。 ・貪欲な人。 「箴言」: 30:15	*The <u>leech</u> has two daughters, Crying,* Give and Give! There are three things that are never satisfied, Four *things* never say, *It is* "Enough!": 『欽定訳聖書』 *The horse-leach hath* (= *has*) *two daughters,* crying, Giue (= Give), giue (= give). There are three things that are neuer (= never) satisfied, yea foure (= four) things say not, It is enough: 蛭（ひる）には2人の娘がいた。くれ！くれ！（と叫ぶ。）三つあっても満足せず、四つあっても充分とは言わない。
34	daughter (2)	1) daughter of man 2) daughters of men ・女性。 「創世記」6:2	the sons of God <u>saw</u> the *daughters of <u>men</u>*, that they were beautiful; and they took wives for themselves of all whom they chose. エロヒームの子らは人（アダム）の娘たちを見て、美しいと思った。そして彼らは選んだ者を妻にした。
35	day	the number of one's days ・生涯 「出エジプト記」23:26	No one shall suffer miscarriage or be barren in your land; I will fulfill the *number of your days*. あなたの土地では女は流産しないし、不妊はない。私はあなたの天寿をまっとうさせる。

○ fugitive と vagabond はヘブライ語の〈NWʻ〉(/nuːɑʼ/) と〈NWD〉(/nuːð/) で両単語は頭韻している。前者は「あっちこっち揺れる」、後者は「あっちこっち動く」という意味を持つ動詞から派生した名詞で、両単語は類義語。

○ 弟を殺したカインが受けた罰の物語に由来する句。

△【シネクドキ】
弟を殺したカインは、農耕者でありながら「実りのない地を一生耕し、逃げ移ろわねばならない」という罰を受ける。(ここでカインが受けた) curse (災い) は数あるうちの一種である (シネクドキ)。

○ leech はヘブライ語〈ʻLWQH〉(/ʼɑluqɑːh/) の訳。このヘブライ語には erotic passion の意味もある (Clines, 2007 参照)。「くっつく」、「しがみつく」、「まとわりつく」を意味する動詞から派生した語 (Klein, 1987 参照)。

△【メトニミ+メタファ】
daughter of the horseleech という表現は聖書にはないが、左の物語から生まれた表現。「蛭の娘」の「しきりに物をねだる・貪欲である」という側面が取り立てられ (メトニミ)、「人」という別の領域に写像されている (メタファ)。

○ men はヘブライ語〈ʻDM〉(/ʼɑːðɑːm/) の訳。〈ʻDM〉は単複同形。このヘブライ語は固有名詞 Adam として英語に入っている。神が最初に創った人間を〈ʻDM〉(/ɑːðɑːm/) と呼んだ。

○ 動詞 see が名詞句を従えるときは「見る」、that 節を従えるときは「思う」の意味になる。引用文は現代英語。その文中の動詞 "saw" は名詞句と that 節を同時に従えている。そのために "saw" は「見た」と「思った」の意味を同時に表現することになり、非文法的。この英文はヘブライ語の文構造に牽引されて出現。その例はすでに『欽定訳聖書』(「創世記」1:4, 6:2) に見られる。英訳聖書によく見られる表現。

△【シネクドキ】
「神が最初に創った人間」はアダムであるが、彼の肋骨からアダムの helper として女性のイヴが創造された。ここで言う man/men はアダムであり、男性である。daughter は「女性」の下位区分であり、「娘」という種でもって「女性」という類を表している (シネクドキ)。

○ miscarriage は「子供を奪われる」、「子供を亡くする」を意味するヘブライ語の動詞〈ŠKL〉(/ʃɑːxoːl/) の分詞形。

△【メタファ】
ここで用いられている day は狭義の意味の「日中」が関わっていると思われる。概念メタファ DEATH IS DARK により「夜」は生きているイメージを与えないが、太陽が輝き人が活動する日中は「生」の時間を象徴的に表している。

191

36	death（1）	1）die the death ・処刑される。 ・断ち切られる。 ・（役者としての生涯が）終わる。 2）put to death ・処刑にする。 ・殺す。 「創世記」2:17, 3:4, 26:11 「出エジプト記」21:17 「民数記」15:35 「レビ記」20:9 「マタイによる福音書」15:4 「マルコによる福音書」7:10	『欽定訳聖書』（1611）「マタイによる福音書」15:4（「出エジプト記」（20:12, 21:17）からの引用） For God commaunded (= commanded), Honour thy (= your) father and mother: And hee (= he) that curseth (= curses) father or mother, let him die <u>the death</u>. 「マタイによる福音書」15:4 "For God commanded, saying, 'Honor your father and your mother'; and, 'He who curses father or mother, let him be *put to death*.' 神は命じた。父と母を敬いなさい。父または母をののしる者は死ななければならない。 「創世記」26:11 So Abimelech *charged* all his people, *saying*, "He who touches this man or his wife shall surely be *put to death*." 『ウイックリフ訳聖書』（c1384）「創世記」26:11 .... *deþ* he schall *dye* = <u>death</u> he shall *die* アビメレクはすべての民に命令を下して、言った。この男とその妻を打った者は、必ず死ななければならない。
37	death（2）	love 参照。	
38	drawer	wood 参照。	
39	dog	A living dog is better than a dead lion. ・命あっての物種。 「コヘレトの言葉」9:4	for him who is joined to all the living there is hope, for *a living dog is better than a dead lion*. 命ある者には希望がある。死んだライオンよりも生きている犬のほうがましだ。
40	drop	a drop in the bucket ・大海の一滴 「イザヤ書」40:15	Behold, the nations are as *a drop in a bucket*, And are counted as the small dust on the balance; Look, He lifts up the isles as a very little thing. 見よ、諸国の民は、革のバケツからこぼれる水の一滴にすぎない。秤り皿の上の塵にすぎない。島々は（重さのない）塵のようなもの。
41	dust（1）	the dust ・死すべき人間の肉体。 ・死すべき者。 「創世記」3:19	For *dust* you are, And to *dust* you shall return. おまえは砂であるので、砂に戻らなければならない。

○ 同族目的語 the death に対応するヘブライ語は、定動詞と同一動詞の不定詞形。この不定詞は定動詞を強調するために定動詞の前に置かれる。このヘブライ語法は、ラテン語で修飾語句のない同族目的語として訳された。このラテン語の同族目的語が古英語訳聖書や中英語訳聖書で逐語訳された後、近代英語訳聖書では定冠詞が付加された同族目的語として訳されるか、be put to death と訳された。この表現は『旧約聖書』では処罰の結果としての死を表す文脈で頻繁に使用されている。このことから意味を特殊化させ、「処刑される」の意味になった。ヘブライ語のこの強調の不定詞（副詞）は、近代英語訳聖書では、しばしば、surely に置換。

○ "charged ... saying" については blood の説明参照。

△【メトニミ】
die（死ぬ）・death（死）という結果を表現することで、時間的に先行する死の原因ないしプロセス（処刑）を表している（メトニミ）。

○ dog はヘブライ語で〈KLB̠〉（/kelev/）。このヘブライ語は「残忍なもの」「恥知らずのもの」の意味もある。

○ lion はヘブライ語で〈ʾRY〉（/ʾary:/）。このヘブライ語は「強いもの」と「どう猛なもの」「残酷なもの」の意味がある。

△【メタファ】
死は誰にでも訪れるものである。dog は英語（聖書）においては卑しい存在として描かれることが多く「社会的弱者」、逆に lion は百獣の王として強さの象徴、すなわち「社会的強者」を意味している（メタファ）。

○ bucket はヘブライ語の〈DLY〉（/dəli:/）の訳。このヘブライ語は「革製のバケツ」。

△【メタファ】
「バケツの中の一滴」とは「広大な場所（バケツ）に極めて小さな存在（一滴）がある」ことを表しており、それが人間という別の領域に写像されて「（一人の）人間の存在のはかなさ」を示している（メタファ）。

○ 両方の dust は、ともに、ヘブライ語の「砂」を意味する〈p̠R〉/ˈɑːfɑːr/ の英訳。このヘブライ語に対する英語の定訳は dust, 日本語訳は「土」。これについては dust (2) を参照。

△【メトニミ】
最初の人間 adam は赤土から造られた（「砂」という素材で、創り上げられた「人」を意味するのでメトニミ）。「砂に戻る」とは「（生まれる前の）元の状態に返る」ことで、「死」を表現している。

193

42	dust（2）	dust and ashes ・がらくた。 ・つまらないもの。 「創世記」18:27	Then Abraham <u>answered and said</u>, "Indeed now, I who am but <u>*dust and ashes*</u> have taken it upon myself to speak to the Lord. アブラハムは答えて、言った。聞いてください。アドナイ（わが主）に申し上げます。私は砂粒にすぎない者です。
43	dust（3）	lick the dust ・ひれ伏す。 ・負ける。 ・殺される。 ・死ぬ。 ・倒される。 ・打ち破れる。 「詩編」72:9	8 He shall have dominion also from sea to sea, And from the River to the ends of the earth. 9 Those who dwell in the wilderness will bow before Him, And His enemies will *lick the dust*. 8 彼は海から海まで、川から川まで支配するでしょう。9 砂漠の民が彼の前で身をかがめ、彼の敵が砂をなめるでしょう。
44	earth	1）go the way of all the earth 2）go the way of all flesh ・死ぬ。 「列王記上」2:2	1 Then the days of David drew near that he should die, and he charged Solomon his son, saying: 2 I *go the way of all the earth*; be strong, therefore, and prove yourself a man. *The Rheims Douai Bible*（1569-1610） I enter into *the way of al*（=*all*）*flesh*... 1 ダビデの日々が死に近づいた。彼は息子のソロモンに命じて言った。2 私は地のすべての人が行く道を行く。おまえは強く、男らしくなれ。
45	eat	eat, drink and merry ・人生を楽しくやる（特に、励ますとき） 「コヘレトの言葉」8:15	I commended enjoyment, because a man has nothing better under the sun than to *eat, drink, and be merry*; for this will remain with him in his <u>labor</u> for the days of his life which God gives him under the sun. 人は、太陽の下、食べ、飲み、陽気になること以外に良いことはないので、私は楽しむことを讃える。それは太陽の下、エロヒーム（神）が人に与える生涯の日々の労苦とともにあるものだ。
46	Eden	live in Eden ・幸せに暮らす。 「創世記」2:8-24	15 Then the LORD God took the man and put him in the garden of <u>Eden</u> to tend and keep it. 16 And the LORD God commanded the man, saying, "Of every tree of the garden you may freely eat; 15 ヤハウェ　エロヒームはアダム（人）を連れてゆき、エデンの園に置いた。16 ヤハウェ　エロヒームはアダムに命じて言った。お前は園の木の実を好きなだけ食べてもよろしい。

○ dust はヘブライ語〈p̄R〉(/ˈɑːfɑːr/) の訳。このヘブライ語は「乾いた細かいさらさらした砂」を指す。このヘブライ語の単語は、「創世記」(2:7) では「人 (adam) を創るために使われた砂」であり、「創世記」(13:16) では「あなたの子孫を大地の砂粒のようにする」の「砂粒」の単語でもある。ashes はヘブライ語の単数形〈p̄R〉(/ˈeːfer/) の訳。このヘブライ語の単語は、〈p̄R〉(英訳 dust) と類義で、「砂」を指す。〈p̄R〉は ash (1) でも (eat) ashes と複数形で英訳されている。
○〈p̄R〉(英訳 dust) と〈p̄R〉(英訳 ashes) の綴り上の違いは語頭の文字だけだが、これらの語頭音〈ˈ〉と〈ˈ〉は共に声門閉鎖音をという共通点を持つ。「〈p̄R〉(英訳 dust) +〈p̄R〉(英訳 ashes)」の日本語における定訳は「塵あくた」(『聖書 新共同訳』)。

○ answered and said については blood の説明参照。

△【メタファ】
大地と対比すれば dust や ashes の「細かさ」「小ささ」は明らか。この点が別の領域に写像されている（メタファ）。

○ dust のヘブライ語は dust (1) と同じヘブライ語〈p̄R〉「細かいさらさら砂」。

△【メトニミまたはメタファ】
敵にひれ伏している様子は「地の砂をなめている」ように見えることから出てきた表現。身体を地に付けている様子は、相手に屈していることを表す（メトニミ）。また、死んでいても同様の体勢になることから、死ぬことを表すメタファともなる。

○ 原典では all the earth（すべての地の人々）の意味。これを all flesh（肉を持つ者）に置き換えた表現が一般化している。いずれも「すべての人々」の意味。

△【メタファ】
人間は生まれた直後から死に向かう。これは万人に当てはまることである。The way of all the earth/flesh（すべての人が行く道）は人生の終着点である「死」につながっている（LIFE IS A JOURNEY という概念メタファ）。

○ labor はヘブライ語の〈ML〉(/ˈɑːmɑːl/) の訳。このヘブライ語は「労苦」、「トラブル」、「獲得」、「心配」を意味する。

△【シネクドキ】
eat も drink も生きているかぎり欠かすことができない行為である。そこから「生きる」「人生」というより包括的な意味が出てくる（種で類を表すシネクドキ）。

○ この句は「創世記」(2:8-24) の物語から生まれ表現。左の引用文はその物語の一部。

○ Adam とアダムにあたるヘブライ語は普通名詞で、「人」を意味する〈ˈDM〉(/ɑːdɑːm/) の音訳。音訳された後、固有名詞になった。

○ Eden = エデンはヘブライ語〈ˈDN〉(/ˈeːðen/) の音訳。この語は語源上、「楽しい場所」を意味するとする説が有力。

△【メトニミ】
アダムとイヴが神に追放されるまでのエデンにおける楽しい暮らしから生まれた表現。エデンは「楽園」であり、楽しさや幸福を象徴する場所である（地名でその地の特徴的な面を表すメトニミ）。

47	eye（1）	1）eye for eye 2）eye for eye, tooth for tooth ・目には目、歯には歯を。 「出エジプト記」21:24	23 if any lasting harm follows, then you shall give *life for life*, 24 "*eye for eye,* tooth for tooth, hand for hand, foot for foot, "25 "burn for burn, wound for wound, stripe for stripe. 23 もしも傷害があるならば、命には命、24 目には目、歯には歯、手には手、足には足、25 やけどにはやけど、生傷には生傷、打ち傷には打ち傷で償わなければならない。
48	eye（2）	see eye to eye ・見解が同じである。 ・意見が一致する。 ・同調する。 「イザヤ書」52:8	Your watchmen shall lift up their voices, With their voices they shall *sing* together; For they shall *see eye to eye* When the LORD brings back Zion. 8 あなたの見張りたちは声を上げる。ともに声を上げる。というのは、彼らは「目と目を見る」（＝ともにわかっている）からである。ヤハウェ（神）がシオンに帰るのを。
49	eye（3）	lift up my eyes ・見上げる。 「詩編」121:1	I WILL lift up my eyes to the <u>hills</u> – From whence comes my help? 私は山々に向かって目を上に上げる。どこから助けが来るというのか。
50	face（1）	1）before the face of 2）before one's face ・目の前で。 「民数記」19:3	『欽定訳聖書』（1611） And ye（＝you）shall giue（＝give）her vnto（＝unto）Eleazar the Priest, that hee（＝he）may bring her forth without the campe（＝camp）, and one shall slay her *before his face*. *New Revised Standard Version*（1989） You shall give it to the priest Eleazar, and it shall be taken outside the camp and slaughtered <u>in his presence</u>. おまえたちはそれ（＝無傷で、欠陥のない赤毛の雌牛）を祭司エルアザルに与え、宿営の外へ連れ出し、彼の前で殺しなさい。
51	face（2）	fall flat on one's face ・ひれ伏す。 ・面目を失う。 ・無残に失敗する。 「民数記」22:31	31 Then the LORD opened Balaam's eyes, and he saw the <u>Angel</u> of the LORD standing in the way with His drawn sword in His hand; and he bowed his head and *fell flat on his face.*.... 34 And Balaam said to the Angel of the LORD, "I have sinned, for I did not know You stood in the way against me. Now therefore, if it displeases You, I will turn back." 31 そしてヤハウェはバラムの目を開かせた。彼はヤハウェのメッセンジャーが抜いた刀を手に持って道に立っているのを見た。彼はおじぎをし、顔を下に付けた。……34 バラムはヤハウェのメッセンジャーに言った。私は罪を犯しました。あなたが私に向かって立っていることを知りませんでした。もしもお気に障るのでしたら、引き返します。

○ ヘブライ語の「目」は〈'YN〉(/'ɑy:n/)。「目」以外の意味は「視力」「存在」「目撃」「表面」「色」「輝き」「花」「滴（しずく）」「道の分岐点」「車輪の爪」（Clines, 2007, vol.Ⅵ）。

△【メタファ】
「目には目」「歯には歯」は「同等もの」を表している喩え（メタファ）である。この句の意味は「受けた害に対し同等の仕打ちを持って報いる」ということである。

○ sing はヘブライ語の動詞〈RNN〉(/rɑ:nɑn/) の訳。この語の基本的な意味は「大きな声を張り上げる」。そこから「喜びの声を上げる」、「歓喜する」、「喜びの歌を歌う」等の意味を拡張させた。

△【メトニミ】
「目と目を見る」は、「見解が同じ」、「意見が一致している」、「同調する」時に見られる行為である。（同時的メトニミ）。

○ hills はヘブライ語の〈HR〉(/hɑr/)「山深い所」「山」の複数形の訳。〈HR〉(/hɑr/) は SF 映画 Armageddon「アルマゲドン」（=「マゲドンの山」）の Ar-,「アル－」として英語や日本語に入っている。Armageddon という山の名前は、聖書では、『新約聖書』の「黙示録」（16:16）に1回だけ出現。

△【メタファ】
「助けが来る」のを待つという状況を描いた一節で、「好ましい」対象に対して「上」という概念が使われている（GOOD IS UP の概念メタファ）。

○ ヘブライ語では「顔」〈PNH〉(/pɑ:neh/) は常に複数形〈PNYM〉(/pɑ:ny:m/) で使用される。「顔」以外の意味は「顔の表情」、「存在」、「表面」、「前部」、「入り口」、「刀などの先」、「知性」、「歓待」、「恩恵」、「怒り」。（Clines, 2007, vol.Ⅵ）

△【メトニミ】
身体の構成から face は前面にあり、before は空間的な前を示している。ここでは「身体の前面と隣接する前の空間（視覚的に捉えることができる空間）」の意味である（空間隣接のメトニミ）。

○ 英訳の Angel はヘブライ語の〈ML'K〉(/mɑlɑ'ɑ:x/) の訳。このヘブライ語は「メッセンジャー」の意味。ヘブライ語聖書では「神の言葉を人に伝える者」の意味。このヘブライ語を英訳聖書では Angel と訳している。

△【メタファ＋メトニミ】
相手にひれ伏すという行為は「身体を下ろし顔を地に付け平たくなる」ことである。ここでは fall という「下」を表す語が良くない状況であることを暗示している（BAD IS DOWN の概念メタファ）。また身体を平たく地に付けている様子は、相手に屈し自らの面目を失っていることを表す（メトニミ）。

52	face (3)	set one's face against ・強硬に反対する。 「レビ記」20:3	I will *set My face against* that man, and will cut him off from his people, because he has given some of his <u>descendants</u> to Molech, to defile My sanctuary and profane My holy name. 私はあの者から顔をそむけ、その者の民からその者を断つ。その者は自分の子をモレク神に捧げ、私の聖所を汚し、私の聖なる名を冒瀆したからである。
53	face (4)	hide one's face ・無視する。 ・答えない。 「詩編」102:2 (3)	1 Hear my prayer, O LORD, And let my cry come to You. 2 Do not *hide Your face* from me in the day of my trouble; Incline Your ear to me; In the day that I call, answer me speedily. 1 ヤハウェよ、私の祈りに耳を傾けてください。ヤハウェが私の叫びに耳を傾けてくださいますように。2 私が困難に陥ったとき、あなたの顔を私から隠さないでください。あなたの耳を傾けてください。あなたを呼ぶとき、急いで私に答えて下さい。
54	face (5)	1) face ・表面 2) the face of the earth ・地表 「創世記」7:3 3) the face of the waters ・水面 「創世記」1:2 (O.E.D. 参照。)	「創世記」7:3 "also seven each of birds of the air, male and female, to keep the species alive on *the face of all the earth*. 空の飛んでいる生き物から7番（つがい）、雌と雄（を取りなさい）。地の表で種を絶やさないために。 「創世記」1:2 The earth was <u>without form, and void</u>; and darkness was on the face of the deep. And the <u>Spirit of God</u> was hovering over *the face of the waters*. 地は形はなく空であった。そして暗闇が深淵の表にあった。神の霊が水面を漂っていた。
55	fall	face, pride 参照。	
56	father (1)	1) be gathered to one's fathers 2) be gathered to one's people ・亡くなる。 「創世記」49:33 参考 1) give/yield up the ghost ・亡くなる。 「創世記」49:33	*The Geneva Bible* (1560) Thus Iaakob (= Jacob) made an end of giuing (= giving) charge to his sonnes (= sons), and plucked vp (= up) his feete (= feet) into the bed and *gaue* (= gave) *vp the ghost,* and *was gathered to his people.* *The Revised Version* (1885) And when Jacob made an end of charging his sons, he gathered up his feet into bed, and *yielded up the ghost,* and *was gathered unto his people* ヤコブは息子たちに命じ終えると、両足をベッドに置き、息を引き取り、一族の人びとのところに集められた。
57	father (2)	go to one's fathers ・亡くなる 「創世記」15:15	"Now as for you" you shall *go to your fathers* in peace; you shall be buried at a good old age. あなたは、安らかにあなたの父たちのところへ行く。かなりの歳になって葬られる。

○ decendants はヘブライ語の〈ZR'〉(/zerɑ'/) の訳。このヘブライ語の意味は「種播き」「種播きの季節」「種」「精液」「動物の子」「人の子」「子孫」「後世の人びと」(Clein, 1987: 204)。

△【メトニミ】
face は表情を持つ部位であり、自らの意思が表出されやすい場所である。その face を相手に反対する (against) ように定める (set) ということは、自らの意思として賛同しかねることを明示している (face が意思を表すメトニミ)。

○ 引用文第2節の2つの文に対応するヘブライ語文は平行体を構成し、両文は類似の意味を表している。
  a) Do not hide Your face ... in the day ....
  b) Incline Your ear ... In the day ....

△【メトニミ】
face は表情や言葉を発して意思を示す部位である（メトニミ）が、それを隠す (hide) ということは「意思を示さない」「反応しない」ということである。

○「創世記」(1:2) の without form, and void はヘブライ語〈THW W-BHW〉(/θoːhuː wɑː-voːhuː/) の訳。このヘブライ語は、三つの形態素〈THW〉+〈W-〉+〈BHW〉から成る。〈W-〉は接続詞 and に相当。〈THW〉と〈BHW〉が押韻している。両単語は類義語。〈THW W-BHW〉(/θoːhuː wɑː-voːhuː/) は英語に音訳され、tohubohu (混乱状態、無秩序) という英単語になっている。

○「創世記」1:2 の the Spirit of God の spirit はヘブライ語の〈RWH〉(/ruːɑн/) の訳。このヘブライ語の意味は「息」「そよ風」「風」「神が起こす風」「命を支える呼吸」「感覚」「心」「神の魂」「聖霊」(Koehler and Baumgartner, 1996, vol. 3)。the Spirit of God は the Wind of God と訳している聖書もある。17 の解説にあるヘブライ語の〈NPŠ〉とともに古代ヘブライ人の考え方を表す単語の一つ。

△【メタファ】
「顔」は人の最も特徴的で注目されやすい部分であり、かつ衣服で隠すことが少ないという意味でよく見える部分である。この「よく見える」部分という特性が人間以外の物に写像されると「(物の) 表面」という解釈が導き出される。

○ give/yield up the ghost はしばしば聖書英語と言われるが、ヘブライ語の表現に由来するものではない。英訳の gave up/yield up the ghost はヘブライ語の〈GW'〉(/gɑːwɑ'/)「死ぬ」という動詞1語の訳。gather の注参照。

△【シネクドキ＋メトニミ】
世代が上の fathers (＝先祖)（シネクドキ）や多くの人びとがいるところへ集められるということは、通常は世代が上の father が先に亡くなることや、歴史的に考えると生きている者よりも死んでいる者の方が多いということから「死者の世界へ招集される」と考えることができる。つまり、「先祖」は「死者」を表すメトニミ。

△ 参考 1) の ghost の意味は「魂」で、「生きること」を意味する（メトニミ）。

○ ヘブライ語の「父」〈'B〉(/'ɑːv/) は「始祖」、「創始者」、「元祖」、「氏族」の意味を持つ。

△【メトニミ】
father (1) 参照。

58	father (3)	sleep with fathers ・亡くなる。 「列王記上」2:10	*The New American Bible*（1971）: Then David *slept with his fathers* and was buried in the city of David. ダビデは彼の父達と一緒に横たわった。ダヴィデの町に葬られた。
59	foot	clay 参照。	
60	field	man of the field ・猟師 「創世記」25:27	Esau was a skillful hunter, *a man of the field*; but Jacob was a mild man, dwelling in tents. エサウは腕の良い猟師であり、野の人（猟師）であった。ヤコブはテントに住み穏やかな性格の人であった。
61	fig	vine 参照。	
62	fire (1)	fire and brimstone ・地獄の責め苦。 「創世記」19:24	24 Then the LORD rained brimstone and fire on Sodom and Gomorrah, from the LORD out of the heavens. 25 So He overthrew those cities, all the plain, all the inhabitants of the cities, and what grew on the ground 24 そしてヤハウェは、ソドムとゴモラに、天から硫黄と火（燃える硫黄）を降らせた。25 そしてこれらの町、すべての低地、すべての町の住人、地に生えているものすべてのものを破壊した。
63	fire (2)	coal 参照。	
64	flesh (1)	1) (own) flesh ・親族、肉親。 ・肉体、人間。 2) all flesh・生きとし生けるもの。 「創世記」37:27 「イザヤ書」40:5	「創世記」37:27 "Come and let us sell him to the Ishmaelites, and let not our hand be upon him, for he is our brother and *our flesh*." さあ、イシュマエル人に彼（ヨゼフ）を売ろう。彼にはわれわれの手をかけないでおこう。彼はわれわれの兄弟であり、われわれの肉なるものだから。 「イザヤ書」40:5 The glory of the LORD shall be revealed, And all flesh shall see it together; ヤハウェの栄光が現れ、すべての肉なる者が見る。
65	flesh (2)	earth 参照。	

△【シネクドキ＋メトニミ＋メタファ】
father（1）参照。Sleep は「寝ている」状態と「死んでいる」状態が類似していることから用いられている（メタファ）。

○ skillful は「知る」を意味するヘブライ語の動詞〈YD̠'〉(/yɑːðɑ'/) の分詞形。

○ mild は「行いが良い」、「礼儀正しい」、「健康な」、「正直な」等の意味を表すヘブライ語〈TM〉(/tɑːm/) の訳。

△【メトニミ】
「海の男」と言えば漁師を表すのと同様に、field（野山）の man（男）は、そこで行われる「狩猟」（メトニミ）を行う人であると解される。

○ 堕落した古代都市ソドムとゴモラを神が滅ぼすときの情景。

○ rained はヘブライ語の動詞〈MṬR〉の訳。この動詞は他動詞で、受動態で使用されることが多い。能動態のときは「(…に）雨を降らせる」の意味。

△【メトニミ】
ソドムとゴモラを壊滅させた fire（火）と brimstone（硫黄）は、「地獄の責め苦」をもたらす原因である（メトニミ）。

○ 英訳聖書には、「Come/ Go/ Arise/ Stand up（and）＋命令文」の構造がしばしば出現する。これは、間投詞に機能変化したヘブライ語動詞の命令形を英語に置き換えたもの。このヘブライ語の間投詞は直後の命令文に注意を喚起させるための機能を持つ。

△【メトニミ】
「肉」という身体を構成する一部でもって「人間」全体を表している（部分と全体のメトニミ）。

66	fleshpot	the fleshpots ・勝手気ままで贅沢な暮らし。 ・美食。 「出エジプト記」16:3	『欽定訳聖書』（1611） And the children of Israel saide (= said) vnto (= unto) them, Would to God wee (= we) had died by the hand of the Lord in the land of Egypt, when wee (= we) sate (= sat) by the *flesh pots*, and when we did eate (= eat) bread to the full: for ye haue (= have) brought vs (= us) forth into this wildernesse, to kill this whole assembly with hunger. *The New Revised Standard Version*（1989） The Israelites said to them, "If only we had died by the hand of the LORD in the land of Egypt, when we sat by the fleshpots and ate our fill of bread; for you have brought us out into this wilderness to kill this whole assembly with hunger." イスラエルの子（イスラエル人）たちは彼らに言った。ミツライーム（エジプト）の地でヤハウェの手にかかって死んだほうがよかった。肉の鍋の前に座り、パンをたらふく食った。あなたが私たちをこの荒野に連れてきて、ここにいるすべての者を飢えで死なせようとしている。
67	flow	honey 参照。	
68	fly	a fly in the ointment ・玉にきず。 ・興ざめ。 ・計画などを台無しにする人や物。 「コヘレトの手紙」10:1	*Dead flies putrefy the perfumer's* ointment, And cause it to give off a foul odor; So does a little folly to one respected for wisdom and honor. 死んだハエは、香水の油を腐らせ、臭くする。ちょっとした愚行でも、知恵や名誉より高くつく。
69	fruit（1）	the fruit of one's doings ・行いの報い。 「イザヤ書」3:10	Say to the righteous that it shall be well with them, For they shall eat *the fruit of their doings*. あなたがたは正しい者たちに言いなさい。彼らは自分の行いの果実を食べることができると。

202

○ the fleshpots に対応するヘブライ語の逐語訳は "cooking-pot of the flesh"。

○ the fleshpots という単語はラテン語訳を通して古英語訳聖書にすでに出現。

△【メトニミ】
物語の内容から、「エジプトでの贅沢な饗宴」に fleshpot（肉鍋）が出されていたことがわかる。この fleshpot という具体物は、その場の楽しく贅沢な雰囲気全体を表すものとして用いられている（メトニミ）。

○ この表現そのものは原典にはないが、この物語から造られた表現。

○ perfumer はヘブライ語の〈RQH〉(/rɑ:qɑн/) の訳。このヘブライ語の意味は「香辛料」、「香辛料を混ぜ合わせたもの」を意味する。

△【メタファ】
聖なる香油（ointment）は「完全であること」を表し、その中の邪魔な存在であるハエ（fly）は「ちょっとした欠点」の意で用いられている（メタファ）。

○ fruit はヘブライ語の〈PRY〉(/pəry:/) の訳。このヘブライ語の第一義は「果物」。他に「お腹の子供」、「子孫」、「結果としての生み出されたもの」がある。最後の意味で使用されているヘブライ語の表現が多い。以下の英訳はそれを逐語訳した例。
   1) the fruit of her hands 「箴言」31:16
      （彼女の手の稼ぎ）
   2) the fruit of their thoughts 「エレミヤ書」6:19
      （彼らが考え結果生まれた成果）
   3) the fruit of lies 「ホセア書」10:13
      （嘘がもたらしたもの）
   4) the fruit of righteousness 「アモス書」6:12
      （正義がもたらしたもの）
   5) the fruit of arrrogance 「イザヤ書」10:12
      （驕った心が生み出すもの）

△【メタファ】
fruit は「植物が成長して実らせたもの」であり「あるプロセスの結果として生じるもの」を意味する。ここでは果実とは異なる領域に属する「行い」というプロセスが生んだ結果を「報い」（fruit）と表している（メタファ）。

No.	見出し	意味・用例	用例・出典
70	fruit (2)	1) the fruit of the body 2) the fruit of the loins 3) the fruit of the womb ・子。 ・子宝。 ・子供。 4) the fruit of the ground ・農作物。 5) the fruit of the livestock ・家畜の子。 6) the fruits of the earth ・大地の実り。 「申命記」28:4	『欽定訳聖書』(1611) 4 Blessed shall be *the fruit of* thy (= your) *body*, and *the fruit of thy ground*, and *the fruit of thy cattell* (= cattle), the increase of thy kine, and the flocks of thy sheepe (=sheep). 5 Blessed shall be thy basket and thy store. *The New Revised Standard Verrsion* (1989) 4 Blessed shall be *the fruit of your womb*, *the fruit of your ground*, and *the fruit of your livestock*, both the increase of your cattle and the issue of your flock. 5 Blessed shall be your basket and your kneading bowl. 4 あなたのお腹の実り、あなたの土地の実り、あなたの家畜の実り、牛の実り、羊の実りが祝福される。5 あなたの籠やあなたの粉をこねる鉢が祝福される。
71	fruit (3)	fruit of the lips ・(正しい) 言葉。 「イザヤ書」57:19	18 I have seen his ways, and will heal him; I will also lead him, And restore comforts to him And to his mourners. 19 "I create *the fruit of the lips*: Peace, peace to him who is far off and to him who is near," Says the LORD, "And I will heal him." 20 But the wicked are like the troubled sea, When it cannot rest, Whose waters cast up mire and dirt. 21 "There is no peace," Says my God, "for the wicked." 18 私は彼の道を見た。私は彼を癒し、彼を導き、彼とそして嘆く人びとのために安らぎを与えよう。19 私は唇の実りを創る。平和(よあれ)、平和(よあれ)、遠くにいる者にも近くにいる者にも。ヤハウエは言う。私は彼を癒すと。20 そしてよこしまな者は荒れる海のようである。なぜならばそれは鎮めることができない。泥や土を舞い上げる。21 よこしまな者には平和がないとエロヒームは言う。
72	fruit (4)	forbidden fruit ・禁断の木の実。 ・不義の快楽。 ・試みることを許されていない快楽。 「創世記」2:17 「創世記」3:3	「創世記」2:17 "*but of the tree of the knowledge of good and evil you shall not eat*, for in the day that you eat *of* it you shall surely die." 善と悪の木(の実)をあなたは食べてはいけない。それを食べた日には、おまえは必ず死ぬ。 「創世記」3:3 But *of the fruit of the tree which is in the midst of the garden*, God hath said, Ye shall not eat *of it*, neither shall ye touch it, lest ye die. エロヒームは言った。庭の真ん中にある木の実をおまえたちは食べてはいけない。触ってもいけない。おまえたちが死ぬといけないから。
73	fullfill	fullfil the number of one's days ・天寿をまっとうする。 「出エジプト記」23:26	"No one shall suffer miscarriage or be barren in your land; I will *fulfill the number of your days*. あなたの国には流産する女も不妊の女もいなくなる。私はあなたの天寿を全うさせる。

○ body, womb,「お腹」はヘブライ語の〈BTN〉(/beten/) の訳。このヘブライ語は次の意味を持つ：「腹部」、「子宮」、「内蔵」、「内部」、「柱の頭にある出っ張った部分＝capital」。

△【メタファ】
fruit（1）参照。

○ ヘブライ語の「唇」の意味拡張については、lip 参照。

△【メトニミ＋メタファ】
lips は「言葉が出てくる場所」という解釈から「言葉」を表している（メトニミ）。さらにここでの fruit は「植物が成長して実らせたおいしい果実」という肯定的なイメージを引き継ぎ「唇が生み出した良い言葉」という正のニュアンスを醸し出している（メタファ）。

○ 左の物語から作られた表現。

○ eat of の of はヘブライ語の「部分」を表す形態素の訳。原典の意味は（eat）some of。

△【メトニミ】
アダムとイヴはエデンの園で fruit を食べて暮らしていたが、庭の中央にある「善悪の木の実」だけは食べることを禁止されていた。しかし、蛇がイヴに「その木の実を食べれば神のように善悪を知る者になる」と巧みに誘い、彼女の心は大きく揺れることとなった。ここでの fruit は「誘惑」という意味を表している（物で物語に動機づけられた特性を表すメトニミ）。あるいは fruit を「誘惑するもの」と捉えればシネクドキ。

△【シネクドキ】
day 参照。

74	gasp	1）at one's last gasp 2）at the last gasp ・死に際に。 ・いまわのときに。 「マカバイ記 2」7:9	*The New Revised Standard Version*（1989） And he was *at his last breath*, he said, "You accursed wretch, you dismiss us from this present life, 息を引き取るとき彼は言った。邪悪な者よ、おまえはこの世からわれわれの命を取ろうとしている。
75	Gath	Tell it not in Gath ・敵にそのことを知らせるな。 ・内緒の話だが。 「サムエル記 下」1:20	19 "The beauty of Israel is slain on your high places! How the mighty have fallen! 20 *Tell it not in Gath*, Proclaim it not in the streets of <u>Ashkelon</u>–Lest the daughters of the Philistines rejoice, Lest the daughters of the uncircumcised triumph. 19 イスラエルの佳人はお前の高地で刺し殺された。豪傑達は倒れた。20 ガトで（このことを）話すな。アシュケロンの町でみんなに話すな。ペリシテ人の娘たちが（それを）喜ばないように。包皮のある者の娘たちが勝どきをあげにないように。
76	gather	be gathered to one's people ・他界する。 「創世記」35:29	So Isaac breathed his last and died, and was gathered to his people, being old and full of days. イサクは息を引き取り、そして死んだ。彼は年を取り満足した日々を送った後、部族の人びとの所に集められた。
77	ghost	father（1）参照。	
78	good	a good old age ・かなりの歳。 ・長寿。 「創世記」25:8	Then Abraham breathed his last and died in *a good old age*, an old man and full of years, and was gathered to his people. そしてアブラハムはかなりの歳をとって亡くなった。十分な歳をとって。そして彼の一族の下に集められた。
79	grave	love 参照。	
80	hand	right 参照。	
81	hang	willow 参照。	
82	handwriting	1）handwriting on the wall 2）writing on the wall ・失敗。 ・災害等の前兆や兆し。 ・悪運や凶運。 「ダニエル書」5:5	In the same hour the fingers of a man's hand appeared and *wrote opposite the lampstand on the plaster of the wall* of the king's palace; and the king saw the part of the hand that wrote. そのとき、人の手の指が現われ、燭台の向こうの塗り壁に何かを書いた。王も、確かにその指を見た。

△【メトニミ】
gasp（はっと息を呑むこと）は「生きている」ことを表す（息を呑むという行為と生は同時的なのでメトニミ）。At the (one's) last gasp ということは「生きている最後の時」を表すこととなる。

○ ガトとアシュケロンはイスラエル人の敵であるペリシテ人が住む町。

△【メトニミまたはシネクドキ】
Gath は「敵が住む町」という意味である（地名でもってその地の特質を表すメトニミ）。また「敵が住む町」の一つが Gath であるため、種と類の関係とも考えられる（シネクドキ）。

○ 英訳は原典の平行体を反映している。この文では3つの節が平行体を構成している。
ヘブライ語原典の逐語訳：
A ：and-expired Isaac　　　　　　　　　　（2文字文）
A' ：and-died　　　　　　　　　　　　　　（1文字文）
A" ：and-was-gathered to-the-people-of-him （2文字文）
　　　（ヘブライ語では接続詞と前置詞は接頭辞）

『欽定訳聖書』(1611)の英訳：
A ：And Isaac gaue vp the ghost
A' ：and died
A" ：and was gathered vnto his people

△【シネクドキ＋メトニミ】
father (1) 参照。

○ a good old age の old age はヘブライ語では1語〈ŚYBH〉(/se:yvɑ:h/)。このヘブライ語は次の意味を持っている：「(老人の) 白髪」、「高齢」。

△【シネクドキ】
ものごとが「良い」状態にあることを表す good は、「充分な程度にあって良い」という意味に拡張される（類で種を表すメトニミ）。

○ バビロンの王でネブカドネザルの子ベルシャザルが貴族や女達と宴会を開き、酒を飲んでいた。宴たけなわのとき、突然、人の手指が現れ、壁に字を書いた。ベルシャザルはダニエルを呼び、その字を解釈させた。そのときの情景。

○ (hand) writing に当たるヘブライ語は表現されていない。漆喰の上に書かれた王と王国の滅亡を予言する物語に基づいて造られた表現。この場面はレンブラントの『ベルシャザルの祝宴』でも知られている。

△【メトニミ】
物語に出てくる指は壁に文字を書き連ねたが、王位を継いだベルシャザルは解読できずに恐怖に陥った。彼はその夜に暗殺されてしまった。ここから handwriting on the wall は「凶運や災害など」（継起的連続性のメトニミ）の「前兆」を表す。

83	harden	heart 参照。	
84	harp	willow 参照。	
85	head	lift up one's head ・名誉を回復させる。 ・自信を持って行動する。 ・元気を取り戻す。 「創世記」40:13	Now within three days Pharaoh will *lift up your head* and <u>restore you to your place</u>, 3日経ったら、ファラオーはあなたの頭を上に挙げ、あなたを職務に復帰さる。
86	heap	coal 参照。	
87	heart (1)	1) after one' own heart ・自分の思い叶った。 ・自分のメガネに適った。 2) a man after one's own heart ・思いどおりの人。 「サムエル記 上」13:14	The LORD has sought for Himself a man *after His own heart*, and the LORD has commanded him to be commander over His people, ヤハウェは自分の心に適った人を求める。そしてヤハウェはその人を人びとの指導者とする。
88	heart (2)	harden one's heart against ・心をかたくなにする。 ・頑固になる。 「出エジプト記」7:22 「申命記」15:7	『欽定訳聖書』(1611)「出エジプト記」7:22 and Pharaohs (= Pharaoh's) *heart was hardened*, neither did he hearken vnto (= unto) them, *The New Revised Standard Version* (1989) so Pharaoh's heart *remained hardened*, and he would not listen to them; as the LORD had said. ファラオーは心をかたくなにした。彼らに耳を傾けなかった。 『欽定訳聖書』(1611)「申命記」15:7 7 If there be among you a poore (= poor) man of one of thy (= your) brethren (= brothers) within any of thy gates, in thy lande (= land) which the Lord thy God giueth (= gives) thee (= you), thou (= you) shalt (= shall) not harden thy heart, nor shut thine (= your) hand from thy poore (= poor) brother: 8 But thou shalt open thine hand wide vnto (= unto) him, and shalt surely lend him sufficient for his neede (= need), in that which he wanteth (= wants). *The New Revised Standard Verion* (1989) 8 If there is among you anyone in need, a member of your community in any of your towns within the land that the LORD your God is giving you, do not *be hardhearted or tight-fisted* toward your needy neighbor. 8 You should rather open your hand, willingly lending enough to meet the need, whatever it may be. 7 もしもあなたのエロヒーム ヤハウェがあなたに与えた領地内にある町で、仲間 (brethren) の誰かが貧しいならば、その仲間に心をかたくなにし、手を閉じてはいけない。8 あなたはその人に手を広げ、そしてその人が必要とするもの、欲しがっているものを十分に与えなければならない。

○ 原典では以下が平行体を構成し、類似の意味を表わしている。
    a) Pharaoh will lift up your head
    b)   restore you to your place

△【メタファ】
元気や自信を取り戻した場合、人は顔を上げ胸を張り立ち上がって積極的に行動するようになる。ここでは好ましい方向をイメージさせる「上」がその様子を演出している（GOOD IS UPの概念メタファ）。

△【メトニミ】
自らの思い（one's own heart）に従った（after）ということは、「思いがかなった」「思いどおりになっている」ことを表す（heartは場所でその場所が生み出すもの「意思」を表すメトニミ）。

○「出エジプト記」(7:22) と「申命記」(15:7) では、以下の2文がそれぞれ平行体を構成し、両文は類似の意味を表わしている。

『欽定訳聖書』「出エジプト記」(7:22)
    a) Pharaohs heart was hardened
    b) neither did he hearken vnto them

『欽定訳聖書』「申命記」(15:7)
    a) thou shalt not harden thy heart,
    b) nor shut thine hand

○ ヘブライ語の「門」〈šʻR〉(/ʃɑʼɑr/) には、ほかに「人を裁く所」「塀に囲まれた町への入り口」、「門の内側」、「町」の意味がある。ここでは「町」の意味。the gate of my people = Jerusalem「ミカ書」1:9

△【メトニミ＋メタファ】
heart (1) 参照。
heart（意思）をharden（硬くする）ということは、heartを形あるものと捉え、さらにはその形状が揺らぎなく変形しないことを表す（メタファ）。

89	heart (3)	heart-searching ・自己批判。 ・内省、反省。 「士師記」5:16	Why did you sit among the sheepfolds, To hear the pipings for the flocks? The divisions of Reuben have great *searchings of heart*. なぜ、おまえは鞍袋の間に座り、羊の群れに吹く笛の音を聞いているのか。ルーベンの支族たちは心を見ていた（反省していた）。
90	heart (4)	pour out one's heart to ・心の内を打ち開ける。 ・心情を吐露する。 「哀歌」2:19	Arise, cry out in the night, At the beginning of the watches; *Pour out your heart* like water before the face of the Lord. Lift your hands toward Him For the life of your young children, Who faint from hunger at the head of every street. 夜に起きて、叫びなさい。夜の見張りの始まる頃、アドナイ（わが主）のお顔の前で水のようにおまえの心を注ぎ出し、手を上げなさい。あなたの子供たちの命（の救い）のために。子供達は街角でひもじさに衰えていく。
91	heart (5)	1) in a heart and a heart 2) of double heart ・二枚舌で不誠実に (Cf. O.E.D., *heart and double*) 「詩編」12:2 (3) 「歴代誌 上」12:33	「詩編」12:2 (3) They speak idly everyone with his neighbor; With flattering lips and *a double heart* they speak. 人は偽りを仲間に話す。滑らかな唇で、心と心で（＝二枚舌で）。 『欽定訳聖書』(1611)「歴代誌 上」12:33 Of Zebulun, such as went foorth (= forth) to battell (= battle), expert in warre (= war), with all instruments of warre (= war), fifty thousand, which could keepe (= keep) ranke (= rank): They were † not of double heart. † Heb. without *a heart and a heart*. *New Revised Standard Version* (1989) Of Zebulun, fifty thousand seasoned troops, equipped for battle with all the weapons of war, to help David *with singleness of purpose*. ゼブルン族出身の（者の中）から、戦争の武器を持った者5万人、秩序を保ち、心と心はなく（＝二心はなく）。
92	heel	1) lift heels against … 2) raise heels against … ・裏切る。 「詩編」41:9 (10)	Even my own familiar friend in whom I trusted, Who ate my bread, Has *lifted up his heel against* me. 信頼し、私のパンを食べる親友さえ、私を足蹴にしました。
93	hewer	wood 参照。	
94	hide	face 参照。	

△【メトニミ】
heart は「記憶や経験が蓄えられている場所」のことであり（場所でその場にあるものを表すメトニミ）、そこで問題点を search（探す）しているのである（探すという行為の結果反省するので継起的連続性のメトニミ）。

○ before the face of については face（1）参照。

△【メタファ＋メトニミ】
heart は「意思」や「感情」が収納されている容器である（容器のメタファ）。この句の中では、「お風呂がわいている」のように、容器が中身を表すメトニミとして用いられる。

○ 下線部 "They ... everyone ... his ... の everyone" は、複数形の名詞や代名詞を「配分化」し「単数化」させるヘブライ語法の反映。この場合は They を単数化している。

○ double heart、a heart and a heart はヘブライ語の (in) heart and heart の訳。『欽定訳聖書』では、このヘブライ語法を逐語訳した直後、(of) double heart と言い換えている。

○ † は『欽定訳聖書』の本文にあるマークで、欄外に注があることを示す。左の † は欄外にある注。

△【メトニミ】
heart は本来血液を全身に送り出す「心臓」のことである。感情によって鼓動が速くなったり遅くなったりすることから、「感情」「本心」が宿るところという解釈が導き出される（メトニミ）。

○ heel（かかと）はヘブライ語の 〈'QB〉（/ʻɑːqeːv/）の訳。この単語は後にイスラエルと改名した Jacob（ヤコブ）の命名の物語に関わる語として知られている。Isaac（イサク）の子に双子の Jacob と Esau（エサウ）がいる。Esau が母の胎内から先に出たが、後から出る Jacob はエサウの「かかと」を掴みながら出てきた。そのために、「かかとを掴む」の分詞形で「かかとを掴む者」を意味する 〈Y'QB〉（/yaʻăqov/）という名前にしたという物語になっている（「創世記」25:26）。これは民間語源に基づく物語。

△【メトニミ】
相手に対して（against）、heel（かかと）を lift/raise（上げる）ということは「蹴る」という行為を描写し「裏切る」ことを表している（継起的連続性のメトニミ）。

95	hill	(as) old as the hills ・とても古い。 ・年をとった。 「ヨブ記」15:7	"Are you the first man who was born? Or were you made before *the hills*? あなたは最初の人間として生まれたのか。山よりも前に生まれたのか。
96	hip	smite hip and thigh ・容赦なくやっつける。 ・打ち負かす。 「士師記」15:8	*The Revised Standard Version* (1952) And he *smote them hip and thigh* with great slaughter; and he went down and stayed in the cleft of the rock of Etam. 彼らは徹底的に打ちのめし、出て行って、エタムの岩の裂け目に住んだ。
97	honey	a land flowing with milk and honey ・豊かな地。 ・豊かで広い土地。 「出エジプト記」3:8	I have come down to deliver them out of the hand of the Egyptians, and to bring them up from that land to a good and large land, to *a land flowing with milk and honey*, 私は下って、彼らをミツライーム（エジプト人）の手から救い出し、この国から土地が肥え広々とした乳と蜜の流れる地へ彼らを連れてゆく。
98	horseleech	daugter 参照。	
99	house	1) put one's house in order 2) set one's house in order ・家の中を整理する。 ・仕事を片づける。 ・身の回りの整理をする。 ・自分の行いを正す。 「イザヤ書」38:1	In those days Hezekiah was sick and near death. And Isaiah the prophet, the son of Amoz, went to him and said to him, "Thus says the LORD. '*Set your house in order*, for you shall die and not live.'" その頃、ヒゼキアは病気になり、死にそうだった。預言者アモツの子イザヤが彼のところへ来て、彼に言った。ヤハウェは言う。身の回りを整理しなさい。おまえは死ぬのだから。
100	idleness	eat the bread of idleness ・仕事せずに遊び暮らす。 ・徒食する。 「箴言」31:27	She watches over the ways of her household, And does not *eat the bread of idleness*. 家のことに何から何まで気を配り、怠惰のパンを食べることはない。

○ as old as Adam とも言う。『旧約聖書』で Adam が人間の祖であることから生まれた句。「創世記」2:7, 5:1-5 参照。

○ Adam 参照。

○ hills はヘブライ語の〈GBʻH〉(/givəˈɑːh/)(「丘」、「高地」、「高台」)の複数形の訳。eye (3) にある hills は〈HR〉(/hɑr/)(「山」)の複数形の訳。〈GBʻH〉「丘」と〈HR〉「山」の関係は英語の hill と mountain の関係に類似している。

△【メトニミ】
hills (山々) は一朝一夕に造られたものではなく、大昔から存在するものである (ものでその特性を表すメトニミ)。

○ hip はヘブライ語の〈ŠWQ〉(/ʃoːq/)「大腿部」の訳で、thigh はヘブライ語の〈YRK〉(/yɑːx/)「臀部から大腿部」の訳。hip and thigh に対応するヘブライ語を逐語訳すると「臀部と一緒に大腿部」。ヘブライ語の意味は「徹底的に」。

△【メトニミ】
hip や thigh (太腿) を smite するという行為を描写することで、その結果として相手を打ち負かすことを意味する (プロセスで結果を表すメトニミ)。

○ milk はヘブライ語で〈ḤLB〉(/ʜɑːlɑːv/)「山羊の乳」(「出エジプト記」23:19,「箴言」27:27) や「羊の乳」(「申命記」32:14)。「申命記」(32:14) には「牛のバター」という表現があるので、「牛の乳」も含まれる。

○ honey はヘブライ語で〈DBŠ〉(/dəvɑʃ/)。『旧約・新約 聖書大事典』(P. 1147) によると、このヘブライ語の単語が何を指すかについては、「蜂の蜜」と「葡萄、ナツメヤシ、イチジク、イナゴ豆から出る甘い糖蜜」の2つの節がある。「蜂の蜜」と明確に記しているのは「士師記」(14:8)。

△【メトニミ+シネクドキ+メタファ】
milk と honey は高価な贅沢品である。「高価さ」「贅沢さ」はメトニミによって引き出され、また「高価なもの」「贅沢品」はシネクドキによって解釈される。それらが流れると喩えられる土地は「豊かである」ことを意味する (メタファ)。

○ ヒゼキアは紀元前7-8世紀のユダ王国の王。「イザヤ書」ではヒゼキアは神の言葉を信頼する敬虔な王として描かれている。

△【メトニミ】
house という建物でもって、その中を指示している (容器と中身のメトニミ)。また自分が身を置く house は「自らの行為・仕事」をも意味する。

○ She は有能な妻のこと。

△【メトニミ+シネクドキ+メタファ】
「食べる」ことにより「(味などの) 正体がわかる」(メトニミ)、さらに一般化して「経験する」(シネクドキ) という解釈が関わる。「怠惰のパン」は実在しえないため全体として「怠惰な暮らしを経験する」を表すメタファ。

101	jealousy (1)	The Lord is a jealousy God. ・他の神を信じることを許さない。 「出エジプト記」20:5	5 you shall not bow down to them nor serve them. For I, the LORD your God, am a jealous God, visiting the iniquity of the fathers on the children to the third and fourth generations of those who hate Me, 6 but showing mercy to thousands, to those who love Me and keep My commandments. 5 おまえはそれらにひれ伏したり、仕えたりしてはならない。というのは私はヤハウェ、おまえのエロヒーム。嫉妬深い神。私を厭う者は、父の罪を、三代、四代の子孫まで問う。6 そして、私を愛し、私の戒めを守る者には数千代までも慈しみを与える。
102	Jerousy (2)	sin 参照。	
103	keeper	brother 参照。	
104	know	know someone ・性的関係を持つ。 「創世記」4:1	Now Adam *knew* Eve his *wife*, and she conceived and bore Cain, そしてアダムは彼の女エバを知った。彼女は身ごもり、カインを産んだ。
105	lamb	1) as a lamb to the slaughter 2) like a lamb to the slaughter ・簡単にだまされて。 「エレミヤ書」11:19 「イザヤ書」53:7. 「使徒言行録」8:32	「イザヤ書」53:7 He was oppressed and He was afflicted, Yet He opened not His mouth; He was led *as a lamb to the slaughter*, And as a sheep before its shearers is silent, So He opened not His mouth. 彼は痛めつけられ、苦しめられました。 それでもただの一言も口にしなかった。仔羊のようにおとなしく屠殺場へ引いて行かれ、毛を刈り取られる羊のように黙っていた。
106	land	live 参照。	
107	leech	daughter 参照。	
108	leopard	Can a leopard change its spots? ・人の性格は変わらないもの。 「エレミヤ書」13:23	Can the Ethiopian change his skin or *the leopard its spots?* Then may you also do good who are accustomed to do evil. クシュ人（エチオピア人）は皮膚の色を変えることができますか。豹が斑点模様を変えることができますか。悪いことをするのになれているおまえには、善人がすることはできない。
109	lick	dust 参照。	
110	lift	heel 参照。	
111	lion (1)	1) a lion in the path 2) a lion in the way ・前途に横たわる障害や危機。 「箴言」26:13	The slothful man says, "There is a lion in the road! A fierce lion is in the streets!" 怠け者は言う。道に仔ライオンが、広場に雄ライオンがいると。

○ jealous はヘブライ語の〈QNN'〉(/qannaː'/) の訳。Brown (2007) によれば、このヘブライ語は神だけに用いられる形容詞。「いかなる対抗者にも耐えることができない」ことを表現するために用いられる。

△【メトニミ】
jealousy は「嫉妬深い」ことを意味するが、ここでは神の「嫉妬深い」性質が原因となって「自分以外の他の神を信じることを許さない」という結果を導いている（メトニミ）。

○ 英訳の wife はヘブライ語で「女」を意味する〈'ŠŠH〉(/iʃʃaːh/) の訳。

○ know はヘブライ語の〈YD'〉(/γaːðaˈ/) の訳。Koehler and Baumgartner (1967) は次の順にこの動詞の意味を記述している。①「気づく」,②「耳にする・学ぶ」,③「観察や内省によって知る」,④「世話をする」,⑤「人や物を知る」,⑥「性交する」,⑦「（宗教上の観点から）面倒を見る」,⑧「理解する」,⑨「経験して知る」,⑩「理解して知る」。

△【メトニミ】
本来は隠すべき（タブーである）性的な事柄は、詳細を語らず漠然と表現することがある。ここでは someone が「相手の秘めた（性に関わる）部分」を表している（全体と部分のメトニミ）。

○ ヘブライ語では、「羊が牧者に従う様子」は「神に対する人間の信頼」を比喩的に表すためにしばしば使用。

△【メトニミ＋メタファ】
従順である lamb（仔羊）（メトニミ）は殺される場（slaughter）へも素直に従って行く。Lamb のこのような側面が「簡単にだまされる」として表現されている（メタファ）。

○ leopard はヘブライ語の NMR (/naːmeːr/) の訳。このヘブライ語は「斑点のある動物」の意味で、その代表は「豹」であるが「虎」も含まれる (Gesenius, 1979)。

△【メタファ】
豹の斑点模様は毛の生え変わりの際には大きな変化がある（いわゆる「豹変」の語源）が、自らの意思で自由に変えることはできない。Leopard が「人」、spots が「性格」の喩え（メタファ）。

△【メトニミ＋メタファ】
獰猛なライオンは、人間の命を奪いかねない危険性を孕んだ動物である。そのことから「傷害」「危機」というイメージが立ち上がる（もので特性を表すメトニミ）。さらに、人間が「生まれ、成長し、老いてやがて死を迎える」という人生は「出発・道中・到着」という構造的な類似性を持つ「旅」に喩えられる（概念メタファ LIFE IS A JOURNEY）。Path や way は今後の人生を意味する「道」のこと（メタファ）。

112	lion (2)	1) Daniel in the lions' den ・非常に危険な状態。 2) throw someone to the lions/wolves 3) cast someone into the den of lions ・見捨てる。 ・見殺しにする。 「ダニエル書」6:16 (17)	So the king gave the command, and they brought Daniel and *cast him into the den of lions*. But the king spoke, saying to Daniel, "Your God, whom you serve continually, He will deliver you." そして王は命令をした。すると彼ら（役人たち）はダニエルを連れていき、ライオンの檻に投げ込んだ。王はダニエルに話して、言った。おまえがいつも崇めている神、その神がおまえを救うように。
113	lion (3)	1) the lion's mouth ・とても危険なもの。 ・非常に危険な所。 ・危険。 「詩編」22:21 (22) 「テモテへの手紙 2」4:17 参考 1) have one's head into the lion's mouth ・大変な危険に身をさらす。	「詩編」22:21 19 But You, O LORD, do not be far from Me; O My Strength, hasten to help Me! 20 Deliver Me from the sword, My precious life from the power of the dog. 21 Save Me from *the lion's mouth* And from the horns of the wild oxen! You have answered Me. 19 ヤハウェ、あなたは私から離れないでください。私の力よ、急いで私を助けてください。20 救い出してください、私を刃から。私の魂（＝私）を犬の手から。21 私を救ってください、ライオンの口から。そして、雄牛の角から。そして答えてください。
114	lip	shoot out the lip ・軽蔑する。 「詩編」22:7	7 All those who see Me laugh Me to scorn; They *shoot out the lip*, they shake the head, saying, 8 "He trusted in the LORD, let Him rescue Him; Let Him deliver Him, since He delights in Him!" 7 私を見る者は、皆、私をあざけり、口をゆがませ、頭を振ります。8 ヤハウェにすがりなさい。ヤハウェに助けてもらいなさい。ヤハウェが喜んで（助けて）くれるでしょう。
115	live	1) live on the fat of the land 2) eat the fat of the land ・贅沢な暮らしをする。 ・なに不自由ない暮らしを送る。 「創世記」45:18	'Bring your father and your households and come to me; I will give you the best of the land of Egypt, and you will *eat the fat of the land*. あなたの父と家族をここへ連れてきなさい。私はミツライーム（エジプト）の土地の中で最良のものを与えましょう。

○ 預言者ダニエルが国王の命に背いて神に祈り，ライオンの檻に入れられた物語に基づく表現。

○ Your God の God は原典の〈ʻLH〉(ʼĕlɑːh) の訳。Gesenius (1979) は、この語はカルデア語（セム語族の一種）で、この語形は「神」の強調形としている。

○ spoke, saying については blood の説明参照。

△【メトニミ＋メタファ】
1) lion については lion (1) 参照。獰猛な lion が入れられている den (巣穴・檻) に放り込まれることは、死を予感させる危険な状態に陥ることの喩え（メタファ）。2) と 3) も同様の解釈。

○ dog はヘブライ語の〈KLB〉(〈kelev〉) の訳。ここでは〈KLB〉は「残忍で残酷な人」の意味で使用 (Gesenius. P. 398)。なお、日本語訳にある「犬の手」の「手」は原典の〈YD〉(yɑːð)（＝手）の訳で、ここでは「力」「権力」の意味。

○ lion はヘブライ語の〈ʻRYH〉(/ʼɑrəyeh/)（＝アフリカライオン）の訳。ヘブライ語ではこの語は「力強さ」と「どう猛・残忍」の両方の意味を持っている。「創世記」(49:9) では、将来、12支族の一つユダ支族部の始祖になるユダが「勇猛果敢な人」の象徴として使用されているが、「詩編」(22:21) では「どう猛な人」の比喩として使用されている。

○ wild oxen,「雄牛」は原典の〈RʻM〉(/rəʻeːm/) の複数形の訳。原典の意味は「どう猛な野生動物」。ここでは「どう猛な人」の意味。なお、horn,「角」は原典の〈QRN〉(/qeren/)（＝角）の訳。ここでは「人」を表す。

△【メトニミ＋メタファ】
lion (2) 参照。

○ shoot out the lip はヘブライ語の「唇を突き出す」（逐語訳：made-a-wry-mouth in-lip）の訳。これはヘブライ語で「軽蔑」を表すしぐさ。

○ ヘブライ語の「唇」〈ŚPH〉(śɑːfɑːh/) には次の意味がある：①「唇」、②「発話器官」、③「言葉による表現」、④「言語」、⑤「岸辺」（順番で Koehler and Baumgartner (1967) による）。

△【メトニミ】
直訳は「唇をとがらかす」。Shoot out は物を「身体の外 (out) へ向けて突き出す」の意味。唇を突き出すのは人を軽蔑するときの仕草であることから（行為のプロセスでその原因となる感情を示すメトニミ）。

○ fat はヘブライ語の〈HLB〉(/ħeːlev/) の訳。このヘブライ語には次の意味がある：「内蔵を覆う脂肪」、「生け贄に供される脂肪」、「一番良い部分」。

△【メトニミ】
ミツライーム（エジプト）は豊作の際に食料を貯蔵し飢饉をしのぐことができた。ここでの the fat of the land（直訳は「大地のあぶら」）は、肥沃な大地がもたらしてくれた「豊潤な食糧」を意味すると思われる（メトニミ）。結果として「たくさんの食べ物を食べる」ということは、贅沢な暮らしをすることと解釈される。

116	loin (1)	1) gird (up) one's loins 2) gird (up) the loins ・試練に立ち向かう覚悟をする。 ・ふんどしを締めてかかる。 ・気持ちなどを引き締める。 「列王記下」4:29 「ペテロの手紙 I」1:13	*The New Revised Standard Version*（1989）「列王記下」4:29 He said to Gehazi, *Gird up your loins*, and take my staff in your hand, and go: そして彼（エリシャ）はゲハジに言った。腰［複数形］（の帯）を締めなさい。そして私の杖を手にして行きなさい。 「ペテロの手紙」1:13 Therefore *gird up the loins of your mind*, be sober, and rest your hope fully upon the grace that is to be brought to you at the revelation of Jesus Christ; それゆえ、心を引き締め、冷静になり、イエス・キリストが現れる時にもたらされる恵みをひたすら待ちなさい。
117	loin (2)	1) come from one's loins 2) spring from one's loins 3) come from one's body ・〜の子として生まれる 「創世記」35:11	Also God said to him: "I am God Almighty. Be fruitful and multiply; a nation and a company of nations shall proceed from you, and kings shall *come from your body*. 『欽定訳聖書』(1611) and Kings shall *come out of thy* (=your) *loynes* (= loins). エロヒームは彼に言った。私は全能の神である。産めよ、増やせよ。一つの国民、多くの国民がおまえから出る。王たちはおまえの腰から出る。
118	loin (3)	fruit 参照。	
119	love (1)	Love is strong as death. ・愛は死のように強い。 「雅歌」8:6	Set me as a seal upon your heart, As a seal upon your arm; For *love is as strong as death, Jealousy as cruel as the grave*; Its flames are flames of fire, A most vehement flame. 私をあなたの心に印章のように刻みつけてください。あなたの腕に印章のように刻みつけてください。なぜならば愛は死のように強く、嫉妬は黄泉の国のように酷いからです。愛の火は燃える火。
120	love (2)	neibour 参照。	

○ ヘブライ人はチュニックのような緩く長い服を着ていた（図表3-15参照）。そして旅や仕事をするときには、長い服の腰部を帯で締める習慣があった。

△【メトニミ＋メタファ】
腰（loin）を帯で締める（gird）ことから生まれた表現。行為のプロセスを表現することでその原因となった覚悟を表すメトニミ。さらに「腰帯を締める」という具体的行為で描写されているが、気持ちという抽象的な領域に関する意味を示しているのでメタファとも解される。

△ このヘブライ語表現が新約聖書のギリシャ語でも使用された。「ペトロの手紙 I」gird up the loins of your mind（＝こころを引き締める）ではこの表現の意味が一般化していることがわかる。意味が一般化したのは、ヘブライ語においてなのか、ギリシャ語に入ってからなのかは不明。

body または loins はヘブライ語の〈ḤLṢ〉(/ḥɑːlɑːʦ/) の双数形（dual plural）〈ḤLṢYM〉(/ḥɑ̆lɑːʦɑiːm/) の訳。この語はいつも双数形で用いられ、「あばら骨と大腿骨上端部の」間を表す（Koehler and Baumgartner, 1967）。

△【メトニミ】
ここでの loin および body は「性器」を意味する（身体という空間的な近接関係に基づくメトニミ）。日本語でいう「お母さんのお腹から生まれてきた」と発想は近い。

△【メタファ】
death の「必ず人が行き着く」という不可避な性質を「強さ」の観点から捉えている。この誰にもどうすることができないほどの「強さ」を love にも見出し、両者を結びつけている（メタファ）。

121	manna	manna ・思いがけず手に入るありがたいもの。 ・棚からぼた餅。 「出エジプト記」16:13-15	『欽定訳聖書』(1611) 13 And it came to passe (= pass), that at euen (= even) the Quailes (= Quails) came vp (= up), and couered (= covered) the campe (= camp) : and in the morning the dew lay round about the hoste (= host). 14 And when the dewe (= dew) that lay was gone vp (= up), behold, vpon (= upon) the face of the wildernesse (= wilderness) there lay a small round thing, as small as the hoare (= hoar) frost on the ground. 15 And when the children of Israel saw it, they said one to another, It is <u>Manna</u>: for they wist not what it was. And Moses said vnto (= unto) them, This is the bread which the Lord hath giuen (= given) you to eate (= eat). 13 So it was that quails came up at evening and covered the camp, and in the morning the dew lay all around the camp. 14 And when the layer of dew lifted, there, on the surface of the wilderness, was a small round substance, as fine as frost on the ground. 15 So when the children of Israel saw it, they said to one another, "<u>What is it?</u>" For they did not know what it was. And Moses said to them, "This is the bread which the LORD has given you to eat." 夕方にウズラがやって来て、野営地を覆った。朝になるとあたりに露が降りていた。覆っていた露が消えると、見よ、荒野の表面に地表の霜のように薄い壊れやすいものがあった。イスラエルの子たち（人びと）は見て、互いに言った。「あれは何？」（何？ = /mɑːn/ 〈manna〉）。なぜならば彼らはそれが何であるか知らなかったから。モーセは彼らに言った。これはヤハウェがお前たちに食べるために与えたパンである。
122	matter	root 参照。	
123	Methuselah	1) Methuselah ・高齢の人。 ・老人。 ・大きなブドウ酒の瓶（6 1/2 クオート瓶、約 6 リットル瓶）。 2) feel as old as Methuselah ・ひどく老け込んだ気持ちになる。 「創世記」5:27	25 Methuselah lived one hundred and eighty-seven years, and begot Lamech. 26 After he begot Lamech, Methuselah lived seven hundred and eighty-two years, and had sons and daughters. 27 So all the days of Methuselah were nine hundred and sixty-nine years; and he died. 25 メトシェラは187歳になった。そして、レメクをもうけた。26 メシュトラはレメクをもうけた後782年生きた。そして、息子や娘をもうけた。27 メシュトラは969年生きて亡くなった。

○ 二つの引用文の最初の節 And it came to pass that ... と So it was that ... に対応する原典の表現については Cain の注を参照。

○ manna はヘブライ語の「何」を意味する疑問詞から生まれた語。本文 127〜129 頁参照。

△【メトニミ】
物語から manna は「思いがけずに手に入るありがたいもの」という意味づけがなされている。「何？」(manna) という疑問詞に対する答え（（危機に瀕した状況で）神が与えてくださったパン＝天の恵み・棚からぼた餅）が名詞の意味としてそのまま定着した（質問と返答という隣接応答ペアのためメトニミ）。

○ Methuselah は Enoch（エノク）の子で、Lamech（レメク）の父（「創世記」5:21）。ノアの洪水以前のユダヤの族長。聖書には 969 歳の長寿を全うした人物として描かれている（「創世記」5:27）。そのために、この名前には「長生きの人」、「高齢の人」、「老け込んだ人」の意味が内包されるようになった。

○ 聖書には feel as old as Methuselah という表現はないが、長寿の人物を比較対象として生まれた表現。

○ Methuselah は、その年齢の高さ故に、「6 リットル入りの大きなワインボトル」を指す語としても使用されている。

△【メトニミ＋メタファ】
メトシェラという人名（人物全体）でその人の特性を意味している（メトニミ）。さらに、量や数を高さで喩える概念メタファ（MORE IS UP）を介して、年齢の高さが量的な多さを示す大きな瓶に写像されている（メタファ）。

124	milk	milk and honey ・豊かなこと。 ・豊かな生活の糧。 「出エジプト記」3:8	"So I have come down to deliver them out of the land of the Egyptians, and to bring them up from that land, to a good and large land, to a land flowing with *milk and honey*, to the place of the Canaanites and the Hittites and the Amorites and the Perizzites and the Hivites and the Jebusites. そして私は降りて、彼らをメツライム（エジプト）人の手から救い出し、この国から豊かで広い地、乳と蜜が流れる地、カナン人、ヘト人、アモリ人、ペリジ人、ヒビ人、エブス人の土地に連れて行く。
125	mouth（1）	1）put words in a person's mouth 2）put words into a person's mouth ・何を言うべきかを教える。 「出エジプト記」4:15	Now you shall speak to him and *put the words in his mouth*. And I will be with your mouth and with his mouth, and I will teach you what you shall do. あなたは彼に話をし、（語るべき）言葉を彼の口に置くべきである。私はあなたの口とともにあり、そして、彼の口とともにある。私はあなたがたがなすべきことを教えよう。
126	mouth（2）	babe 参照。	
127	name	take a person's name in vain ・おどけて人の名を口にする。 ・陰で〈人を〉悪く言う。 「出エジプト記」20:7	You shall not *take the name of* the LORD your God *in vain*, for the LORD will not hold him guiltless who *takes His name in vain*. ヤハウェ あなたのエロヒームの名をむやみに呼んではいけない。なぜならば、ヤハウェは自分の名をむやみに呼ぶ者を罰せずにはおられないから。
128	neighbor	love your neighbor as yourself ・隣人を自分のように愛しなさい。 「レビ記」19:18 「マタイによる福音書」19:19	「レビ記」19:18 You shall not take vengeance, nor bear any grudge against the children of your people, but you shall *love your neighbor as yourself*: I am the LORD. 復讐をしてはならない。おまえの民に恨みを抱いてはいけない。自分自身を愛するように隣人を愛しなさい。私はヤハウェである。
129	night watch	in the night watches ・不安で眠れぬ夜に。 「詩編」63:6	When I remember You on my bed, I meditate on You *in the night watches*. 床の中であなたのことを思い、眠れぬ夜ごとにあなたへの祈りをつぶやいています。
130	nostril	breath 参照。	
131	ointment	fly 参照。	

○ ヘブライ語の「乳」と「蜜」については honey 参照。

△【シネクドキ＋メトニミ】
honey 参照。Milk と honey は高価な贅沢品の一つであり（種で類を表すシネクドキ）、また「なかなか手に入らない」という特性（メトニミ）が豊かさを演出している。

【メタファ】
言葉をものとして捉え、「言うべき言葉を、言葉を発する器官である口に置いてあげる」と捉えている（メタファ）。

○ name はヘブライ語の〈ŠM〉(/ʃe:m/) の訳。この名詞に定冠詞を付加した〈HŠM〉(/haʃe:m/) = the name は神を表す（「レビ記」24:11, 16,「申命記」28:58）。なお、この単語〈ŠM〉はノアの第二子「セム」と同じ綴り字で同音。

△【シネクドキ＋メタファ】
in vain（無駄に）が「正当ではない・無益にも」というイメージを立ち上げる。「不当」「無益」なものの一種として「悪口」「無意味に名を口にすること」が含まれると考えられる（シネクドキ）。さらに物理的に「名前」を「取り上げる」ことはできず、「発話する言葉として選択する」という抽象的な意味を表している（メタファ）。

○ 'neighbor あるいは「隣人」はヘブライ語〈R'〉(/re:'/) の訳。ヘブライ語の意味は「同僚、仲間、友達、同胞」。

△【シネクドキ】
自分と同じように隣人も愛するということは「万人を分け隔てなく平等に愛する」ことと解される。ここから neighbor は「周りの人全体」を指す（シネクドキ）。

△【メトニミ】
watch とは「（何かに意識を向けて）目を見開いている」状態である。night watches は「闇夜でありながら（気になることが意識にあり）目を見開いている」、すなわち「悩んでいる」ことを表わす（メトニミ）。

223

132	peace	1）no peace for the wicked 2）no rest for the wicked ・悪人に安息なし。 「イザヤ書」57:21	17 For the iniquity of his covetousness I was angry and struck him; I hid and was angry, And he went on backsliding in the way of his heart. 18 'I saw how he behaved, but I shall heal him, I shall lead him, fill him with consolation, him and those who mourn for him, 19 "I create the fruit of the lips: Peace, peace to him who is far off and to him who is near," Says the LORD, "And I will heal him." 20 But the wicked are like the troubled sea, When it cannot rest, Whose waters cast up mire and dirt. 21. "There is *no peace*," Says my God, "*for the wicked.*" 17 貪欲な彼の罪に私は怒り、彼を打った。私は身を隠し怒った。彼は反旗を翻し、自分の道を行った。18 私は彼の行く道を見、彼を癒し、休ませ、慰めて元の彼に戻そう、彼と彼を嘆く人びととのために。19 私は唇の果実を創る。遠くにいる者と近くにいる者に平和、平和とヤハウェが言う。そして私は彼を癒す。20 悪人は逆巻く海のようである。鎮めることができない。水は泥や土を巻き上げる。21 悪人には平穏はないとエロヒームは言う。
133	pearl	swine 参照。	
134	people	be gathered to one's people ・亡くなる。 「創世記」35:29	Isaac breathed his last and died, and *was gathered to his people*, being old and full of days. イサクは死んだ。亡くなった。（部族の）人びとのところに集められた。
135	plowhshare	sword 参照。	
136	prick	1）pricks in one's eyes and thorns in one's side/flesh 2）thorns in one's side/flesh 3）a thorn in one's side/flesh ・絶えず苦しめるもの。 ・悩みの種。 ・目の上のたんこぶ。 「民数記」33:55 「コリントの信徒への手紙 二」12:7	The Revised Standard Version (1952)「民数記」33:55 if you do not drive out the inhabitants of the land from before you, then those of them whom you let remain shall be as *pricks in your eyes and thorns in your sides*, and they shall trouble you in the land where you dwell. もしもこの土地の住人を追い出さないのならば、残しておいた者達があなたがたの目のトゲ、脇腹のイバラとなり、あなたがたが住む土地であなた方を悩ますでしょう。

○ peace は〈ŠLWM〉(/ʃɑːloːm/) の訳。この語については 40～41 ページ参照。

この句はシンガー・ソング・ライター Ozzy Osbourne の歌のタイトルになった。

悪人は悪事の計画を立てたり、罪から逃れることに追われるなど休まる時がないということである。

△【メトニミ】
wicked は人の特性であるが、ここではメトニミを介して「悪人」という人全体を表している。

△【メトニミ】
この people は fathers と同義で用いられている。father（1）参照。

△【メタファ】
pricks（針）や thorns（とげ）は、その鋭い形状ゆえ人に「痛み」「苦痛」をもたらすものである。ここでは、物語の内容から、pricks も thorns も「悩みの種となる住人」を表しており、人の喩えとして用いられている（メタファ）。

137	pride	1) pride comes before a fall. 2) pride goes before a fall. ・おごれるものは久しからず。 ・つまずきに先立つのは高慢。 「箴言」16:18	Pride goes before destruction, And a haughty spirit before a fall. プライドが高すぎると身を滅ぼし、なまいきなことばかりしていると失敗する。
138	rest	peace 参照。	
139	root	the root of the matter ・問題の核心 「ヨブ記」19:28 cf. *O.E.D.*	If you should say, 'How shall we persecute him?' – Since *the root of the matter* is found in me, あなた方は言う。私たちはなぜ彼を追い詰めるのか、そして、この問題の根源は私にある、と。
140	sabbatical	1) sabbatical year 2) sabbatical leave ・休暇年度（大学などで研究等のために、7年ごとに与えられる1年または半年間の休暇期間） 「出エジプト記」23:11 「レビ記」25:4	「出エジプト記」23:10-11 10 " Six years you shall sow your land and gather in its produce, 11 "but the seventh year you shall let it rest and lie fallow, that the poor of your people may eat; and what they leave, the beasts of the field may eat. In like manner you shall do with your vineyard and your olive grove. 10　そしておまえは6年間は自分の土地に種を蒔き、そしてその産物を収穫しなさい。 11　そして7年目にはそれを休ませなさい。そして貧しい人々がそれを食べることを許しなさい。そして（彼らが）残したものを野の動物に食べさせなさい。同じ事を葡萄（畑）やオリーブ（畑）でしなさい。 「レビ記」25:3-4 3 'Six years you shall sow your field, and six years you shall prune your vineyard, and gather its fruit; 4 'but in the seventh year there shall be a sabbath of solemn rest for the land, a sabbath to the LORD. You shall neither sow your field nor prune your vineyard. 3　そしてお前は6年間は自分の土地に種を蒔き、そして6年間は葡萄の剪定をし、そして収穫をしなさい。 4　そして7年目の年には、ヤハウェのために、土地に安息がなければならない。おまえは自分の土地に種を蒔くことも、そして、（葡萄の）剪定をすることもしてはならない。

2個の節は原典の平行体の訳。以下は原典の逐語訳。
   A：   before destruction (is) pride
   B：and before a-fall (is) haughtiness-of spirit
A の pride と haughty spirit は以下のヘブライ語の訳：
1) pride は〈GʾWN〉(/gɑːoːn/) の訳。この語の意味は「(波などが) 高いこと」、「(地位、身分が) 高いこと」、「思い上がり、傲慢」、「僭越」、「無遠慮」など。ここでは「思い上がり、傲慢」 (Koehler and Baumgartner, 1967)。
2) haughty spirit は〈GBH〉〈RWḤ〉の訳。
   a.〈GBH〉(/gobɑh/) =「高いこと」、「最大・極限：傑出した、高慢ちき」。ここでは「高慢ちき」 (Koehler and Baumgartner, 1967)。
   b.〈RWḤ〉(/ruːaḤ/) 詳細な意味については face (5) の注を参照。〈RWḤ〉のここでの意味は「知的な心の状態」 (Koehler and Baumgartner, 1967)。
したがって、原典では pride と haughty spirit に対応するヘブライ語は類義。

△【メタファ】
fall は「堕落」を意味する (概念メタファ BAD IS DOWN)。

△【メタファ】
root は、植物が自らの存在を支えるために地中の深いところまで伸ばす基盤のことであり、植物の生長を可能にする最も重要な部分である。Root の「全体の支えとなる最も重要な部分」という点が問題という抽象的な領域に写像されている (メタファ)。

○   sabbatical の名詞形 sabbath はヘブライ語の〈ŠBT〉(/ʃabɑːθ/) の音訳。この名詞と動詞〈ŠBT〉(/ʃabɑːθ/) の間で、どちらが基語かの議論がある。この動詞の基本的な意味は、「止める」、「留める」、「欠席する」、「休む」、「祝福する」。

△【メタファ】
本来「土地」に与えられた「安息」「休息」が「研究者」という別の領域に対して用いられている (メタファ)。土地は農作物を生み出し人々に恩恵を与えるが、研究者も各分野の探求を通して社会に貢献する役目を負っている。しばしば忘れられがちなことであるが、かつて「天動説」が当たり前とされていた時代に「地動説」を唱え事象の本質を解き明かしたのは「学問」である。今日でも私たちの日常には「学問の産物」が数多くあり恩恵を受けているのである。

141	sackcloth	1) in sackcloth and ashes 2) wearing sackcloth and ashes ・悲嘆に暮れて。 ・悔いて。 「エステル記」4:1	When Mordecai learned all that had happened, he tore his clothes and *put on sackcloth* and ashes, and went out into the midst of the city. He cried out with a loud and bitter cry. ことのいきさつを知ったモルデカイは、あまりのことに着物を裂き、布をまとい、灰をかぶって嘆き悲しみました。それから、大声で泣きながら町へ出て行きました。
142	sea	1) troubled sea 2) troubled waters ・厄介もの。 「イザヤ書」57:20	the wicked are like *the troubled sea*, When it cannot rest, Whose waters cast up mire and dirt. 21. "There is no peace," Says my God, "for the wicked." 悪人は逆巻く海のようである。鎮めることができない。水は泥や土を巻き上げる。
143	season	1) For everything there is a season 2) To everything there is a season. ・何ごとにも好期がある。 ・良い頃合いや適当な時期がある。 「コヘレトの言葉」3:1	1 *To everything there is a season*, A time for every purpose under heaven: 2 A time to be born, And a time to die; A time to plant, And a time to pluck what is planted; 3 A time to kill, And a time to heal; A time to break down, And a time to build up; 4 A time to weep, And a time to laugh; A time to mourn, And a time to dance; 1 何ごとにも時期がある。天の下のあらゆるものごとには時がある。2 生まれる時そして死ぬ時、植える時そして植えたものを抜く時 3 殺す時、癒す時、破壊する時、建てる時、3 泣く時、笑う時、嘆く時、踊る時。
144	shadow	valley 参照。	
145	sheep (1)	1) a lost sheep 2) a stray sheep ・正道を踏み外した人。 「詩編」119:176 「エレミヤ書」50:6	「詩編」119:176 I have gone astray like a *lost sheep*; Seek Your servant, For I do not forget Your commandments. 私は道に迷った羊のように彷徨（さまよ）います。あなたの僕（しもべ＝私）を探して下さい。私はあなたの言いつけを忘れません。 「エレミヤ書」50:6 My people have been *lost sheep*. Their shepherds have led them astray; They have turned them away on the mountains. They have gone from mountain to hill; They have forgotten their resting place. 私の民は迷える羊です。羊飼いたちは彼らを迷わせ、山々を巡らせました。彼らは憩う場所を憶えていません。

○ sackcloth はヘブライ語の〈SQ〉(/saq/) の訳。英語の sack はこのヘブライ語が起源で、ギリシャ語とラテン語を経由して英語に入った単語。ヘブライ語の〈SQ〉には次の意味がある:「穀物などを入れる袋(「創世記」42:25)」、「悲しいときや人の死を悼むときに身につける腰巻きや体全体を覆うもの」、「夜に被る毛布のようなもの」。一般的には山羊の毛で織られた大きな布。山羊の毛の色が黒いので、織られたものは一般的には黒色。多様な目的に用いられ、それぞれの目的に応じた形のものが作られた。

△【メトニミ】
上着を引き裂いだり、布を身にまとい頭に灰をかぶるのは古代ヘブライ社会の悔悛または悲しみを表す表現(メトニミ)。

○ troubled はヘブライ語の動詞〈GRŠ〉(gaːraʃ)(=「上に突き上げる」「激しく揺れる」)の過去分詞形の訳。

△【メタファ】
荒れた海は、「人間にはどうすることもできない困った状態」にある。この様子が悪人にも見出されていて「どうにも対処できない」存在とされている(メタファ)。

○ season はヘブライ語の〈ZMN〉(/zaːman/)「特定の時期」の訳で、英語の season に対応する語ではない。また、time に対応するヘブライ語は〈T〉(/ʼeːθ/)(=「時」)。

△【シネクドキ】
現代の season を考えると四季または季節の「移り変わり」という側面が関わっているように思えるが、上記のとおり「特定の時期」という意味である。「時期」という上位概念で「良い時期」という下位区分を示す(シネクドキ)。

○ sheep と羊はヘブライ語の〈ŚH〉(/seh/) の訳。このヘブライ語は特定の動物ではなく、上位概念の群をなす動物の一つを指す。"a sheep or goat" (Gesenius, 1979)。

△【メタファ】
lost とは「道を失った」ということであり、その道とは「本来進むべき道」を指している。「正道を踏み外した人」を「迷ってどうにもならない状態に陥っている羊」に喩えている(メタファ)。

146	sheep (2)	sheep without a shepherd ・指導者のいない衆人。 ・烏合の衆。 「民数記」27:17	15 Then Moses spoke to the LORD, saying: 16 "Let the LORD, the God of the spirits of all flesh, set a man over the congregation, 17 "who may go out before them and go in before them, who may lead them out and bring them in, that the congregation of the LORD may not be like *sheep which have no shepherd*." モーセはヤハウェに話をして、言った。すべての肉なる者に霊を与えるヤハウェ エロヒームがこの共同体の上に立つ人を任命してくださいますように。そして、その人が彼らの前に出、彼らを先導し、彼らを進ませ、彼らを戻させますように。ヤハウェの共同体を羊飼いのいない羊の群れのようにしないでください。
147	shoot	lip 参照。	
148	silvercord	silvercord ・生命の絆。 ・へその緒。 ・母子の愛情のつながり。 「コヘレトの手紙」12:6	5 Also they are afraid of height, And of terrors in the way; When the almond tree blossoms, The grasshopper is a burden, And desire fails. For man goes to his eternal home, And the mourners go about the streets. 6 Remember your Creator before the *silver cord* is loosed, Or the golden bowl is broken, Or the pitcher shattered at the fountain, Or the wheel broken at the well. 『聖書 新共同訳』(ルビ省略) 5 人は高いところを恐れる。道には恐ろしいものがある。アーモンドの花は咲き、イナゴは重荷を負い、アビオンは実をつける。人は永遠の家へ去り、泣き手は町を巡る。6 白銀の糸は断たれ、黄金の鉢は砕ける。泉のほとりに壺は割れ、井戸車は砕け落ちる。
149	sin	The sins of the fathers are visited upon the children. ・親の因果が子に報いる。 「出エジプト記」20:5	*The New English Bible* (1970) 4 You shall not make a carved image for yourself nor the likeness of anything in the heavens above, or on the earth below, or in the waters under the earth. 5 You shall not bow down to them or worship them; for I, the Lord your God, am a jealous god. *I punish the children for the sins of the fathers to the third and fourth generations of those who hate me.* 5 but showing mercy to thousands, to those who love Me and keep My commandments. 4 おまえはいかなる像も造ってもいけない。天の上にある、地の下にある、水の下にあるいかなるものも造ってはいけない。5 おまえはそれらにひれ伏したり、仕えたりしてはいけない。なぜならば、私は、ヤハウェ、おまえのエロヒーム。嫉妬深い神。私を厭う者は、父の罪を、三代、四代の子孫まで問う。そして、私を愛し、私の戒めを守る者には数千代までも慈しみを与える。
150	skin	1) by the skin of one's teeth 2) with the skin of one's teeth ・間一髪で。 ・きわどいところで。 ・かろうじて。 「ヨブ記」19:20	My bone clings to my skin and to my flesh, And I have escaped *by the skin of my teeth.* 私の骨は皮膚と肉に引っ付き、私は歯の皮膚（＝きわどいところ）で逃げました。
151	slaughter	lamb 参照。	

○ spoke ... saying については blood の説明参照。

△【メタファ】
sheep（羊）と shepherd（羊飼い）の関係を、民衆と指導者に喩えている（メタファ）。

○ silvercode は ⟨H̱BL H̱KS̄P̄⟩（/ḥevel hakesef/）= cord-of the-silver の訳。⟨H̱BL⟩ の意味は「紐」、「土地・地盤」、「絆」、「仲間」。⟨H̱KS̄P̄⟩ から定冠詞 ⟨H⟩ を削除した ⟨KS̄P̄⟩ の意味は「銀」、「お金」、「(輝くという観点から) ハトの羽」、「富」、「戦争をなくすもの」、「高価な贈り物」、「重さや価値を計るもの」。Brown（2007）は ⟨H̱BL H̱KS̄P̄⟩ を "cord of life" としている。

S.Howard の戯曲（1926）の題名 *The Silver Cord*『銀のひも』でも知られている。

△【メタファ】
silvercord は現代では「へその緒」として知られている。つまり「生命の絆」ということになる。Cord という物理的な物質をより抽象的な「絆」として用いている（メタファ）。

○ sin はヘブライ語の ⟨'WN⟩（/'ɑːoːn/）の訳。ヘブライ語の意味は「悪事」、「犯罪行為」、「罪によって引き起こされる罪悪感」、「悪行に対する罰」。

○ ヘブライ語表現から生まれたものではなく、左の物語から生まれた表現。

△【シネクドキ】
father（父）で上位概念の「親」を表している（種で類を表すシネクドキ）。

○ このヘブライ語法は *The Geneva Bible*（1560）で初めて英語に逐語訳された。その後の聖書英訳でこの翻訳方法が引き継がれ、英語表現として定着した。

○△【メタファ】
原典の解釈には議論がある。肉がなくなり、歯と歯茎がひっつくほどになり、「その歯と歯茎の隙間ほどのきわどいところ」とする説が有力（メタファ）。

152	snatch	brand 参照。	
153	soil	man of the soil ・農夫。 「創世記」9:20	*The New American Bible*（1971） Now Noah, *a man of the <u>soil</u>*, was the first to plant a vineyard. ノアは農夫となり、ぶどうを栽培し、ぶどう酒を造った。
154	son (1)	1) son of man 2) sons of men ・人。 ・人間。 ・人類。 「詩編」4:2（3） 3) child of 4) children of ・…の人、人々。 「エレミヤ書」50:33	「詩編」4:2（3） How long, O you <u>sons</u> of <u>men</u>, Will you turn my glory to shame? How long will you love worthlessness And seek falsehood? 人の子よ、いつまで私の名誉を不名誉にしてしまうのか。いつまで空しさを愛し、偽りを追い求めるのか。 「エレミヤ書」50:33 Thus says the LORD of hosts: "The *children* of *Israel* were oppressed, Along with the *children* of *Judah*; All who took them captive have held them fast; They have refused to let them go. ここで諸軍のヤハウェは言った。イスラエルの人びととユダヤの人びとは抑圧されている。彼らを捕虜にしたものは皆、彼らを強く押さえつけ、解放することを拒んでいる。
155	son (2)	son of wickedness ・邪悪な人。 ・悪い人。 「詩編」89:22（23）	The enemy shall not outwit him, Nor the son of *wickedness* afflict him. 敵対する者は彼に悪いことをせず、邪悪な者は彼を悪しざまにすることはない。
156	sorrow	1) man of sorrows ・悲しみを背負う人。 ・苦難を背負う人。 2) The man of sorrows ・キリスト。 cf. *O.E.D.* 「イザヤ書」53:3	He is despised and rejected by men, A <u>Man</u> of <u>sorrows</u> and acquainted with grief. And we hid, as it were, our faces from Him; He was despised, and we did not esteem Him. 彼は軽蔑され、人に拒まれる。悲しみの人であり、病を背負っている。私たちは彼から顔を背け、彼を軽蔑し、気にかけなかった。
157	spot	leopard 参照。	
158	stray	son 参照。	
159	strength	go from strength to strength ・ますます力をつけてくる。 ・名を上げてくる。 「詩編」84:8（7）	They *go from strength to strength*; Each one appears before God in Zion. 彼らはますます力を出して進み、シオンでエロヒームの前に現れた。
160	suckling	babe 参照。	

○ man of the soil はヘブライ語の〈ʾYŠ HʾDMH〉（/ˈiːʃ haːˈɑ̃ðaːmaːh/）（= man of the ground/soil）の訳。soil は神がアダムを創った時の「赤土」と同じ単語。Adam 参照。

△【メトニミ】
soil は「土・土壌」のことである。その場所で行われる行為、すなわち「土壌を耕す＝農作業」と解釈することが可能である（メトニミ）。field 参照。

○ sons または children はヘブライ語〈BN〉（/beːn/）＝「息子」の複数形訳。このヘブライ語は、人名 Benjamin の Ben- として英語に入っている。ヘブライ語ではこの〈BN〉を「人」の意味で頻繁に使用する。

○ 英文中の Men はヘブライ語の〈ʾYŠ〉（/ˈiːʃ/）の訳。この単語については bone の項目参照。

○ children of Isarael, children of Judah はそれぞれイスラエル（＝ヤコブ）の子孫とユダの子孫を指す。

△【シネクドキ】
「息子」や「子供」という下位概念でその上位概念である「人間」を意味する（種で類を表すシネクドキ）。

△【シネクドキ】
「息子」という下位概念でその上位概念である「人間」を意味する（種で類を表すシネクドキ）。

○ man はヘブライ語〈BN〉（/beːn/）＝「息子」の訳。

○ sorrow はヘブライ語〈MKʾB〉（/maxəˈoːv/）の複数形の訳。このヘブライ語は「痛み」、「悲しみ」の意味を持つ。

○ greif は〈ḤLY〉（/ħoːliː/）（＝病気」、「苦しみ」）の訳。

△【シネクドキ】
2) 一般的な「悲しみ・苦難を背負う人」をより特定的に「キリスト」の意味で用いている（類で種を表すシネクドキ）。

○ シオンはエルサレムにある丘。イスラエルの王ダヴィデが宮殿を築き、その子ソロモンが神殿を建てた。長くイスラエル人の宗教と政治の中心地であった。

△【メタファ】
強い状態からさらに強い状態へ進むということであるが、strength という抽象的な状態を具体的で場所的なモノとして捉えているため from や to と共起している（概念メタファ STATES ARE LOCATIONS）。

161	sun	1) under the sun ・地上に。 ・この世で。 ・どこにいても。 2) There is nothing new under the sun 3) nothing new under the sun ・代わり映えしない。 ・どんなに目新しいものも、古いものの生まれ変わりにすぎない。 「コヘレトの言葉」1:9	That which has been is what will be, That which is done is what will be done, And *there is nothing new under the sun*. 昔あったことはこれからもあり、かって行われたことはこれからも行われる。太陽の下、新しいものは何もない。
162	sweat	1) by the sweat of one's brow 2) in the sweat of one's brow ・額に汗して。 ・努力して。 「創世記」3:19	17 Then to Adam He said, "Because you have heeded the voice of your wife, and have eaten from the tree of which I commanded you, saying, 'You shall not eat of it': "Cursed is the ground for your sake; In toil you shall eat of it All the days of your life. 18 Both thorns and thistles it shall bring forth for you, And you shall eat the herb of the field. 19 *In the sweat of your face* you shall eat bread Till you return to the ground, For out of it you were taken; For dust you are, And to dust you shall return." *The New International Version*（1984）「創世記」3:17-19 17 To Adam he said, "Because you listened to your wife and ate from the tree about which I commanded you, 'You must not eat of it,' "Cursed is the ground because of you; through painful toil you will eat of it all the days of your life. 18 It will produce thorns and thistles for you, and you will eat the plants of the field. 19 *By the sweat of your brow* you will eat your food until you return to the ground, since from it you were taken; for dust you are and to dust you will return." 17 彼（ヤハウェ　エロヒーム）はアダムに言った。おまえは女（イヴ）の声に従い、取って食べるなと命じた木（の実）を食べた。おまえゆえに土は呪われる。おまえは生涯苦しみながら食べなければいけない。18 おまえのために土に茨とアザミを生えさせる。おまえは野の草を食べることになる。19 おまえは顔に汗してパンを食べなければならない。土に帰るまで。なぜならばおまえは土であり、土に戻されるからである。
163	swine	1) a ring of gold in a swine's snout ・豚にダイア。 「箴言」11:22 2) pearls before swine ・豚に真珠。 ・猫に小判。 「マタイによる福音書」7:6	「箴言」11:22 As *a ring of gold in a swine's snout*, So is a lovely woman who lacks discretion. 豚は鼻に金の輪、美しい女に遠のく知性。 「マタイによる福音書」7:6 Do not give what is holy to the dogs; nor cast your *pearls before swine*, lest they trample them under their feet, and turn and tear you in pieces. 聖なるものを犬に与えてはいけない。真珠を豚に与えてはいけない。豚は真珠を踏みつけ、向き直って、あなたがたに突っかかって来るでしょう。

○ ヘブライ語の「太陽」は〈ŠMŠ〉(/ʃemeʃ/)。この単語は「太陽の光」・「神（ヤハウェ）」へと意味を拡張させた。

○『旧約聖書』に登場するサムソンはヘブライ語の「太陽」〈ŠMŠ〉に「小さい」を示す語尾（指小辞）〈-ōn〉を付加して作った名前との説がある。

△【メトニミ】
太陽という際立った目印を経由してその下（under）にある場所を示している（メトニミ）。

○ 神の指示に従わなかったので、その罰として「額に汗して食料を獲得しなければならない」というのが物語である。これが聖書から外に出て一般化すると、「神から与えられた罰としての労働」から、「生きるための労働」、「報われる労働」へと意味が変化。

△【メトニミ】
身体的な特徴として身体を動かすことにより汗が出ることから、汗は「（肉体）労働」を示す（メトニミ）。

○ swine と「豚」はヘブライ語の〈HZYR〉(/ʁăziːr/)の訳。このヘブライ語は「豚」、「猪」の意味がある。「豚」は食べることが禁じられている（「レビ記」11:7、「申命記」14:8）。

○ discretion または「知性」はヘブライ語の〈ṬʽM〉(/ṭaʽɑ/)の訳。この語には「趣味」、「気持ち」、「認識力」、「感覚」、「秩序」、「命令」の意味がある。

△【メタファ】
「（人間にとって）価値があるもの」と「その価値がわからないもの」の組み合わせで、「貴重なものも価値がわからないものには無意味である」ことを意味する（メタファ）。

164	sword	beat swords into ploughshares ・争いをやめて平和を築く 「イザヤ書」2:4	He shall judge between the nations, And rebuke many people; They shall *beat their swords into plowshares*, And their spears into pruning hooks; Nation shall not lift up sword against nation, Neither shall they learn war anymore 彼（ヤハウェ）は国家間の紛争を裁き、多くの民を罰します。彼らは剣を打ち直して鋤に作り直し、槍を打ち直して鎌とします。国は国に対して剣を上げず、戦うことをもはや学ばない。
165	tent	pitch one's tent ・家を構える。 ・住みつく。 「創世記」12:8	And he moved from there to the mountain east of Bethel, and he *pitched his tent* with Bethel on the west and Ai on the east; there he built an altar to the LORD and called on the name of the LORD. 彼はそこからベテルの東に移動し、西にベテル、東にアイがあるところにテントを張った。そこでヤハウェのために祭壇を造り、ヤハウェの名を呼んだ。
166	thigh	hip 参照。	
167	thorn	prick 参照。	
168	tooth	eye, skin 参照。	
169	valley	the valley of the shadow of death ・大苦難の時。 「詩編」23:4	though I walk through *the valley of the shadow of death*, I will fear no evil; For You are with me; 私は死の暗い谷間を通っても、災いを恐れない。あなたがおられるから。
170	venture	bow 参照。	
171	vine	under one's vine and one's fig tree ・わが家でおちついて。 ・幸せで満ち足りて。 「列王記 上」4:25	Judah and Israel dwelt safely, each man *under his vine and his fig tree*, ユダとイスラエルの人びとは平和に暮らし、誰もがブドウとイチジクの木の下で（＝満ち足りて）暮らした。
172	voice (1)	lift up voice ・語気を強める。 ・声を荒げる。 「創世記」27:38	Have you only one blessing, my father? Bless me — even me also, O my father!" And Esau *lifted up his voice* and wept. お父さん！祝福は一つしかないのですか。私にも祝福をください。エサウは声を上げた。そして泣いた。

ニューヨークの国連本部前のモニュメントの一つに、平和が来ることを願い、刀を打ち鋤きに変えようとしている男の裸像がある。その台座には "WE SHALL BEAT OUR SWORDS INTO PLOWSHARES" と刻まれている。1959年に旧ソビエト連邦から寄贈されたもの。

△【メトニミ】
武器である sword（剣）は「戦い」を、農具である ploughshare（鋤）は「農作業」を表わす道具である（メトニミ）。戦いの道具を農具に作り直すということは、争いをやめることを意味する。

○ 牧畜のために移動する民にとって「テント」〈'HL〉(/'oːhel/) は住居。「幕屋」と訳されることもある。

△【メトニミ】
pitch は「杭を打ち込む」ことである。つまりテントの杭を打つということは、その場に居を構えることである（メトニミ）。

○ 直訳「死の影の谷」から生まれた誤った解釈が定着したもの。原典は「真っ暗闇の谷」の意味。本文の172～173頁の説明参照。

△【メタファ】
shadow（影）が黒いように、death も黒さや暗さというイメージを立ち上げる（概念メタファ DEATH IS DARK）。Valley も地の下の部分であるため好ましくない状況を醸し出す（概念メタファ BAD IS DOWN）。

○ 聖書ではブドウはノアが最初に栽培した果物でイスラエル民族を表し、イチジクは聖書で最初に出てくる植物名。

△【メタファ】
vine と fig は生存に不可欠な食料であり（ブドウ酒も聖書に描かれている）、そういった木の下にいるということは、その恵みを享受している（メトニミ）。この幸福のイメージが引き継がれこの木の下にいなくても同様の意味を表している（メタファ）。イメージを演出する（メタファ）。

○ bless はヘブライ語の動詞〈BRK〉の訳。この動詞には次の意味がある: (1)「人に特別な力を与える」、(2)「特別な力が与えられたことを宣言する」、(3)「特別な力を持つことを望む」、(4)「神が特別な力の源であることを宣言する」、(5)「神を讃える」(Koehler and Baumgartner, 1967)。ここの bless に対応するヘブライ語の動詞は単に言葉だけのことではなく、行為の遂行を伴う。

△【メタファ】
声の量を増やすということが高さの観点から表現されている（概念メタファ MORE IS UP）。

173	voice (2)	still small voice ・良心の声 ・静かにささやく（良心）の声 （不正なことに逆らうときに用いる）。 「列王記上」19:12	12 and after the earthquake a fire, but the LORD was not in the fire; and after the fire *a still small voice*. 13 So it was, when Elijah heard it, that he wrapped his face in his mantle and went out and stood in the entrance of the cave. Suddenly a voice came to him, and said, "What are you doing here, Elijah?" 12 地震の後に火があった。火の中にはヤハウェがいなかった。火の後に静かにささやく小さな声があった。13 エリヤはそれを耳にしたとき、外套で顔を覆い、外に出、洞穴の入口に立った。すると彼に声があって、その声が言った。エリヤよ、ここで何をしているのか。
174	wall	handwriting 参照。	
175	water	bread, wood 参照。	
176	wicked	son 参照。	
177	wilderness	in the wilderness ・失脚して。 ・野に下って。 「民数記」14:33	32 'But as for you, your carcasses shall fall in this wilderness. 33 'And your sons shall be shepherds *in the wilderness* forty years, and bear the brunt of your infidelity, until your carcasses are consumed *in the wilderness*. 32 おまえたちは、死体となって荒野に倒れる。33 おまえたちの子供は荒れ野で40年羊飼いとなり、背信の罪を背負う。おまえたちの屍が荒野で消えるまで。
178	willow	hang a harp upon a willow tree ・悲運を嘆く。 「詩編」137:2	1 By the rivers of Babylon — 　There we sat down, yea, we wept 　When we remembered Zion. 2 We hung our harps 　Upon the willows in the midst of it. 1 バビロンの川のほとり、そこに座り、私たちは泣いた。シオンを思って。2 私たちは琴をポプラの木に掛けた。 ［バイロンの詩］ *By the Rivers of Babylon We Sat Down and Wept* (1815) 　We sat down and wept by the waters 　Of Babel, and thought of the day 　When our foe, in the hue of his slaughters, 　Made Salem's high places his prey; 　And ye, oh her desolate daughters! 　Were scattered all weeping away.
179	wirlwind	sow the wind and reap the whirlwind reap the whirlwind ・愚行の報いを受ける。 ・悪行の罰を受ける。 「ホセア書」8:7	They *sow the wind, And reap the whirlwind*. The stalk has no bud; It shall never produce meal. If it should produce, Aliens would swallow it up. 彼らは風の中で種を播き、嵐の中で刈る。芽はつけず、つぼみは穂をつけない。穂が出ももよそ者が食い尽くす。

○ So it was, when ..., that ... 構文の出現はヘブライ語法による。詳細は Cain にある説明を参照。

○ Elijah は預言者。Elia とも綴る。チャールズ・ラムの随筆に *Essays of Elia*「エリヤ随筆」がある。

○ 聖書での「エリヤを諫める神の声」から「良心の声」に意味が変化した。

△【メトニミ】
異教の神を崇拝していたイザベルを非難したエリヤは、イザベルの怒りから逃れ荒野を彷徨（さまよ）った。その時に神が「細く静かな声」でエリヤに語りかけたという話に由来する表現。「静かな声」という聴覚で捉えられる物理的な存在を表現することで、物語の内容から分かるように「神の良心の声」を意味している（メトニミ）。

△【メタファ】
wilderness（荒野）は、視覚的に捉えることができる地形的な「荒廃」のことであるが、それは背信という精神的な「荒廃」や生活の「荒廃」を含意する（メタファ）。

○ バビロニアの川の代表はチグリス川とユーフラテス川。両河に注ぐ川も多くある。willow あるいは「柳」と訳されるこの情景は、イギリスの詩人バイロンが 1815 年にバビロニア捕囚をテーマに *By the Rivers of Babylon We Sat Down and Wept* という英詩を書いて以来、この情景がイギリス風に解釈されるようになり、イギリスの川辺にある「こんもりとしたしだれ柳」がある情景が定着した。一方で、『旧約聖書』で willow「柳」と訳されているヘブライ語は〈ʽRBH〉(/ˈɑrɑːbɑːh/) で Euphrates poplar と言われている。この木はイギリスの川辺によく見られる「しだれ柳」のイメージとは大きく異なる。

○ The Jewish Publication Society の英訳聖書 *Tanakh: The Holy Scriptures* の下記の訳。下線部に注目。

> By the rivers of Babylon,
>   there we sat,
>   sat and wept,
>   as we thought of Zion.
> There on the <u>poplars</u>
>   We hung up our lyres,
>   For our captors asked us there for songs,
>   Our tormentors, for amusement,
>   "Sing us one of the songs of Zion."　「詩編」137:1-3

△【メトニミ】
物語より「琴をポプラの木に掛けた」のは「非運を嘆いていた」ときであった（メトニミ）。

○ wind または「風」は、「創世記」(1:2) の the Spirit of God の spirit と同じ単語〈RWḤ〉(/ruːɑH/) の訳。このヘブライ語の単語の意味については face (2) 参照。

△【メトニミ＋メタファ】
「風の中で種を播くこと」「嵐の中で刈ること」（愚行）は、一見するとなんら罰を受けるようなことには思えないが、種から芽が出ないなど、後々に「予期せぬ重大な災難」（罰・報い）が待っている（メトニミ）ことを象徴的に表している（メタファ）。

180	wood	1) hewers of wood 2) hewers of wood and drawers of water ・肉体労働しか能のない人。 「ヨシュア記」9:21	*The New Revised Standard Version*（1989） The leaders said to them, "Let them live." So they became *hewers of wood and drawers of water* for all the congregation, as the leaders had decided concerning them. 首長たちは彼らに言った。彼らを生かせておき、われわれの共同体のために森の木を伐らせたり、水汲みをさせよう。

△【シネクドキ】
hewers of wood（木を伐る）や drawers of water（水汲み）は「肉体労働」の一種である（種で類を表すシネクドキ）。

主要引用文献

Albright, W.F. 1968. *Yahweh and the Gods of Canaan*. New York: Doubleday.

Brown, F. 2007. *The Brown-Driver-Briggs Hebrew and English Lexicon*. Massachusetts: Hendrickson.

Clements, R.E. 1972. *The Cambridge Bible Commentaryon the New English Bible: Exodus*. Cambridge: CUP.

Clines, D.J.A. (ed.) 1993-2007. *The Dictionary of Classical Hebrew*. Sheffield: Sheffield Academic Press.

Davidson, R. 1973. *The Cambridge Bible Commentaryon the New English Bible: Genesis 1-11*. Cambridge: CUP.

Davidson, R. 1979. *The Cambridge Bible Commentaryon the New English Bible: Genesis 12-50*. Cambridge: CUP.

Diringer, D. 1977. *A History of the Alphabet. Surrey:* Union Brothers.

Geden, A.S. 1909. *Outline of Introduction to the Hebrew Bible*. Edingurrgh: T.&T. Clark.

Gesenius, H.W.F. 1979. *Gesenius' Hebrew-Chaldee Lexicon to the Old Testament*. (Trans. S.P. Tregelles). Michigan: Baker Book House.

Gordon, C. 1958. "Abraham and the Merchant of Ur," *Journal of Near East Studies*. (January, 1958), 28-30.

Jensen, H. 1970. *Sign, Symbol and Script*. London: George Allen and Unwin.

Jones, C.M. 1971. *The Cambridge Bible Commentary on the New English Bible: Old Testamentl llustrations*. Cambridge: CUP.

Kautzsch, E. 1990. *Gesenius' Hebrew Grammar*. Oxford: Clarendon.

Klein, E. 1987. *A Comprehensive Etymological Dictionary of the Hebrew Language for Readers of English*. New York: Macmillan.

Koehler, L. and W. Baumgartner. 1967. *The Hebrew and Aramaic Lexicon of the Old Testament*. (trans. and ed.) M.E.J. Richardson. Leiden: E.J. Brill.

Lace, O.J. (ed.) 1972. *The Cambridge Bible Commentaryon the New English Bible: Understanding the Old Testament*. Cambridge: CUP.

Lakoff, G. and M. Johnson. 1980. *Metaphors We Live By*. Chicago: The University of Chicago Press.

Lambdin, T.O. 1990. *Introduction to Biblical Hebrew*. London: Darton, Longman & Todd.

McGann, J.M. (ed.). 2000. *The Major works / Lord Byron*. Oxford: OUP.

Moore, RI. (ed.) 1992. *Philip's Atlas of World History*. London: Philip's.

Onions, C.T. (ed.) 1966. *The Oxfofrd Dictionary of English Etymology*. Oxford: At the Clarendon.

Saulez, W.H. 1913. *The Romance of the Hebrew Language*. London: Longmans, Green.
Smith, W. 1863.『聖書植物大辞典』藤本時男編訳. 2006. 図書刊行会.
Smith, W. 1863.『聖書動物大辞典』藤本時男編訳. 2002. 図書刊行会.
Swift, J. and R. Harley. 1712. *Letter to the Most Honourable Robert Earl of Oxford and Mortimer, Lord High Treasurer of Great Britain*. London: Benj. Tooke.
Vos, H.F. 1999. *Nelson's New Illustrated Bible & Customs: How the people of the Bible Really Lived*. Nashville: Thomas Nelson.
Waltke, B.K. & M. O'Connor. 1990. *An Introduction to Biblical Hebrew Syntax*. Indiana: Eisenbrauns.
Westcott, B.F. 1905. *A General View of the History of the English Bible*. (rev.) W. A. Wright. London: Macmillan.

池田裕. 2001.『旧約聖書の世界』. 岩波書店.
唐須教光（編）. 2008.『開放系言語学への招待——文化・認知・コミュニケーション』. 慶應義塾大学出版会. 57-82.
岸本通夫他. 2000.『世界の歴史2：古代オリエント』. 河出書房新社.
旧約新約聖書大辞典編集委員会. 1989.『旧約新約聖書大辞典』. 教文館.
成蹊大学文学部学会. 2004.『レトリック連環』. 風間書房.
田中三輝夫. 1959.『英語アルファベット発達史：文字と音価』. 開文社出版.
中田一郎. 2001.『ハンムラビ「法典」』. リトン.
橋本功. 2007.『英語史入門』. 慶應義塾大学出版会.
橋本功. 2000.『聖書の英語：旧約原典からみた』. 英潮社.
橋本功. 1998.『聖書の英語とヘブライ語法』. 英潮社.
橋本功・八木橋宏勇. 2006.「聖書のメタファ分析」.『人文学部論集』（信州大学）40号. 27-44.
橋本功・八木橋宏勇. 2007.「メタファとメトニミの相互作用——聖書を読み解く認知メカニズム」.『人文学部論集』（信州大学）41号. 1-18.
橋本功・八木橋宏勇. 2008.「旧約聖書における単発的メタファ表現と概念メタファ：表現の間隙を埋めるものはなにか」.『人文学部論集』（信州大学）42号. 83-94.
三笠宮崇仁編. 1997.『古代オリエントの生活』. 河出書房新社.

Oxford English Dictionary. Second Edition on CD-ROM (v. 4.0). 2009. Oxford: OUP.
『ランダムハウス英和辞典』. 第2版 1993. 小学館.

引用した聖書

ヘブライ語聖書
Biblia Hebraica. (ed.) R. Kittel. 1977. Stuttgart: Deutsche Bibelstiftung.

ギリシャ語新約聖書
The Greek Testament. (ed.) H. Alford. 1873. Boston: Lee and Shepard.

ギリシャ語訳聖書
『セプチュアジント』= *Septuaginta.* 2 vols. (ed.) A. Rahlfs. 1935. Stuttgart: Deutsche Bibelstiftung.

ラテン語訳聖書
『ウルガータ』= *Biblia Sacra Iuxta Vulgatam Versionem.* 2 vols. (ed.) R. Weber. 1969. Stuttgart: Württembergische Bibelanstalt.

古英語訳聖書
OE Heptateuch = *The Old English Version of the Heptateuch: Ælfric's Treaties on the Old and New Testament and His Preface to Genesis.* (ed.) S. J. Crawford. 1922. EETS. OS. 160; (repr.) 1969.

West-Saxon Gospels = *The West-Saxon Gospels: a study of the Gospel of St. Matthew with text of the Four Gospels.* (ed.) M. Grünberg. 1967. Amsterdam: Scheltema and Holema.

『リンディスファーンの福音書』= *The Lindisfarne Gospels.* (ed.) J. Backhouse. London: Phaidon.

中英語訳聖書
旧約聖書 = The Early Wycliffite Bible: OT = *MS. Bodley 959: Genesis - Baruch 3.30 in the earlier version of the Wycliffite Bible.* 5 vols. (ed.) C. Lindberg. 1959-1969. Stockholm: Almqvist and Wiksell.

新約聖書 = *The Holy Bible: containing the Old and New Testament, with the Apocryphal Books in the Earliest English Versions Made from the Latin Vulgate by John Wycliffe and His Followers*. Vol. 4 (eds.) J. Forshall and F. Madden. 1850; (repr.) 1982. New York: AMS Press.

近代英語訳聖書
『ティンダル訳聖書』 = *The Fyrst Boke of Moses Called Genesis, The Seconde boke of Moses, Called Exodus*, ... 1530. Malborow: Hans Luft. [ULC: Young. 150]

『カバデル訳聖書』 = *Biblia The Byble: that is the holy Scrypture of the Olde and New Testament, Faythfully Translated in to Englyshe*. 1535. Cologne? or Marburg?: E. Cervicornus & J. Soter?. [BL: C. 36. e. 8]

『ジュネーブ聖書』 = *The Bible and Holy Scriptvres Conteyned in the Olde and Newe Testament. Translated according to the Ebrue and Greke, and Conferred With the Best Translations in Diuers Languages*. 1560. Geneva: Rouland Hall. [ULC: Young. 88]

『欽定訳聖書』 = *The Holy Bible, Contayning the Old Testament, and the New: Newly Translated out of the Originall Tongues: & with the Former Translations Diligently Compared and Reuised, by His Maiesties Speciall CŌmandment. Apppointed to Be Read in Churches*. 1611. London: Robert Barker. [ULC: Young 40]

現代英語訳聖書
Good News Bible, The = *Good News Bible : Today's English Version*. London : Bible Societies. 1978.

New American standard Bible, The. Illinois: Creation House. 1971.

New English Bible, The. Oxford: OUP, Cambridge: CUP. 1970.

New King James Vversion, The = *Holy Bible : the New King James Version : containing the Old and New Testament*. 1982. Nashville: Camden, New York : Thomas Nelson. 1979.

New International Version, The =*The Holy Bible: New International Version*. Michigan: Zondervan Publishing House. 1984.

Revised Version, The = *The Holy Bible ... Translated out of the Original Tongues: Being the Version Set Forth A.D. 1611 Compared with the Most Ancient Authorities and Revised ...* . Oxford: OUP. 1885.

New Revised Standard Version, The = *The Holy Bible, New Revised Standard Version, Containing the Old and New Testaments.* Oxford: OUP. 1989.

Revised Standard Version, The = *The Bible Containing the Old and New Testaments: Revised Standard Version.* New York: American Bible Society. OT: 1952, NT: 1971.

Tanach, The = *Tanach : the Torah, Prophets, Writings, the Twenty-Four Books of the Bible Newly Translated and Annotated.* (ed.) N. Scherman. Philadelphia・Jerusalem: The Jewish Publication Society. 1996.

『聖書新共同訳』. 日本聖書協会. 1989. 7.

索引

あ
アーメン	13
アーモンド	119
アーモンドの枝	120
足を覆い隠す	143
アダム	66, 124
アブラハム	23
アブラム	23
油を注ぐ	133
油を塗る	133
アベル	124
アポクリファ	14
アルファベット	43
アンナ	13

い
イヴ	66, 124
イエス・キリスト	15
怒りは容器の中の熱い流体	80
一神教	3
イスラエル	34
イスラム教	24
一般化の能力	91
射手	168
イディオム	92, 96
意味づけ	145
意訳	134
岩	126

う
ウィリアム・ティンダル	7
「上」と「下」	77
内	117
雨期	166
器	117
海の怪物	164
ウル	24
ウルガタ	6

え
エリザベス	13
婉曲的な表現	126
婉曲表現	94

お
大岩	126
狼	122
お腹	147
オリーヴ	133
音訳	12, 134

か
下位カテゴリー	90
外典	14, 17
概念	72
概念体系	77
概念メタファ	77
割礼がない唇	136
怪物	163, 164
カイン	124
陰	110
カテゴリー	69
カテゴリー化	68, 91
カテゴリーの階層間	90
悲しみ	146
カナン	27
カバデル	7
カバデル訳聖書	7
神	170
カルディア	24
感情は容器の中の流体である	80

き
記号同士の符号化	119
季節	166
基本義	113
儀式	136
雉撃ち	144

247

既有知識	87	参照点能力	86
旧約聖書	14	サンスクリット	12
キリスト教	3		
旧約聖書続編	17	**し**	
欽定訳聖書	19	死	170
禁忌	126	子音テキスト	46
近接性	73	子音文字	18
禁断の木の実	157	子宮	146, 147
		獅子	122
く		シネクドキ	73
空間概念	106	死の影の谷	173
鯨	163	死は暗さである	78
唇	139	死は出発である	78
靴	139	写字生	6
靴を脱ぐ	141	写像	117, 126
		写本	6
け		収穫	166
契約	16	ジュネーブ聖書	7
継起的連続性	85, 92	上位カテゴリー	90
権利を譲渡する	141	上下	107
原罪	66	象形文字	18
権力	152	状態は場所である	84
		ジョン	13
こ		心臓	148
古代アラム語	18	人生は旅である	82
古代ヘブライ語	5, 10, 17, 18	身体	116
固有名詞	123	身体経験	78
公認聖書	6, 7	新約聖書	14
行為と結果	85		
行間註	6	**せ**	
ケスビーム	15	生殖器	146
コイネ・ギリシア語	10	聖書ヘブライ語	17, 18
コーラン	15	生徒	156
心	146	聖なる地	27
心は容器である	80	切腹	149
小鹿	122	絶対的指示枠	151
子供	157	セム	23
小春日和	169	セム人	18
コミュニケーション	87	セム族	22
ゴモラ	131	宣教師	3
さ		**そ**	
作品と著者	85	相対的指示枠	151
桜	121	続編	14
左右	107, 151	外	117

ソドム	34, 112, 131

た

第二聖典	17
代名詞化	60
多義語	113
多神教	3
タナッハ	14, 70
タブー	126
タブー表現	93
旦那	12

ち

チィグリス川	24
知識の総体	119
父	149
乳と蜜の流れる地	166

つ

翼の陰	110
壺	117

て

手	111
掌	144
テラ	23
照らし合わせ	119
典型性	146
天地創造	64
テント	34

と

投影	122
東西南北	151
特定化の能力	91
トーラー	14
ドナー	13

な

内蔵	146
なぞり	12
夏	167
ナビイーム	15

に

認知	145

の

ノア	23

は

背景知識	119, 130
バイブル	22
履き物	140
場所と機関	85
歯の間	145
母	149
腹	146, 149
パラレリズム	60
パレスチナ	166
ハレルヤ	13
半ズボン聖書	8

ひ

比較	96
比較能力	66
瞳	155
ビブロス	22
百科事典的知識	147
百科事典的な背景知識	130, 146
比喩	56, 73
表音文字	18

ふ

フェニキア	18, 27
フェニキア人	22
部分と全体	85
冬	167
文化的な色彩	118
文化的な側面	101
文化的な要素	119
文化的要素	119, 146
プロトタイプ	69
分岐点	150

へ

平行体	60
蛇	122
ベリート	16
ベンジャミン	13

索引

ほ
包摂関係	73
包皮を被った唇	136
梵語	12
翻訳	101, 154

ま
「前」と「後」	77
蝮	122
マイケル	13
マソラ・テキスト	46
マンナ（マナ）	127

み
右腕	153
ミクラ	15
耳	139
民族衣装	143

む
娘	157

め
メアリー	13
メタファ	56, 73
メタファ的思考	101
メトニミ	73
メトニミ的な思考	88
目の童	157
目の娘	154
目の門	154
目のリンゴ	154

ゆ
黄泉の国	172
優位	152
ユーフラテス川	24
ユダヤ教	15, 70

よ
良いこと・楽しいことは上	78
容器	118
容器と内容物	85

ら
ラテン・アルファベット	4

り
リア（レア）	13
理解価値の等価	101
リンゴ	154
リンデスファーンの福音書	7
量が少ないことは下	79
量が多いことは上	79

る
類義	126
類似性	73
ルーン	4
ルーン文字	4

ろ
ロバ	122

わ
若木	122
分かる	67
分かること	68
分ける	67, 71
分けること	68
鷲	110
悪いこと・悲しいことは下	78

alphabet	43
ANGER IS A HOT FLUID IN A CONTAINER	80
BAD/SAD IS DOWN	78
Canon	14
DEATH IS DARK	78
DEATH IS DEPARTURE	78
FEELING IS A FLUID IN A CONTAINER	80
fruit	102
Gods	101
GOOD/HAPPY IS UP	78
hand	145
heavens	101
idole	117
Indian summer	169
kappa	144

LESS IS DOWN	79
leviathan	164
manna	129
MIND IS A CONTAINER	80
monster	102
MORE IS UP	79
palm	145
pupil	156
rock	126
shadow of death	173
Sheol	172
STATES ARE LOCATION	84
vessel	117
waters	101

おわりに

　本書は、『旧約聖書』を主な資料として、時代や文化を超えて理解が可能な表現と、文化的色彩を強く帯びているがゆえに理解が困難になる表現を取り上げ、メタファや翻訳による変容という観点からその諸相を論じてきました。メタファは、いきいきとしたイメージの喚起を促したり、またあえて遠回しに言うことによってタブーを回避したり、さまざまな機能を果たしていることはおわかりいただけたと思います。同時に、メタファはときに鮮やかな描写を、またあるときには意味深い様相を演出していますが、結局のところその意図と解釈の判断を読み手に委ねるために多様な解釈を強いる一因ともなっています。

　『旧約聖書』の世界は、時代的にも文化的にも、そして言語の面でも、私たちの日常とは大きく異なっており、それゆえによりいっそう難解な印象を与えます。同時に、異なるものへ興味関心を抱きやすい私たちには、その神秘な魅力を冒険してみたいという思いをかき立てる存在でもあります。本書が、その「悠遠なる世界への扉を開く」一助となれば幸いです。

　本書の刊行にあたり、慶應義塾大学出版会の佐藤聖氏、奥田詠二氏、宮田昌子氏には大変お世話になりました。また、井上逸兵氏（慶應義塾大学教授）には企画立案の段階で、長谷川明香氏（東京大学大学院院生）にはメタファの分析に当たって多くの貴重な示唆をいただきました。大沢友花里、金城俊史、髙

橋祐香、花本真理子、吉田一平の各氏（杏林大学学部生）にも協力をしていただきました。ここに深く感謝の意を表します。なお、本書は慶應義塾学術出版基金の助成を受けて刊行されましたことを付記いたします。

2010年11月
橋本　功　　関西外国語大学　教授
八木橋宏勇　杏林大学　　　　講師

著者紹介

橋本　功（はしもと　いさお）
1944年生まれ。関西外国語大学外国語学部教授。
名古屋大学大学院博士課程修了、文学博士（名古屋大学）。専攻は、英語史、聖書英語の研究。主要著書に、『英語史入門』（慶應義塾大学出版会、2005年）、『聖書の英語とヘブライ語法』（英潮社、1998年）、『聖書の英語――旧約原典からみた』（英潮社、1995年）他、主要論文に、"Hebraisms in English Bibles"（*Studies in English Medieval Language and Literature*. Vol. 22. Frankfurt am Main: Peter Lang. 2008）、「聖書のメタファー分析」（共著者：八木橋宏勇）（『人文学部論集』第40号、信州大学、2006年）、「To die the death の起源について」（『英文學研究』日本英文学会、第62巻第2号、1985年）などがある。

八木橋宏勇（やぎはし　ひろとし）
1979年生まれ。杏林大学外国語学部講師。
慶應義塾大学大学院文学研究科博士課程（単位取得満期退学）。
専攻は、認知言語学・社会言語学・第二言語習得論。主要業績に、「サイバースペースコミュニケーション」（唐須教光（編）『開放系言語学への招待――文化・認知・コミュニケーション』、慶應義塾大学出版会、2008年）、「イディオム学習への認知的アプローチ」（『東京工芸大学工学部紀要』Vol. 29. No.2、東京工芸大学、2007年）、「メタファとメトニミの相互作用――聖書を読み解く認知メカニズム」（共著者：橋本功）（『人文学部論集』第41号、信州大学、2007年）などがある。

聖書と比喩
――メタファで旧約聖書の世界を知る

2011年2月10日　初版第1刷発行

著　者―――橋本　功、八木橋宏勇
発行者―――坂上　弘
発行所―――慶應義塾大学出版会株式会社
　　　　　〒108-8346　東京都港区三田 2-19-30
　　　　　TEL〔編集部〕03-3451-0931
　　　　　　　〔営業部〕03-3451-3584〈ご注文〉
　　　　　　　〔　〃　〕03-3451-6926
　　　　　FAX〔営業部〕03-3451-3122
　　　　　振替 00190-8-155497
　　　　　http://www.keio-up.co.jp/
装　丁―――中島かほる
印刷・製本――萩原印刷株式会社
カバー印刷――株式会社太平印刷社

©2011　Isao Hashimoto, Hirotoshi Yagihashi
Printed in Japan ISBN978-4-7664-1766-1

慶應義塾大学出版会

英語史入門
橋本功著　英語の成り立ちとその背景にある歴史と文化、言語としての特徴（英語の方言や、文字と音声、語形、語法など）、西洋文化の軸である聖書との関係をわかりやすく書いた「英語史」の入門書。　●2400円

英語と文化　英語学エッセイ
唐須教光著　現代英語学への招待。言語の起源、言語の発達、語彙の創造や、言語の構造をわかりやすく解説。社会言語学と人類言語学の見地から、豊富な事例を紹介し、初めて学ぶ人にも分かりやすいテキスト。　●2400円

開放系言語学への招待　文化・認知・コミュニケーション
唐須教光編　「ことば」を開放せよ！　言語を人間のコミュニケーションの中にとらえ直し、戦時体験の語りからネット上の言語まで、現代の様々なコミュニケーション現象に迫る。文化・認知・社会を繋ぐ新しい言語学の試み。　●2400円

さまよえるグーテンベルク聖書
富田修二著　日本で初めて『グーテンベルク聖書』の購入に携った著者（丸善・本の図書館長）が、現存するいくつかの『グーテンベルク聖書』にまつわる数奇な運命と秘められたドラマを綴る。貴重な写真資料もカラーで掲載。　●2800円

レンブラントの聖書
海津忠雄著　レンブラントが作中に想いを込めた聖書解釈を、多くの図版と聖書の引用を用いて、丁寧に解説。オランダの自由の精神——その下で培われたレンブラント独特の聖書理解と宗教画の真意、芸術思想を探る。　●3800円

表示価格は刊行時の本体価格（税別）です。